2007年国家社科基金项目成果

主编 朱锋 沈固朝

南沙群岛油气资源共同开发法律研究

杨翠柏 何苗 陈嘉 张倩雯 著

南京大学出版社

前　言

最近几年，南海问题越吵越热。南海这一“热浪”的始作俑者当属域内的菲律宾与域外的美国、日本。2013 年 1 月，菲律宾将与中国的南海领土争议提交到根据《联合国海洋法公约》附件七设立的仲裁庭，要求进行强制仲裁。菲律宾将岛屿主权及海洋划界两大核心诉求，通过眼花缭乱的拆解和重组，“包装”为繁复而冗长的 13 项具体诉求。其中比较关键的问题是：宣布中国和菲律宾在南海的海洋权益是依据《公约》确立的；宣布中国建立在“继续线”基础上的海洋权利主张是违反《公约》的和无效的；要求中国按照《公约》义务修改国内法，等等。

同时，借口保障南海航行自由，美国不断派遣包括航空母舰在内的各种军舰和飞机穿越南海，部分军舰甚至进入中国领海。日本也趁此时机，展开与菲律宾的军事和安全合作；日本天皇在 83 岁高龄访问菲律宾。澳大利亚也在起哄要巡航南海。一时间，南海大有黑云压顶、暴风骤雨即将来临之势。

在此背景下，本书第一章在简要说明南沙群岛的地理位置和分布格局后，重点论证了南沙群岛的法律地位。本书认为，以下五个方面表明中国对南沙群岛及其附近海域的主权权利有着充分的法理依据：(1)从时际国际法原则上看，我国对南沙群岛享有无可争辩的主权；(2)中国对南沙群岛享有先占权；(3)中国以“断续线”的形式确定了对南沙群岛的领土主权；(4)中国对南沙群岛享有“历史性所有权”；(5)国际社会对中国享有南沙群岛领土主权的承认。菲律宾、越南等国根据《联合国海洋法公约》对南海岛礁主张主权及权利的时候，中国早在 1947 年就以南海断续线的形式确立了对南海诸岛及其附近海域的主权及主权权利。南海断续线划定初衷就是我国在南海的疆域线，只不过由于南海所处的特殊地理位置，中国不会将断续线内的水域变成内水。中国政府颁行南海断续线是一种法律行为，这种法律行为符合当时的国际法，而且已经得到菲律宾、越南等国的明示或默示承认。这种行为所宣示的中国在南海的主权及主权权利以历史性权利的形式得到1958年《领海与毗连区公约》、《联合国海洋法公约》的承认。菲律宾、越南等国不能以《联合国海洋法公约》否定在这之前中国通过先占获得的领土主权，更不能够以《联合国海洋法公约》中的专属经济区及大陆架法律制度否定《公约》中所确立的“历史性权利”法律制度，也就是说，菲律宾、越南不能以公约的部分法律规定否定该公约中的另外的规定。

1945年美国总统杜鲁门发布公告，对大陆架的海床和底土主张自然资源的主权权利而在全球范围掀起的声势浩大的“蓝色圈地运动”；中国也在此不久的1947年通过“断续线”宣布了对南海的主权及主权权利。1958年《中华人民共和国领海声明》再次以法令的形式将中国在南海的历史性权利加以固定。中国对南海断续线内的所有岛屿及其附近海域享有主权及主权权利，对南海享有的历史性权利有着充分的历史与法理依据。

根据《联合国海洋法公约》对大陆架和专属经济区概念的界定，以及南海争端等复杂因素，作为负责任大国，中国要在新型海权观下主导重构南海区域秩序，就必须采取合理、有效措施让各争端方搁置主权争议、实现共同开发。因此，研究南沙群岛海域油气资源共同开发法律制度对解决我国面临的海洋能源安全问题、保障石油资源供应、缓减国家冲突与维持地区和平稳定有着重要的现实意义。

本书以“主权属我，搁置争议，共同开发”理念为指导，综合运用价值分析法、实证分析法和比较分析法，在明确了中国对南沙群岛及其附近海域享有主权权利的前提下，通过梳理国际海洋油气资源共同开发的国家实践，笔者认为共同开发制度已然成为国家经济发展与主权坚持双重考量的平衡点。在此基础上，本书以国家能源安全、国际政治关系为背景，从国际公法一般原理、国际海洋法、国际投资法、国际环境法、国际税法、合同法以及公司法等公法和私法理论角度，紧紧围绕南沙群岛海域油气资源共同开发中的法律基础、管理机制、模式选择、财税制度、海洋环境保护、预防与打击海盗等法律问题进行较为全面的资料收集和分析论证。这种以问题为中心，多学科角度共同研究一个法律问题的理论研究方法，有利于拓展研究视角，丰富研究内容。

第二章"国际海洋油气资源共同开发概况"，与旷日持久的划界谈判相比，自20世纪60年代开始，共同开发制度出现了相关国家实践，并被逐渐视为一种开采海洋石油资源的有价值的主张。笔者认为，共同开发是指有关国家暂时搁置主权或主权权利争议，基于政府间的协议，就跨越彼此间海洋边界线或位于争议区内的共同矿藏及矿产资源，以某种合作方式进行的勘探和开发，并且实行共享权利、共同管理、共摊成本。其应同时具备以下特征：首先，共同开发的主体是拥有或主张相应海洋权利的国家。其次，共同开发的客体具有共享性。再次，共同开发的法律基础是国家间的协定。复次，共同开发的经济性。最后，共同开发不创设既得权利。

第三章"南沙群岛海域油气资源共同开发的困境与可行性分析"，南海争端涉及六国七方，是目前世界上涉及国家最多、争议海域面积最大的海域争端之一。领土主权争端的悬而未决、共同开发区位的模糊性、周边国家的单方面开发、我国相应开发活动的缺乏、复杂的国际形势成为南沙群岛海域油气资源共同开发不得不面临的困境。但笔者从合作氛围、利益—成本、公平互利等角度分析，认为南沙群岛各方可按"斯瓦尔巴德模式"签订一个类似的协定，理顺各方关系，调和各方冲突，在该地区形成和平、有序的环境，这样才能保证各国共同开发的利益最大化。

第四章"南沙群岛海域油气资源共同开发的法律基础"，从国际法的基本原则、国际条约及国际司法裁决角度论证南沙群岛海域油气资源共同开发的法律基础。笔者认为，南沙群岛海域各沿海国应以合作原则和平等互利原则为指导，实现对相关资源的合理、高效和均衡开发，从而使各方都从中获得最大利益并实现共赢。作为1982年《联合国海洋法公约》缔约国，南沙群岛沿海各国有义务积极履行该公约，并按照公约的要求妥善解决彼此间存在的争议。有关共同开发的三个典型案例，为各当事国在南沙群岛海域油气资源的勘探开发采取这种方式提供了有力的支持。

第五章“南沙群岛海域油气资源共同开发管理机制”，管理机制问题是共同开发区建立后需要解决的首要问题。其决定着共同开发区管理机构的权力、合同类型、管辖权及法律适用、争端解决、财政税务事项等各个方面。该章通过对现有共同开发区管理机制和相关国家国内油气资源开发管理机制的分析，结合南沙群岛共同开发的特点提出了一种新式的混合型共同开发管理机制的设想——超国家双层次管理机制，并从部门组成、人员安排、职权分配、决策机制、费用承担等方面做了较为详尽的阐述。

第六章“南沙群岛海域油气资源共同开发的模式选择”，共同开发区勘探开发的模式选择，既是一个经营操作问题，又是一个政策问题，涉及若干相互影响的法令、法规和政策协调。本章主要分析和比较目前国际上通行的几种模式，如租让制合同、产品分成合同、服务合同、联合经营。笔者认为为了更好地开发南沙群岛海域油气资源，应根据争议主体的不同，分层次、分阶段，按照先易后难、循序渐进的方式与周边争议国家签订双边条约。产量分成合同是我国和周边国家油气资源开采模式的最佳选择，通过采取联合管理委员会的方式，双方应在南沙群岛争议海域赋予其内部职权和外部职权。

第七章“南沙群岛共同开发区财税制度研究”，南沙群岛海域共同开发区的税收制度和收益分配方式直接影响共同开发协定签约各方政府的财政收入以及其他国家国民和公司的利益，从而波及共同开发区的油气资源勘探与开发。该章在比较共同开发区财税征收模式和南沙群岛周边国家油气税费制度或政策的基础上，以南沙争议海域国家税收协定为中心，明确税收协定原则上优先于国内税法适用的地位，并指出我国油气资源税费征收存在的问题，建议在税收协定中订立仲裁条款，以弥补相互协商程序的缺陷，完善我国税收协定争议解决机制。

第八章“南沙群岛油气资源共同开发与海洋环境保护”，南海有着丰富的渔业资源和重要的生态系统，然而巨大的自然财富正遭遇包括油气资源开发在内的经济活动的不利影响。虽然国际立法和区域机制就治理、恢复、保护南海生态环境做了诸多安排，但从长远来看，囿于条约的概括性，调整对象的广泛性，实施的羸弱性，国家或不愿意或不能够真实、充分回应南海生态环境风险。笔者认为，相关国家可从制定防止石油勘探开发污染海洋的规章，监督、管辖勘探开发活动，进行国际合作，严格国家责任等方面进行努力。

第九章“南沙群岛海域油气资源共同开发与打击海盗活动”以《亚洲打击海盗及武装抢劫船只的地区合作协定协定》为样本，认为针对南沙群岛海域油气资源共同开发过程中的海洋航行安全、海盗治理与打击海上恐怖主义等问题，中国应重点在以下四个方面加以完善：其一，尽快完善国内的刑事立法，增设海盗罪和危害海上航行安全罪。其二，签订在南海海域打击海盗和恐怖主义的双边合作协议。其三，发挥中国的软实力，倡导其他国家尽快加入打击海盗的相关国际条约。其四，在尊重南海周边各国主权的基础上，积极参加国际上打击南海海盗犯罪的联合行动，以利益相关国家的身份参加各种海上安全合作。

本书是在大量文献资料的基础上分析得来的，同时也吸收了前人研究成果。当然，各种不足在所难免，希望读者批评指正。

著者谨识

2016年3月18日晨3时

目　录

第一章　南沙群岛法律地位概况

第一节　南沙群岛概况

南沙群岛位于北纬3°40′至11°55′、东经109°30′至117°50′之间，是我国南海四个群岛中岛屿分布范围最广、岛礁数目与邻国相比最多的珊瑚群岛，也是我国古代渔民捕鱼作业最远的海域。南沙群岛的走向为东北—西南，航空和卫星图片显示，在南沙群岛有310座岛屿、沙洲与礁、滩。目前已经命名的岛、洲、礁、沙滩共有189座，其中岛屿14座、沙洲6座、暗礁113座、暗沙35座、暗滩21座。[①] 南沙群岛中较大的岛屿有十多座。其中海拔最高的是鸿庥岛，高出海平面6米；最大的岛屿是太平岛，面积为0.432平方公里。

南沙群岛分布格局与海底地质有关。南海的地质构造十分复杂。从整体上看，其海底形似一个菱形的巨大盆地，也就是南海海盆，由于地壳运动的作用，形成了许多深且大的海沟。南沙群岛分布在南海南部的大陆坡台阶上，台阶位于陆坡中部，深度为2 000米至2 500米，其顶部起伏平缓，断裂构造形成纵横交错的长至数百公里、宽至数十公里的槽谷网，这一广阔的南沙台阶便是南沙群岛发育的基石。在基底构造线的控制下，南沙群岛呈北东—南西向、北西—南东向、南—北向、东—西向分布格局。谢以萱据此将其分为中北、东、西、南四大群。[②] 鞠继武将

① 吴仕存：《南沙争端的由来与发展》，海洋出版社，1999年，第56页。

② 谢以萱：《南沙群岛海区地形基本特征》，《南沙群岛及其邻近海区地质地理物理及岛礁研究论文集(一)》，海洋出版社，1991年。

其分为北、东北、东南、南、西南五大群。[①] 刘宝银在其编著的《南沙群岛　东沙群岛　澎湖列岛》中，将南沙群岛分为危险地带外南部、危险地带内中南部、危险地带内东南部与东北部、危险地带外西南部、危险地带北部与西北部等五大群。[②] 这三种分法侧重点不同，各有千秋，但都反映了南沙群岛分布的基本特征。

南沙群岛位于印度洋和太平洋之间，是二洋相通的必经之地。随着全球化的进一步发展和国际经济交流日益频繁，南沙群岛更是成为美洲、亚洲、大洋洲和欧洲的海上要冲。南沙群岛海域的航线纵横交错，已成为世界第三黄金水道。从中国渔民在南沙群岛的渔业生产活动、南沙群岛考古发现、南沙群岛岛礁的汉语名称和中国历代朝廷所画出的版图疆域等多方面看，南沙群岛所具有的人文历史以我国东南沿海文化为特色，具有明显的地缘文化特征。

南沙海域是指我国南沙群岛及其邻近海域。南沙群岛西南与南海西南大陆架相连，西北与南海西南深海盆相邻，北为南海中央深海盆，东南隔南沙海槽与菲律宾的巴拉望岛和马来西亚的加里曼丹岛相望。《联合国海洋法公约》通过并生效后，南海海域的领土主权与利益倍受周边邻国关注。南海在我国断续线以内水域共有 $210\times10^4\ km^2$。[③] 南海诸岛中，南沙群岛海域及海底蕴藏着丰富的生物资源和非生物资源。南沙群岛及其海域有 8 个沉积盆地，总面积达 41 万平方公里，在我国断续线内约有 26 万平方公里。据不完全统计，8 个盆地内石油资源共有 349.7 亿吨，已探明可采储量为 11.82 亿吨，天然气为 8 万亿立方米。[④] 而由于这些油气资源邻近越南、马来西亚、文莱、印度尼西亚、菲律宾等国，上述国家从 20 世纪五六十年代起就侵占我国部分岛礁和海域，并长期开采掠夺这些资源。我国也提出了“主权属我，搁置争议，共同开发”的设想，这说明我们已做出了极大的让步，但是有关国家并不理解我们的让步，对此置若罔闻，仍继续侵

① 陈克勤主编：《中国南海诸岛》，海南国际新闻出版中心，1996 年，第 143－194 页。

② 刘宝银编著：《南沙群岛　东沙群岛　澎湖列岛》，海洋出版社，1996 年，第 1－28 页。

③ 肖国林、刘增洁：《南沙海域油气资源开发现状及我国对策建议》，载《国土资源情报》，2004 年第 9 期。

④ 赵焕庭：《南海区域环境与资源特征》，载《“21 世纪的南海：问题与前瞻”研讨会论文选》，海南南海研究中心，第 150－160 页。

占我国岛礁、沙洲，强化其非法统治，勘探、开发我国传统疆域内的资源，甚至撞沉我国正常作业的渔船。因此从国际法的角度，专门针对南沙群岛相关法律问题进行探讨，有着十分重要的理论和现实意义。

第二节　南沙群岛法律地位概况

整个南沙群岛自古以来就是中国的固有领土，依据《联合国海洋法公约》、《中华人民共和国领海及毗连区法》、《中华人民共和国关于领海基线的声明》以及其他有关法律，南沙群岛享有相应的12海里领海、24海里毗连区、200海里经济专属区、200海里以内的大陆架和超过200海里的外大陆架。总之，中国对南沙群岛及其附近海域享有主权权利，而这有着充分的法理依据。

第一，从时际国际法原则上看，我国对南沙群岛享有无可争辩的主权。时际法是在由于时间的演变而产生的不同的法律规则中对于某一情形所应适用的当时的法律规则。① 一种行为的效力应以从事这种行为时的法律，而不是以提出这一要求时的法律来确定；"对16世纪被发现地的民族权利，是以当时所理解的国际法，而不是以300年以后发展了的更加明确的意见来确定"；②"产生权利的行为的效力……发现、先占等，是以产生权利时的法律，而不是以提出要求时的法来确定。"③因此，除另有表示外，任何国际法规则的现时适用范围，应根据任何事实、行为或情势必须按照与之同时的法律规则来判断这项一般法律原则予以确定。中国早在公元前就发现了南沙群岛，自唐贞元以来，就对南沙群岛行使行政管辖权，而越南、菲律宾、马来西亚、文莱等国只是在20世纪50年代才开始对南沙群岛提出主权要求并逐渐采取军事占领方式进行侵占。显然，对于中国

① 黄远龙：《国际法上的时际法概念》，载《外国法译评》，2000年第2期。

② 莫尔：《国际法摘要》（第Ⅳ卷），华盛顿，1906年，第259页。

③ Kriangsak Kittichaisaree. *The Law of The Sea and Maritime Boundary Delimitation in South-East Asia*. Oxford University Press，1987：141.

发现、先占和行使行政管辖权只能依据当时的国际法，即 18 世纪以前的国际法，只要通过单纯的发现或象征性的占领便可以获得领土主权。[①] 而对于南沙群岛争端，也必须按照时际法原则加以判断和裁决，也就是只能适用 18 世纪以前的国际法，而不能根据现代国际海洋法来解决其争端。在国际法上，“不加占领的单纯发现在过去是可以赋予权利的”；在 16 世纪以前，已不能再争辩最终带有先占意思的单纯发现足以产生权利；现在，占有和行政管理是使占领有效的两个条件，但在以前，这两个条件并不被认为是用占领方法取得领土所必要的。[②] 直到 18 世纪，国际法学者才要求有效占领，而且到了 19 世纪各国实践才与这种规定相符合。现在，虽然发现并不满足通过占领而取得领土，但它却不是没有重要性的。发现使那个为其服务而发现的国家有一种不完全的所有权，在对被发现的土地加以有效占领所需要的合理期间内，这种权利“有暂时阻止另一国加以占领的作用”。[③] 英国牛津大学奥康奈尔教授也指出：“在大扩张时期，发现可能曾被主张为权利根据，但对其他提出要求者是有效根据。”[④]各国在实践中，通过发现获得领土，有记载的主要是 15—16 世纪西方殖民主义者在拓展海外殖民地时，广泛采纳。15 世纪末到 19 世纪末，西方国家仍然使用这种方式获得领土。[⑤] 此外，在一些著名的领土争端案例中也涉及以发现取得主权权利，如帕尔马斯岛仲裁案、克里伯顿岛仲裁案。在帕尔马斯岛仲裁案中，常设仲裁法院院长胡伯承认了西班牙人在 16 世纪由于发现而取得了对该岛的权利。

南沙群岛远离大陆，其中只有少数岛礁面积较大，可以居住，其他大多数不宜于定居，因此南沙群岛领土取得方式应该是原始取得方式，也就是说，“发现”

① ［韩国］朴椿浩：《东亚和海洋法》，1983 年英文版，第 220 页。

② R. Y. Jennings. *The Acquisition of Territory in International Law*. Manchester: Manchester University Press, 1963: 48.

③ 詹宁斯、瓦茨修订：《奥本海国际法》第一卷第二分册，中国大百科出版社，1998 年，第 75－76 页。

④ D. P. O'Connell. *International Law*. London: Stevens, 1970: 408.

⑤ Lawrence B. Evans. *Leading Cases on International Law*. 2th Edition. Chicago, Callaghan and Company, 1922: 283－284.

对于我国取得南沙群岛主权具有特别重要意义，而中国人民和历朝历代发现、开发和经营南沙群岛的记载浩繁复杂，数千年持续不断、不绝于书。中国在东汉以前对南沙群岛获得的初步权利即“发现权”，而且中国在随后的“合理时期内”对南沙群岛行使了有效的行政管辖权，从而满足了“先占”条件。①

第二，中国对南沙群岛享有先占权。先占是一个国家有意识地取得当时不在其他国家主权之下的土地的一种占取行为。先占的主体必须是国家，以国家的名义进行占领。先占的客体只限于“无主土地”，即不属于任何国家的土地。先占需要具备主观和客观两个条件：主观上要有占领的意思表示，如以国家名义发表宣言、声明，或者通过国内立法、行政措施等方式，表示对这块土地有永久控制的意思，或者将该无主土地划入自己的版图；客观上要实行有效的占领，即国家通过立法、司法、行政措施实行有效的占领或控制。先占一旦完成，被占领的土地就成为占有国领土的一部分。

关于“有效占领”，常设国际法院对东格陵兰领土争端的判决中指出：“一项主权主张，如果不是基于某种特别的行为或权利（诸如割让条约），而是单纯基于权威的持续行使，则须表明存在以下两项因素：以主权者行使的意思和愿望、此种权威的某些实际行使或表示。”②首先，自宋代开始，元、明、清、民国都将南沙群岛纳入“琼管”。明清地图把南沙群岛纳入中国版图，纳入行政管辖范围，其意义已经不只是一种主权宣示。1947 年，民国政府公布“南海诸岛位置图”，划上“断续线”，以作为中外之界，并出版包括南沙群岛在内的大量中国地图，这些更是一种现代国际法意义上的主权宣示。中华人民共和国成立后，中国政府多次发表对南沙群岛的主权声明，并通过立法、司法以及其他行政措施向外宣示中国对南沙群岛的主权。其次，我国历代均将南沙群岛纳入版图，实施行政和司法管辖。在民国时期，民国政府组织对南沙群岛进行调查，设置南沙群岛管理处，到南沙群岛捕鱼的渔民还需向海南地方政府缴纳税款，这些都已满足现代国际法

① 杨翠柏、唐磊：《南沙群岛法律问题研究》，四川人民出版社，2003 年，第 54－59 页。

② Louis Henkin. *International Law: Cases and Materials*. West Publishing Co., 1980: 263－264.

意义上行政管辖权的要件，从而足以证明中国对其拥有领土主权。因此，鉴于我国人民对南沙群岛长期经营、开发的事实并结合国际法规则以及国际法案例，中国对南沙群岛享有的领土主权是不容置疑的。对于中国这样的农业、渔业古国来说，中国渔民的生产活动已经构成了对南沙群岛的实际占领；从这一角度看，也间接表明中国对南沙群岛的行政管辖权并享有了领土主权。而且，历代海军也有在南沙群岛进行巡防、打击海盗的行动，同时对外国在南沙群岛的非法活动也都进行了坚决的抗议和阻止。[①]

第三，中国以“断续线”的形式确定了对南沙群岛的领土主权。在从日本帝国主义侵略者手中收回南海诸岛后，为了巩固南沙群岛主权，中国政府公布了“南海断续线”。这一有力行动是中国政府在8年抗击日本侵略者之前维护南海诸岛主权行动的延续，中国政府希望以通过公布南海断续线的形式确定对包括南沙群岛在内的南海诸岛的领土主权。1947年内政部方域司印制了《南海诸岛位置图》，用11条断续线将南沙群岛划在中国版图内，断续线共11条，后来被有的学者称为“U型线”。1948年初，内政部方域司将南海诸岛位置图收入《中华民国行政区域图》，并予以公开发行，向世界宣告中国对南沙群岛享有的主权。中华人民共和国成立后，在出版的地图中继续使用上述断续线。1953年中华人民共和国政府批准将北部湾内的2条断续线去掉，以后出版的地图改为9段，并沿用至今。

从20世纪30年代开始，中国根据历代政府对南沙群岛行使主权的范围重新加以界定，这显然比越南、菲律宾、马来西亚等国在20世纪60年代对南沙群岛提出主权要求要早数十年，况且在中国确定南沙群岛范围时也通过政府政令和地图的形式加以公布。中国政府公布南沙群岛的领土主权范围后，南沙周边国家长期没有提出任何异议，这等同于这些国家对中国享有南沙群岛领土主权的承认或默认。而中国对南沙群岛领土主权范围，从20世纪30年代再次明确界定后，坚持相同立场，前后一致。

台湾学者认为，中国在南海划出的这一“U形线”是“针对1945年杜鲁门宣

① 杨翠柏、唐磊：《南沙群岛法律问题研究》，四川人民出版社，2003年，第61－94页。

言公开以后，因应世界潮流而作出之反应。”“U 形线内之岛屿、岩块及低潮高地，均为中国领域主权所及之领土。因此，U 形线至少为中国岛屿归属线。”“U 形线内之水域为一特殊之历史性水域，其权利主张基础为中国在此海域中之‘历史利益’。”“U 形线内水域包含两种性质者，一为各群岛以直线基线围成之‘群岛水域’；二为以传统权利利益为取向之‘历史性水域’。”“U 形线为一中国与南海邻国权利利益空间之区隔线。”“U 形疆界线乃尚未完全确立细节之历史性水域外界线。”①中国内政部在南海标出的 U 型疆界线属中国在南海的“历史性水域”与《海洋法公约》所称“群岛国家”的“群岛水域”类似。②

大陆学者认为，南海断续线说明了以下几点：第一，线内划定了南海领土范围，法律性质是“主权”，其范围不仅包括岛、礁、水下礁滩，也包括海域；第二，中国政府派兵驻守太平岛，表明中国对南沙群岛有实际控制；第三，中央政府要求海军和广东省政府对捕鱼等经济活动进行保护，体现了对海域的管辖；第四，对通过西南沙海域的外国船只未作任何限制。从以上可以看出，断续线的内涵是非常清楚的。断续线划在我国岛礁和邻国国土的中间位置上，按当时的国际惯例是公允的。线的划法采用断续线形式，不仅表明了海域的划分，也为实际勘界时留有调整的余地。断续线内的法律地位大致相当于大陆架、专属经济区。③南海“9 条断续线”的法律地位包含有几点：“线内的岛礁及其附近海域都是中国领土的组成部分，中国对线内的岛礁滩洲拥有历史性所有权。”“线内原来的国际航道保持畅通，尊重国际航道的自由航行权利。”④

对于南海断续线的法律地位，学者对其都有各自阐述，其中最重要的共同点是：这条断续线是中国对包括南沙群岛在内的南海诸岛岛屿、沙洲、岩礁、暗滩等享有领土主权，对这些岛屿、沙洲、暗礁、岩礁附近的水域享有其他主权权利；这

---

① 傅崐成：《南(中国)海法律地位之研究》，台湾 123 资讯社，1995 年，第 45 页。

② 赵国材：《从现行海洋法分析南沙群岛的主权争端》，载《“21 世纪的南海问题与前瞻”研讨会论文选》，2000 年，第 20 页。

③ 许森安：《南海断续线的内涵》(内部资料)。

④ 李金明：《南海“9 条断续线”及相关问题研究》，载《中国边疆史地研究》，2001 年第 2 期，第 16 页。

条线将中国与越南、菲律宾、马来西亚等国在南海的权益分割开；中国在断续线内还享有历史性权利；断续线内的国际航道仍然畅通，他国有在国际航道航行的权利；断续线为我国拥有南沙群岛领土主权和在未来划定南沙群岛的领海、毗连区、专属经济区、大陆架提供了法律依据；这条断续线不仅得到了国际社会的承认，而且自称与南沙群岛利益相关的其他当事国也曾经承认或默认。[①]

第四，中国对南沙群岛享有“历史性所有权”。历史性权利在判定领土归属问题上，1958 年《领海公约》和 1982 年《联合国海洋法公约》中都有明确规定，而且在国际实践中也得到了证明。1958 年联合国第一次海洋法会议通过的《领海及毗连区公约》中明确写有“历史性所有权”和“历史性海湾”，例如其中第 12 条第 1 款的规定：“在划分领海界限时，公约将历史性所有权作为例外。”表明公约肯定了相关国家可以根据具体情况对某一片海域拥有历史性权利。1982 年的《联合国海洋法公约》中，多处规定了历史性权利条款，包括公约第二部分第 10 条第 6 款关于“海湾”和第 15 条关于“海岸相向或相邻国家间领海界限的划定”的条款，公约第十五部分第 298 条第 1 款(a)(1)的规定。此外，在联合国的一些专门机构如国际法委员会、联合国秘书处的会议或文件中，也肯定了“历史性所有权”在海洋或陆地领土划界中的法律地位。联合国秘书处分别在 1957 年、1962 年提出了两份关于“历史性海湾”和“历史性水域(包括历史性海湾)的法律制度”文件。其中明确规定了国家有权对“历史性海湾”和“历史性水域”拥有“历史性所有权”。构成“历史性所有权”有三个条件：该国对这一片海域行使权力；这种权力的行使是连续的；而且这种权力得到了外国的默认。[②] 在国际社会的实践中，将历史利益、历史性权利纳入划界协定或条约的例子也很多。此外，国际法学家也已经充分认识到了“历史性所有权”的存在，而且对国家如何拥有历史性所有权进行了详尽的论述。

《领海及毗连区公约》与《联合国海洋法公约》中的有关“历史性权利”、“历史

---

① 杨翠柏、唐磊：《南沙群岛法律问题研究》，四川人民出版社，2003 年，第 99 页。

② 周忠海：《论海洋法中的“历史性所有权”》，载《周忠海国际法论文集》，北京出版社，2006 年。

性海域”、“历史性所有权”条款同样应适用于中国的南沙群岛及其附近海域。国际社会关于“历史性权利”、“历史性海域”、“历史性所有权”的实践和国际法学家的相关论述更进一步证实了中国对南沙群岛拥有历史性所有权或历史性权利的合法性。早在 1958 年中国政府就公布了《关于领海的声明》，20 世纪 90 年代后，先后颁布《中华人民共和国领海及毗连区法》和《中华人民共和国专属经济区和大陆架法》，再次确定了中国对南沙群岛拥有的领土所有权，特别是《专属经济区和大陆架法》中第 14 条规定：“本法的规定不影响中华人民共和国享有的历史性权利。”[①]因此，中国在南海的历史性权利法律地位主要包括：断续线内的所有岛礁、沙洲、沙滩的主权归属中国；各群岛的直线基线之内侧水域应为中国之内水，但因南沙群岛位于国际航道要冲，故应不妨碍其他国家的过境通行权；中国对南海海域的上覆水域、海床及底土的一切自然资源，包括生物资源和非生物资源的主权权利；在中国内水线之外海域，其他国家继续享有航行、飞越、铺设海底电缆和管道自由，以及与这些自由有关的海洋其他国际合法用途。

第五，国际社会对中国享有南沙群岛领土主权的承认。1943 年中美英三国发表《开罗宣言》，明确承认：“三国之宗旨……在使日本所窃取的中国领土，如满洲、台湾、澎湖列岛等，归还中华民国。”[②]自第一次世界大战以后，日本窃取了大量中国领土，其中包括南沙群岛。日本在侵占我国南沙群岛后，将其改名为新南群岛，并置于台湾高雄行政管辖之下，因此，《开罗宣言》中提及将“满洲、台湾、澎湖列岛等，归还中华民国”，自然就应该归还南沙群岛。1945 年 7 月中美英三国签署《波茨坦公告》又重申：“《开罗宣言》之条件必将实施，而日本之主权必将限于本州、北海道、九州、四国及吾人所决定其他小岛之内。”[③]1951 年 9 月 8 日在旧金山缔结了对日和平条约。该条约第二条（十）项中规定“日本国放弃对新南群岛，西沙群岛的权利、权原及要求”。[④]《旧金山和平条约》当然应与《开罗宣

---

① 吴士存主编：《南海问题文献汇编》，海南出版社，2001 年，第 51 页。

② 《国际条约集》（1934—1944 年），世界知识出版社，1966 年，第 407 页。

③ 《国际条约集》（1945—1947 年），世界知识出版社，1959 年，第 77 页。

④ 《国际条约集》（1950—1952 年），世界知识出版社，1959 年，第 335 页。

言》和《波茨坦公告》一致，因为它们都是为了处理日本发动的侵略战争问题。既如此，日本放弃对南沙群岛的“权利”后，只能是归还给中国。越南在20世纪的50—60年代，多次承认中国对南沙群岛拥有领土主权。菲律宾政府、马来西亚政府、文莱政府虽然没有直接承认中国对南沙群岛拥有领土主权，但是许多资料显示，这些国家的政府间接承认了中国对南沙群岛的领土主权，如这些国家对中华民国派出军舰接收太平岛等南沙群岛，对于中国在1947年划出的断续线，对于《开罗宣言》、《波茨坦公告》的规定等，均未给予明确反对，不反对应视为默认，即默认中国对南沙群岛享有领土主权。

为确保国际法律关系的稳定性，国际法上有一系列关于承认、默认和禁止反言的规定。“无论一项权利多么不充分，……承认就禁止承认了该项权利的国家在将来任何时候否定其承认的效力。”①承认对于领土取得的重要意义在于“当每一个提出领土要求的国家能表明对有争议的领土行使了一定程度的控制时，国际法庭对案件的判决就可能有利于证明其权利曾得到另一个或数个提出要求国家的承认的那个国家。”②“在两国争端中，为了寻找更相对有力的权利，法庭自然而然地会考虑是否有一方当事国实际上已经承认过另一方当事国的权利或权利主张。”③承认、默认在领土主权争端中均有重要法律意义，还引出另外一个法律原则——禁止反言。禁止反言意味着，曾经承认另一国对特定领土的权利的国家，将不得否认这一国的权利。④ 越南过去已经承认中国对南沙群岛拥有领土主权，这种承认或默认已经具有相应的法律效力，基于“禁止反言”规则，它们应该承担相应的国际法律责任。

---

① Stevens & Sons. *Legal Status of Eastern Green Land* (*Denmark—Norway*), *Georg Schwarzenberger*, *International Law*, *Vol. 1*.. Limited 119 & 120 Chanery Lane. Law Publishers, 1945: Appendix4, 316 - 317.

② D. W. Greig. *International Law*. 2nd Ed. London: Butter Worths, 1976: 148.

③ Lawrence B. Evans. *Leading Cases on International Law*. 2nd Ed. Chicago: Callaghan and Company,1922: 107.

④ 杨翠柏:《“承认”与中国对南沙群岛享有无可争辩主权》,载《中国边疆史地研究》,2005年3期。

第二章　国际海洋油气资源共同开发概况

第一节　国际海洋油气资源共同开发的背景与国家实践

海洋蕴藏着丰富的石油和天然气资源，海洋石油和天然气也是迄今人类在海洋中开发的最有价值的资源。从 19 世纪下半叶人类在近海发现石油开始，石油与海洋就紧密地联系在了一起，它不仅是工业生产的重要能源，也是制造许多产品的重要原材料，被称为“工业的血液”。20 世纪 40 年代以前，人类对石油的勘探开采活动主要集中在陆地。真正认识到近海石油的巨大经济价值和大规模地发现近海石油是在 20 世纪的 60—70 年代。目前，全世界有 400 余个海上油田，年产原油 6 亿吨。①

随着科学技术的迅猛发展和各国对于能源需求的急剧上升，陆地资源已渐渐不能满足现代工业的需要，各国普遍加快了对海洋资源的开发利用步伐。自美国 1945 年在《杜鲁门公告》中率先提出对大陆架的海床和底土主张自然资源的主权权利开始至 20 世纪六七十年代，全球范围掀起了声势浩大的“蓝色圈地运动”。许多沿海国家都对海洋提出了最大限度的主权要求，国家管辖的范围得到极大的延伸，原来属于公海的一部分海域也被纳入到国家主权管辖范围之内。各国海上圈地运动的背后则是对海上资源的争夺，尤其是对海上石油天然气的争夺。到 1958 年《日内瓦大陆架公约》签署前，世界上已有约 50 个国家颁布了大陆架法令；到 1982 年《联合国海洋法公约》签署前，主张 200 海里专属经济区

---

① 肖建国:《论国际法上共同开发的概念及特征》,载《外交学院学报》,2003 年第 2 期。

或渔业区的国家已近百个。[1] 大陆架和专属经济区概念的出现丰富了国家主权的内容，但同时也使国家之间的海上划界变得日益复杂起来，尤其是权利主张重叠海域或者争议海域的划界问题。在这种前提下，有关国家之间展开了划界谈判。然而，由于划界毕竟涉及国家的主权，因此国家在主权上的妥协和让步并非轻而易举的事情。因为石油是各国的共同需求，国家间与其旷日持久的谈判，倒不如寻求一种更有效的方式，使资源的开发不至因为划界谈判而耽搁。在这种背景下，共同开发制度自20世纪60年代开始，被逐渐认可并被视为一种开采海洋石油资源的有价值的主张。相信今后随着国家间共同开发实践的不断增多和理论研究的不断深入，共同开发的内容将得到不断丰富。

首次进行共同开发并同时进行相关海域划界的国际实践是1958年巴林和沙特阿拉伯划分波斯湾大陆架协定，这也成为同时解决海域划界和跨界资源共同开发问题的雏形。[2] 该协定在划分两国大陆架的同时，考虑到地理资源的特点及双方的立场，特别划分出一块六边形区域作为“石油收益均分区”：“位于已确定的六边之内的地区有如下述：……按照巴林统治者殿下的愿望，并经沙特阿拉伯国王陛下同意，上面已载明和确定的地区应属于沙特阿拉伯王国，该地区的石油资源应由陛下任意进行开发，但以沙特阿拉伯开发所得的纯收入的一半给予巴林政府为条件，并经谅解，这一点不妨碍沙特阿拉伯政府对该地区的主权和管理权利。”[3]可见在该协定中双方约定，沙特阿拉伯可开采有争议的油田，但净收入的一半交巴林。

1960年4月荷兰与联邦德国签订《关于合作安排埃姆斯——多拉德条约》，1962年5月签订《关于合作安排埃姆斯——多拉德条约的补充协议》，这两个条约搁置了两国在埃姆斯河口区域的主权争议，规定双方在一块明确划定的区域

---

① 肖建国：《论国际法上共同开发的概念及特征》，载《外交学院学报》，2003年第2期。

② 于辉：《共同开发海洋矿物资源的国际法问题》，载《中国国际法年刊》，中国对外翻译出版公司，1994年，第48页。

③ 巴林与沙特阿拉伯《关于在波斯湾大陆架划界协定》：http://www.un.org/Depts/los/LEGISLATIONANDTREATIES/PDFFILES/TREATIES/BHR-SAU1958BA.PDF.

内共同勘探开发和平等分享相关石油和天然气资源。尽管这一实践只涉及一块面积很小的河口地区，但却被 1969 年国际法院在北海大陆架案的判决中所援引和肯定。该判决在指出大陆架划界所依据的原则后进一步表明：保护矿藏的统一性是划界谈判中应予以合理考虑的一种实际因素；如果存在保护矿藏的统一性问题，共同开发尤为适宜。[①] 虽然国际法院的判决没有对共同开发做进一步的深入阐述，但是促进了共同开发概念的广泛应用，也为之提供了法律支持。

1965 年英国和挪威签订了《关于两国间大陆架的划界协定》，两国在协定中加入了共同开发跨界资源的条款，其中第 4 条明确规定：如果发现了单一地质石油结构跨越的边界线，缔约双方应谋求就上述矿床的开发方式及收益分配达成协议。[②] 从这个协定开始，共同开发跨界资源条款被很多国家的划界协定所采用，成为解决跨界资源问题的一种标准条款。1989 年澳大利亚与印度尼西亚签订《关于印度尼西亚东帝汶省和北澳大利亚区域内的合作区域条约》——《帝汶缺口条约》(Timor Gap Treaty)，是迄今在条约文本中就共同开发规定得最为详细的一个条约。澳大利亚与印度尼西亚之间的大陆架，从自然走向上看，大陆架是从澳洲北部大陆一直向北延伸至帝汶海槽。两国之间经过谈判，根据自然延伸的原则分别于 1971 年、1972 年和 1973 年签订了三个条约，基本是以帝汶海槽为界划定了两国间的大陆架。由于东帝汶的归属问题，划界在东帝汶海没有进行。因而两国的大陆架界线被分割为两段，中间出现了一个未划界的空白“缺口”。1989 年的条约就是两国为解决这一段缺口的划界而签订的，所以该条约也称为《帝汶缺口条约》。但是该条约没有在这一缺口划定两国大陆架的边界，而是在此缺口划定了两国的共同开发区。这个共同开发区域又被划为三个递次区域即 A 区、B 区和 C 区。在各个区域中双方所拥有的权利和收益份额是不同

---

① 国际法院《北海大陆架案判决书》(1969)：http://www.icj-cij.org/docket/files/52/5561.pdf.

② 英国政府和挪威政府《关于两国间大陆架的划界协定》(1965)：http://www.un.org/Depts/los/LEGISLATIONANDTREATIES/PDFFILES/TREATIES/GBR-NOR1965CS.PDF.

的，它们共同构成了共同开发区。[①]《帝汶缺口条约》的重要性不仅在于以不同法律性质的四条线划出了三个区域，而且在划分区域问题上给人们带来了新启示：根据情况把开发区分成几个区域，在每一个区域中有各自适用的规则。

到目前为止，世界范围内已经达成的类似共同开发协定已有 20 多个，还有大量存在争议海域的国家正计划或已着手尝试共同开发的方式解决海域的利用和开发问题。[②] 21 世纪是海洋的世纪，开发和利用海洋石油和天然气资源必将显著发展，而共同开发制度似乎成为国家经济发展与主权坚持双重考量的平衡点，有其存在和发展的强大生命力。

第二节　国际海洋油气资源共同开发的概念

随着科学技术的发展以及各国对能源需求的增加，陆上的资源远远不能满足现代工业的需要，人们的注意力开始投向海上潜在的油气资源，跨越国家海域界线或重叠海域的油气田引出了关于如何适用国际法规则的新问题。国际法学界对这些新问题的处理在不同时期有不同的观点，对此问题的认识经历了一个由浅入深、由零散到系统的过程，学者们的主张从早期的先占原则、保护矿藏的统一性原则、领土主权原则、国际强制联合开发原则一直到现在的共同开发原则。共同开发已成为国际社会普遍接受的一个概念。但对于究竟什么是共同开发，理论界目前没有统一的精确定义。许多学者和研究机构从研究的不同目的和角度出发，纷纷对共同开发进行定义，可以说是仁者见仁，智者见智。

日本学者三友认为："国际上共同开发的概念不能以一致的方式理解和应用。依国际法的观点，把共同开发的定义限制在基于政府间的协议的开发而排除政府与石油公司之间的联合企业或资本参与的私有公司之间的合伙企业。共

---

① 《关于印度尼西亚东帝汶省和北澳大利亚区域内的合作区域条约》：http://www.austlii.edu.au/au/other/dfat/treaties/1991/9.html.

② 于辉：《共同开发海洋矿物资源的国际法问题》，第 48 页。

同开发是临时性质的政府间安排，是一种以功利为目的的共同勘探或开发的设计。这种功能性保证了共同开发不会影响到各自的划界立场。”①加拿大国际法学者高尔特(Ian Townsend-Gault)把共同开发定义为“一个或数个国家共享其对一个特定区域拥有的权利，并在一定程度上为勘探和开发海域矿物的目的，进行的某种形式的共同管理。”②该定义的范围是非常广泛的，不仅包括国家直接参与开发，而且包括每个国家采用其国内措施以促进在特定区域内的资源共享。德国基尔大学国际法学者雷纳·拉各尼(Rainer Lagoni)认为共同开发是主权国家间的合作方式，“是一种以国家间建立协定为基础的国际法概念”，从而排除了合同型的合作，如特许权持有者之间对跨越合同区分界线的矿区联合经营的协议。在此基础上，拉各尼对共同开发的概念又进行了更详尽的分析，他指出“共同开发是指国家之间就勘探和开发跨越国家边界或处于主张重叠区域的非生物资源的某些矿床、矿田或矿体所进行的合作。”拉各尼还指出实现共同开发必须具备四项基本要素：(1) 要指定一块特定的区域；(2) 适用某种具体的资源；(3) 订立协定或具有法律拘束力的文件，明确有关各方对该区域的管辖权，并在这些管辖权和法律规范之下经营油气田的勘探开发业务；(4) 规定勘探开发的条款和条件。③ 日本学者三友(Miyoshi)支持拉各尼的观点，也主张共同开发应为政府间的协议，排除政府与石油公司或私有公司之间的联合企业。我国海洋和石油法专家高之国教授从几个方面论述了共同开发(Joint Development)与联合开发(Unitization)的区别，并概括指出国际上的联合开发在性质上几乎完全是商业性的概念，而共同开发在原则上则是一个政治概念。基于这种分析，他对共同开发作了狭义的定义，认为共同开发可以定义为在最终划界之前，为了开发和分配领土争端的重叠区域的潜在自然资源，两个或多个有关国家基于政府之

① Masahiro Miyoshi. “The Basic Concept of Joint Development of Hydrocarbon Resources in the Continental Shelf.” *International Law Journal of Estuarine Coastal Law*3(1988)50.

② Gault I. T.. “Joint Development of offshore Mineral Resources Progress and Prospects for the Future.” *Natural Resources Forum*12－13(1988):275.

③ Rainer Lagoni. “Oil and Deposit Across National Frontier.” *The American Journal of International Law*, Bd. 73 (1979): 215－243.

间的国际协议而共同行使主体权利和管辖权。① 学者蔡鹏鸿也持狭义的定义，认为共同开发是争议方在建立协定基础上，对一块争议海域非生物资源进行以开发为目的的国家间的一种特殊合作方式。他指出："根据现有的案例及实际共同开发的过程来看，一项共同开发乃是两国或多国间的一项开发协定，在这一协定的规范下，有关国家协调各自国家法规，并在新的规约的指导下，用一致接受的条款，如成本分摊比例和利益分享率，对大陆架海床和底土中的一块特定的区域进行共同开发。"②

通过以上的分析可知，尽管学者们在共同开发概念上有着措辞和侧重点上的很大不同，但均强调共同开发主要用于解决跨界或权利主张重叠海域的资源开发问题。综合以上各位学者的观点，并结合现有的共同开发的国家实践，我们认为共同开发是指有关国家暂时搁置主权或主权权利争议，基于政府间的协议，就跨越彼此间海洋边界线或位于争议区内的共同矿藏及矿产资源，以某种合作方式进行的勘探和开发，并且实行共享权利、共同管理、共摊成本。

第三节　国际海洋油气资源共同开发的法律特征

首先，共同开发的主体是拥有或主张相应海洋权利的国家。这一特征包括如下两层含义：第一，共同开发的基本前提是国家之间存在跨界或争议海域，而争议主要是由于各国主张的海洋管辖权范围出现重叠产生的；第二，海洋管辖权是国家主权的一种派生权利，因此，海洋管辖权争议出现在国家与国家之间，只有主权国家才是共同开发的主体。这不同于经济实体间的商业性开发，因为只有国家才享有沿海大陆架和专属经济区的油气资源勘探开发权利。

---

① Zhiguo Gao. "The Legal Concept and Aspects of Joint Development in International Law." *Ocean Yearbook*. Chicago: the University of Chicago Press, 13(1998).

② 蔡鹏鸿：《争议海域共同开发管理模式：比较研究》，上海社会科学出版社，1998 年，第 9 - 10 页。

其次，共同开发的客体具有共享性。共同开发的对象是跨界或争议海域的自然矿产资源，此类资源从构造上具有单一性的特点，有关任何一方单方面开采必然会对这一资源的整体性造成破坏，从而损害其他相关方的权益。因此，共同资源无论按照一般法律原则还是国际法，都要求各相关方进行一定程度的合作。

再次，共同开发的法律基础是国家间的协定。这也是共同开发最基本和最重要的特征。共同开发的主体是在相关海域存在争议的有关主权国家，处分对象是各沿海国对其大陆架和(或)专属经济区的自然矿产资源所享有的进行勘探开发的经济主权权利，因此对争议海域进行共同开发必须依赖于国家间的合作和集体行动，以区别于各国家的单方面开发活动。而这种合作和集体行动的形式在法律上只能是以国家间的协定这一形式存在，即各当事国在不放弃对争议海域主权权利主张的基础上，通过此协定明确各方对油气资源的勘探与开发、收入分享、财税征收、管理机制、法律适用和争端解决等问题作出制度安排。因此，各当事国就共同开发所达成的协定是进行共同开发的前提和基础，构成各方在具有共同利益的油气资源区域进行相关开发活动的法律基础。

因此，共同开发是以国家间的国际协议为基础的，这一协议具备国际条约的一切法律特征。它不是基于法律上的要求而必须采取的强制行动，而是一项任意性规则，是由有关国家之间基于政治和经济上的考量而自由做出的决定。实际上，《海洋法公约》就国家间以协议方式共同利用海洋的问题作了明确的规定。公约第 74 条和 83 条规定，有关各国应基于谅解和合作的精神，尽一切努力就共同利用海洋达成实际性的临时安排。需指出的是，第 74 条和 83 条的规定不仅仅具有建议的性质，同时也是对各国行为的一种指导性法律规则，各有关国家有义务按照公约的要求采取具体行动，尽力达成临时安排协议。另外，根据《海洋法公约》第 123 条，闭海或半闭海沿岸国在行使或履行本公约所规定的权利和义务时，应尽力直接或通过适当区域组织互相合作。

复次，共同开发的经济性。随着经济的发展，各国对石油的需求量持续上涨。为了缓解国内能源压力，许多国家积极寻求能源供给的有效途径。于是，争议海域石油资源的共同开发进入各国的视野。对于具有相互利益的国家来说，竞争性勘探或争端导致宝贵的油气资源得不到及时开发，于各方均无益；与其一损俱损或无休止的争论，不如搁置争议进行合作，寻求符合经济效益原则的勘探开发方式，使各方都能够从商业性开发和生产中获得最大的经济利益。[①] 共同开发并不仅仅追求理论的构思和框架，而更重要的是关注对海洋资源的实际利用。共同开发必须具有法律上的可实践性和现实上的可操作性即实用性。共同开发的这种实用性源自有关利益国家保护和经济利用石油资源的迫切需要。对于具有相互利益的国家来说，只有搁置争议，进行合作，寻求符合经济效益的勘探开发方式，才能使双方从这种商业开发中获得最大的经济收益。[②]

最后，共同开发不创设既得权利。共同开发主要是一种针对一特定区域的石油天然气资源进行合作勘探开发的协定安排，[③]属于临时性的法律措施，主要涉及跨界或争议海域自然资源的开发和利用活动。因此，一般而言，共同开发并不创设有关国家对争议海域的法律权利。共同开发既不妨碍任何一方协议前的权利主张也不影响最后海洋管辖权界线的划定。共同开发安排不能视为任何一方对权利主张的单方面放弃，也不能视为任何一方对另外一方权利主张的承认，更不能创设对有关海域及其资源的既得权利。总的来说，共同开发可以永久性地替代划界，也可以作为划界前的临时措施，还可以作为划界同时或之后保证资源公平分配的一种附加措施。[④]

① 余民才:《海洋石油勘探与开发的法律问题》，中国人民大学出版社，2001 年，第 103 页。
② 萧建国:《国际海洋边界石油的共同开发》，海洋出版社，2006 年，第 17－19 页。
③ 余民才:《海洋石油勘探与开发的法律问题》，中国人民大学出版社，2001 年，第 104 页。
④ 林忠:《中国与共同开发的学术探讨》，载《现代法学》，1998 年第 1 期。

第三章　南沙群岛海域油气资源共同开发的困境与可行性分析

第一节　南沙群岛海域共同开发的困境

历史和国际法的模糊与对相关资源的争夺导致了现在南海的紧张局面，南海问题是一个复杂的国际争端，包括岛屿主权、海域划界以及自然资源利益纷争，涉及周边的六国七方（即中国、越南、菲律宾、马来西亚、印度尼西亚、文莱以及我国台湾省），是目前世界上涉及国家最多、争议海域面积最大的海域争端之一。此外，美国、日本、印度等国及欧盟也试图插手南海问题，使南海争端更加错综复杂，同时也加大了南海“共同开发”面临的困难。[①] 中国有足够的历史和法理依据来证明南沙群岛属于中国，英、法、美等国家的地图历来标注南海诸岛属于中国，就连越南也曾经承认南沙群岛属于中国。[②] 但由于南沙群岛海域丰富的油气资源和其作为重要贸易通道的特殊地位，再加上中国海洋意识的长期淡薄忽略了对南沙群岛的经营开发，所以其他当事国纷纷采取了损害中国根本利益的做法，主要表现为：多国占领、无序开发、联合对华、建立行政区、以优惠政策鼓励移民、强化各自军事力量及其所占岛礁军事设施建设、将区域外强权引入其中进行干预进而促成南海问题国际化等，这些实质上都是对我国南沙群岛主权的严重侵蚀。南沙群岛海域共同开发的制约因素具体表现为以下几个方面。

---

① 范晓婷：《对南海“共同开发”问题的现实思考》，载《海洋开发与管理》，2008年第4期。

② 杨翠柏：《南沙群岛法律问题研究》，四川人民出版社，2003年，第131－139页。

一、南沙群岛领土主权争端

南沙问题不仅包括海洋管辖权和海洋权益主张重叠的争议，更涉及极为敏感和复杂的相关岛屿主权归属问题。由于南沙问题涉及上述六国七方，其重叠海域的当事方往往不止两个国家，而是多个国家。虽然我国对南沙群岛及其附近海域的权利主张有着充分的历史和法律依据，但由于主权是一个国家的根本属性，在对待领土主权的问题上任何国家都会据理力争、难以让步。例如，菲律宾前总统拉莫斯曾指出，菲方可以同其他国家共同开发南沙资源，但这一定要讨论主权问题，决不能因为共同开发而放弃领土主权。越南也持同样立场，认为应先把主权归属问题谈清楚，再谈共同开发。① 这些都为南沙群岛海域油气资源的共同开发造成严重障碍，而且实际上为共同开发设置了严苛的前置条件。共同开发其实是弱化国家主权的一种处理方式，是国家主权或主权权利的一种相互妥协，因为共同开发的客体是特定海域里的矿产资源，而沿海国对主张专属经济区或大陆架的一个最重要内容便是开发该海域的自然资源。一国一旦同意共同开发，就意味着同意别国有权分享自己所主张的权利。如果各国对共同开发设立前置条件、毫无妥协，也就在一定程度上否定了共同开发的可能性，由此可见南沙群岛领土主权争端为共同开发带来了极为复杂的因素。

二、共同开发区位难以确定

明确共同开发制度的适用范围、划定共同开发区是实现共同开发的核心要素之一，这种范围通常应以主权争议地区为限。确定共同开发的区位必须明确各国具体在哪些海域存在争议，但由于南沙海域争端涉及多个沿海国的不同权

---

① 李国强：《对解决南沙群岛主权争议几个方案的解析》，载《中国边疆史地研究》，2000 年第 3 期。

利主张，往往涉及三国以上重叠主张的区域，使得情况变为更加复杂。就南沙局势而言，如果争议各方通过双边谈判达成协议，那就意味着可能会影响到其他国家的权利主张乃至利益，但透过多边机制解决争端的尝试往往不易，因为各方的原则立场、权利主张侧重点差异很大，能够令各方都可以接受的方案较难达成。从国际实践上看，多边共同开发的实践也很少，这充分说明了如果涉及第三方或其他各方的海洋权益主张，共同开发无疑会非常困难。① 此外，我国没有具体阐明南海断续线（U形线）以及线内海域在国际法上的性质和意义，也未明确自己在南海海域的领海、专属经济区或大陆架范围。② 这使得我国在南沙海域的相关法律主张至今较为模糊，与各方的海域争议区域很难划定，从而影响到共同开发区的确定。

三、周边国家加紧对南海资源的单方面开发

南海周边国家从20世纪50年代开始侵占我国岛礁、沙洲后，就在相邻海域开始勘探和开发油气资源，而且这些是不可再生的资源；特别随着数次石油危机的爆发以及经济发展对能源的依赖逐步加大，越南、马来西亚、菲律宾、文莱、印度尼西亚等相关国家为了巩固在南海的既得利益，加快了对南沙海域的油气勘探开发步伐，并以招标形式伙同西方石油公司进行掠夺性开发。③ 周边国家各自划分了彼此重叠的对外招标作业区，不断扩大勘探范围，在跨越我国传统海疆线的万安、曾母、文莱—沙巴、西—北巴拉望及礼乐盆地内的勘探开发活动尤为活跃。迄今周边国家伙同外国石油公司已在南沙群岛大陆架区累计完成二维地震测线 122×10^4 km，大部分有利构造带上都进行了三维勘探，钻探各类探井

---

① 孙建设，辛立：《南沙群岛的主权纷争与发展趋势》，载《国外社会科学情况》，1996年第1期。

② 王勇智：《关于南海断续线的综合探讨》，载《中国海洋大学学报（社会科学版）》，2008年第3期。

③ 李金明：《南沙海域的石油开发及争端的处理前景》，载《厦门大学学报（哲学社会科学版）》，2002年第4期。

1 350口,发现95个油气田及200多个含油气构造。探明石油可采储量11.82×10^4 t,天然气可采储量3.3×10^{12} m^3。在这些油气田中,有77个油气田位于我国传统海疆线之内。目前已开发34个油气田,其中有20个位于我国传统海域疆界线以内。[①] 在南海拥有石油承租权并从事油气勘探和开采的国际石油公司约有200余家,每年的产量呈直线上升趋势。越南已经通过掠夺资源,从一个贫油国发展成石油出口国。马来西亚、菲律宾也从石油开发中获得大量好处。此外,周边国家还企图透过发展旅游观光业来合理化其主权主张,并以保护石油和天然气开发为名,在勘探区周围集结军队,加强武装,甚至进行军事演习,加剧了南沙海域的紧张局势。[②] 这些行为都会对共同开发造成阻碍,在国家间产生不信任感,使其对未来的合作产生怀疑。

四、我国相应开发活动的缺乏

从共同开发的国际实践来看,能否成功实施共同开发,其中一个非常重要的因素便是当事国是否已在争议海域进行了实质性的资源开发活动以及相关争议是否已经具体化。在相关国家尚未达成共同开发协定的情况下,任何一方通常无法进行单方面的矿产资源勘探和开发活动;也只有在这种情况之下,当事国之间才有必要选择共同开发作为一种缓和相互冲突、协调彼此利益的明智做法。如上所述,就南沙群岛海域而言,其他国家早已先于中国而行,纷纷吸引西方跨国石油企业进行局部勘探开发,并与其签订油气开发合同,产量呈直线上升趋势。而与此形成鲜明对比的是,中国目前在南沙群岛周边争议海域的实际存在和经济开发活动十分有限或者根本不存在,迄今为止中国在南沙还没有树起一座井架,没有打出一桶油。与周边国家在争议海域的实际存在以及对矿产资源的勘探和开发力度相比,中国处于明显的劣势。长期以来,面对南沙群岛的岛屿

① 肖国林,刘增洁:《南沙海域油气资源开发现状及我国对策建议》,载《国土资源情报》,2004年第9期。

② 李金明:《中国南海疆域研究》,福建人民出版社,1999年,第146页。

不断被侵占、断续线之内的海域被私自瓜分、各种资源被大肆掠夺的严峻局面，我国基本没有强有力的抗议或制止，周边国家已经实际控制某些区域并进行单独开发，所以对这些国家来说，也就不存在与中国进行共同开发的迫切性和必要性。因此，中国有必要首先在争议海域加强自己的实际存在和控制，尽快展开相应的勘探开发活动，并积极介入其他国家的掠夺性开发活动。只有在与周边国家的争端具体化之后，对方才会真正感受到进行共同开发的必要性和迫切性，从而促成共同开发的局面。

五、复杂的国际局势

南沙群岛水域蕴藏着丰富的生物资源和非生物资源，并位于印度洋与太平洋之间，是二洋相通的必经之地。自古以来，南沙群岛海域与南海其他三个群岛海域是亚洲东部、中南半岛、南洋群岛、印度次大陆、阿拉伯半岛、东部非洲，以及欧洲国家通商贸易的枢纽。随着经济全球化的进一步发展，国际经济交流日益频繁，南沙群岛海域更是成为美洲、亚洲、大洋洲、欧洲的海上交通要冲。一方面，随着中国综合国力和军事实力的提高以及对能源需求的猛增，虽然东盟本身作为一个区域性国际组织并非南沙争端当事方，但由于其主要成员国均牵涉其中并其任何一国单独都不足以与中国抗衡，因此东盟在南海争端中开始协调各成员国的立场，并发表联合声明表达对南海问题的立场，采取一致行动共同对抗中国，以此加大与中国在南海问题上的谈判筹码。南海周边有关国家不顾历史事实和国际法准则，通过东盟地区论坛讨论南海问题，大肆制造国际舆论，呼吁区域外大国提供保护或通过联合国和国际法院来解决南沙争端，其意图是想通过区域外的力量来牵制中国，使南海问题“国际化”。[①] 另一方面，由于南海极其重要的战略地位以及所蕴藏的丰富自然资源，西方大国经常借口南海的航行自

① 刘中民:《冷战后东南国家南海政策的发展动向与中国的对策思考》,载《国际问题论坛》,2008年秋季号。

由和地区安全等问题，企图介入南海事务，使自己的力量在亚太地区得到充分体现，并遏制和削弱中国的影响。更有甚者，美国、日本等国出于自身战略和经济利益考虑，经常别有用心地制造和散布“中国威胁论”。[①] 这些都使得中国与南沙海域有关国家进行共同开发谈判的难度大大增加。

第二节　南沙群岛海域共同开发的可行性分析

共同开发作为一种解决海域划界争端而被广泛采用的临时性办法，其成功运作有赖于以下几个条件。首先，该区域内必须存在一股正面的合作氛围，包括公共机构和公民社会间的互信，这样共同开发方能更受各国国内人民支持，不会因受到国内压力或反对而停摆。其次，争议各方必须认识到通过合作所获得的利益超过所付出的成本，这样收益和成本分为两个层面，一方面是直接从海洋资源有效利用与开发中所得的利润（即有形的财富积累），另一方面则是促进国家间关系的发展和地区局势的稳定，并还可能扩及其他项目的合作，不再仅限于油气资源的共同开发。第三，共同开发这种机制应被所有当事国认为具有公平性，相关收益与成本的分配机制和标准不会让各方感到参与共同开发会不利或损害自身利益，虽然各方的主张不可能被完全满足也难免会存在利益冲突，但可以通过将各国的冲突之处结合起来从中做出妥善地协调，缓和各国利益相抵触之处，透过协商与谈判取得最和谐的平衡点。此外，除了关于共同开发本身的讨论之外，该地区的其他重大事件也能加快各方合作的步伐，强化其政治意愿以达成全面和公平的整体性机制。

在当代国际关系中，各国之间的分歧和争端不可避免，而和平解决国际争端是国际法的基本原则之一，具有强行法的性质，它是指“以武力以外的方法解决

---

① 李国强：《南中国海研究：历史与现状》，黑龙江教育出版社，2003年，第420－423页。

国际争端，即政治的方法（亦称为外交的方法）或法律的方法来解决国际争端”[①]。和平解决南沙群岛争端是各当事国应尽的国际法义务。目前南海地区各国间的合作氛围正在逐步形成，南海争端方也逐渐认同了共同开发。在印尼召开的有关南海问题的会议以及东盟召开的外长会议和地区论坛，都将共同开发作为和平解决南海问题的重要原则，并体现在会议的成果中——《东盟关于南中国海问题的宣言》和《南海各方行为宣言》。它们本着合作和理解的精神，寻找建立相互信任的途径，加强海洋环保、搜寻与救助的合作，共同打击跨国犯罪，和平解决南海问题。2002 年 11 月生效的《南海各方行为宣言》第四条、七条就表明："有关各方承诺根据公认的国际法原则，包括 1982 年《联合国海洋法公约》，由直接有关的主权国家通过友好磋商和谈判，以和平方式解决它们的领土和管辖权争议，而不诉诸武力或以武力相威胁"；"有关各方愿通过各方同意的模式，就有关问题继续进行磋商和对话，包括对遵守本宣言问题举行定期磋商，以增进睦邻友好关系和提高透明度，创造和谐、相互理解与合作的国际环境，推动以和平方式解决彼此间争议"。[②] 这一宣言是中国与东盟签署的第一份有关南海问题的政治文件，对维护我国主权权益，保持南海地区和平与稳定，增进中国与东盟互信有重要的积极意义。2004 年 6 月 30 日中国与越南签署的《中越北部湾划界协定》及《中越北部湾渔业合作协定》正式生效，双方长期存在的争议在历时多年的谈判磋商后取得了重要成果。同年 9 月菲律宾总统阿罗约访华，两国签署中菲渔业合作协议等双边合作文件，中国海洋石油总公司和菲律宾国家石油公司签署在南海部分海域联合海洋地震作业协议。同年 12 月在万象召开的第十次东盟首脑会议期间，温家宝总理与马来西亚总理巴达维达成共识，在平等与相互尊重的基础上，讨论在南海有争议的海域共同开发的途径与形式。同年 12 月底，中越在北京举行第十一轮政府级边界谈判，双方同意由两国相关公司就北部湾跨界油气资源进行共同开发，并承诺加快北部湾湾口海域合作开发的谈判

---

① 王铁崖：《国际法》，法律出版社，1995 年，第 569 页。

② 《南海各方行为宣言》：http://www.mfa.gov.cn/chn/gxh/zlb/smgg/t4553.htm。

进程。2005 年 3 月 14 日，中国、菲律宾和越南三国石油公司在马尼拉签署《在南中国协议区三方联合海洋地震工作协议》，三方同意共同进行相关地震调查，但不会有损各国政府对南海的基本立场。应该看到，南海各方已就多项海洋事务进行合作，而非生物资源的共同开发还处于共同勘探的阶段，尚未进行实际开采，不过各方已经展现了合作的诚意并跨出了最重要的第一步。在中国、越南和菲律宾签署地震工作协议后，未来南沙群岛海域的共同开发也会逐渐呈现多边合作的态势。就海洋资源的共同开发而言，多边合作不仅富于效率，也可进一步提升各国对问题解决的不可分割性，制定一致的行为准则，以及在相互谅解中为今后的合作创造和谐氛围。同时，多边合作还可集思广益，充分考虑各方的立场与意见，具有扩散互惠的特色。

在当今世界和平与发展的主题下，我国和南海周边国家都致力于发展本国经济、提高人民生活水平。随着各国社会经济的发展，其对能源的需求与日俱增。越南试图以开发南海石油为其经济注入活力，马来西亚出口原油的 70%均来自南沙海域，文莱靠开发南沙海域石油成为世界富国，菲律宾在开采南沙石油方面亦是不甘落后。[①] 我国现阶段的发展对油气资源依赖程度不断增大，目前 15%的石油进口总量来自于东南亚，而且我国的海上油气资源勘探也具备自己的能力，有着与发展中国家进行合作的基础。[②] 对能源的共同迫切需要，为我国与周边各国在南沙群岛海域实施油气资源的共同开发提供了动力。南沙群岛海域油气资源的共同开发符合各方利益，是利用经济手段致力于解决南沙问题的具体体现，经得起利益的考验。美国学者罗伯特·基欧汉认为国际制度的产生至少需要以下条件：(1) 有关国家在国际关系某一特定领域存在共同利益，而这一共同利益只能通过合作才能获得；(2) 即使国家间存在共同利益也不一定会彼此合作，只有国家间彼此合作的好处超过不合作的好处，合作才会产生。[③] 南

---

① 林忠：《中国与共同开发的学术探讨》，载《现代法学》，1998 年第 1 期。

② 谭再文：《南海共同开发的国际政治经济学》，载《南洋问题研究》，2005 年第 3 期。

③ Robert Keohane. *After Hegemony: Cooperation and Discord in the World Political Economy*. Princeton University Press, 1984: 6 - 68.

沙群岛海域共同开发正是各方以合作的、互利的长期利益代替争斗的、利己的短期利益。[①] 只有南沙群岛海域油气资源的共同开发带给南沙争端其他当事国的利益大于其坚持目前南海政策带来的利益，各方才能真正认同并最大限度致力于达成相应的共同开发协议。

从国际实践来看，共同开发既有涉及海域划界争议的，也有涉及岛屿主权争议的，但无论如何当事国各方都必须承认它们之间所存在的争议，但相互约定搁置此争议，在此基础上进行共同开发。共同开发也可将各国的注意力从有争议的主权领域引开，避免了各国在此问题上所容易引发的民族主义情绪。对于已经在实际开发南沙油气资源的国家来说，让其在占领和获利之后又轻易交出必然较为困难，所以先搁置争议就能最大可能的避免直接对抗。从法律角度来看，共同开发虽然本身并不作为一项国际法规则，但它作为在无法达成划界协议时的一种临时性安排，符合《联合国海洋法公约》有关规定和大陆架划界的趋势，国际法是予以鼓励的[②]，实际上也否定了共同开发必须以明确岛屿主权归属为前提的论断。国际上共同开发的相关实践表明，共同开发制度建立所需的法律构架已经比较成熟和完备，这也为南沙群岛海域油气资源共同开发的实现奠定了坚实基础。但值得注意的是：(1) 在共同开发谈判中，坚持自己对主权归属的立场，不等于要求对方承认自己的相关立场；(2) 相互承认存在争议是共同开发的前提条件，但承认争议，并不等于承认对方立场，更不是放弃自己的立场。

综上，目前南沙群岛海域的开发处于一种混乱无序的状态，而这种状态造成了有关各方的紧张局势。从长远看，这种短期收益不符合各方的共同利益。因为在相关争议持续期间，任何当事国既不能片面开发当地的资源，外国企业也不愿冒险投资，从而致使油气资源无法获得开采，在此困境下，唯有当事国在不影响其主权的前提下进行共同开发，才能使争议区域的油气资源得到有效和符合

---

① 李国选：《南海共同开发制度化：内涵、条件与制约因素》，载《南洋问题研究》，2008 年第 1 期。

② 萧建国：《国际海洋边界石油的共同开发》，海洋出版社，2006 年，第 73 页。

经济原则的勘探和开采，进而促成南沙争端的缓和及最终解决。[①] “共同开发”正是从各国社会收益和成本之间的博弈角度，找到了解决南沙问题的各国利益的最大公约数。这种解决方法的优越性，为国际关系领域中同类问题的解决提出了一种新的、更加和平、更具有实用性的模式。

第三节 《斯瓦尔巴德条约》及其对南沙问题的借鉴

一、《斯瓦尔巴德条约》的背景

斯瓦尔巴德群岛（The Svalbard Archipelago）位于北极圈之内的北冰洋上，巴伦支海和格陵兰海之间，处于东经 10°～35°、北纬 74°～81°间，由斯匹次卑尔根岛、东北地岛、埃季岛、巴伦支岛等九个主岛和众多小岛组成，总面积约为62 700平方公里，其中最大的是斯匹茨卑尔根岛，面积 39 044 平方公里，首府朗伊尔城在该岛的西岸。此群岛南距挪威北海岸 657 公里，是最接近北极的可居住地区，现有居民约 3 000 人。

在挪威语中，“斯瓦尔巴德”的意思是“寒冷海岸的岛屿”，该群岛将近 60%的土地为冰川覆盖，永久冻土层厚达 500 米，每年有长达 4 个月黑暗的严冬。斯瓦尔巴群岛在 12 世纪由北欧海盗最早发现，直到 1596 年才被荷兰航海家威列姆·拜伦茨命名为“斯瓦尔巴德”，但由于自然条件恶劣，该岛在很长时间里无人定居，只是各国捕鲸船的一个停靠地。[②]

1800 年捕鲸业衰退后，在斯瓦尔巴德群岛发现了煤矿、磷灰石、石棉等矿产资源，矿产开采成为主要的经济活动。到 20 世纪初，其主权归属和资源开采问题引起争议，美国、英国、挪威、瑞典、荷兰及俄国的公司与个人纷纷开始勘测矿

① 俞宽赐：《南海诸岛领土争端之经纬与法理——兼论东海钓鱼台列屿之主权问题》，国立编译馆，2000 年，第 82 页。

② 田德文：《列国志·挪威》，北京：社会科学文献出版社，2007 年，第 2 页。

产藏量并要求取得矿产所有权。但是直到1920年，整个斯瓦尔巴德群岛在法律上仍然是无主地(terra nullius)，这导致各国、各企业间的摩擦、纠纷与日俱增，因此一个全新的国际机制亟待建立，以实现对该群岛和相关经济活动的有效管理和规制。

为此，早在1907年，挪威、瑞典和俄国等三国就召开会议，试图建立一个三方委员会共同管理斯瓦尔巴德群岛事务，并保持其无主地的法律地位，但遭到德国和美国的强烈反对。1914年，由各方共同参与的国际会议召开，试图以全面国际化的方式由各方共同管理该群岛事务，但因各方分歧巨大而未能达成一致。第一次世界大战后，为了调和各国行为，化解冲突和矛盾，维护共同利益，包括英国、美国、丹麦、挪威、瑞典、法国、意大利、荷兰以及日本在内18国，经过繁忙的穿梭外交，于1920年2月9日在巴黎初签"斯匹次卑尔根群岛行政状态条约"，即后来的《斯瓦尔巴德条约》，而这也是"凡尔赛体系"的一部分。随后几年内，中国、前苏联、德国、芬兰、西班牙等33国也参加了该条约的缔结，成为《斯瓦尔巴德条约》的协约国，使其最终缔约国达到42个。这也是迄今为止北极地区唯一具有国际色彩的政府间条约。

二、《斯瓦尔巴德条约》的主要内容

《斯瓦尔巴德条约》使斯瓦尔巴德群岛成为北极地区第一个，也是唯一的一个非军事区，该地区永远不得为战争的目的所利用。条约承认挪威对该群岛享有充分和完全的主权，但各缔约国的公民可以自由进入，在遵守挪威法律的范围内自由地从事正当的生产和经营活动，[①]包括工业、采矿、捕鱼、狩猎和其他海洋与商业活动，同时责成挪威保护岛上居民安全及独具特色的自然荒野地貌。

首先，条约第一条明确规定"除受本条约所规定的限制外，各缔约国承认挪威对斯瓦尔巴德群岛享有完全和绝对的主权"，同时条约将其适用范围和斯瓦尔

① 王郦久：《北冰洋主权之争的趋势》，载《现代国际关系》，2007年第10期。

巴德群岛限定于东经10°到35°和北纬74°到81°之间的所有岛屿和礁石。[①]“完全和绝对的主权”表明挪威在斯瓦尔巴德群岛所享有和行使的主权与其在本土的完全一致，即国际法上所公认的主权概念，而对此主权的限制仅限于本条约中其他条款的明确规定。同时，这一完全而绝对的主权也体现在条约中各缔约国一致承认挪威对斯瓦尔巴德群岛的主权，而非其赋予挪威此主权，更非仅仅是在国际联盟的框架下给予挪威对该群岛的委任统治权。因此，《斯瓦尔巴德条约》的根本基础是将斯瓦尔巴德群岛“国家化”(nationalization)，这与之前尝试将其广泛国际化(internationalization)管理的措施形成鲜明对比。可以说，斯瓦尔巴德群岛仅在其他国家享有条约所规定的某些特定权利这一点上采取了国际化的措施，主要表现为经济商贸领域的非歧视原则和对该群岛的非军事化，而此条约最独特之处也就在于在承认挪威对斯瓦尔巴德群岛拥有完全而绝对主权的同时，所有主权国家均可成为其缔约国，并进而享有非歧视的经济权利。

斯瓦尔巴德群岛主权归属挪威表明挪威政府有权制定法律法规，并开展相应执法活动，对此挪威政府没有同其他国家商议或向其他国家咨询的义务，就像其他国家管理其自有领土一样。此外，挪威还有权制定有关该岛的外交政策、处理相关外交事务，缔结有关该群岛事务的协议并负责其防务。因此，挪威政府所签署的国际条约、协议都将在斯瓦尔巴德群岛适用，除非此条约或协议中明确将其排除，或者挪威对此做出特别的声明和保留。此外，挪威对斯瓦尔巴德群岛除了得到所有《斯瓦尔巴德条约》缔约国的承认之外，对其他众多的非缔约国仍然具有约束力，因为挪威对斯瓦尔巴德群岛持续的有效占领和行使主权，而且没有任何国家对此提出异议，这些都已使其成为国际习惯法。因此，非缔约国无法主张条约中的权利，但是它们可以随时批准此条约，并进而享有条约中规定的所有非歧视权利，在该群岛进行相应经济活动。

其次，关于在斯瓦尔巴德群岛平等进行经济活动的非歧视原则。严格地说，

---

① Ole Kristian Fauchald, Bård Sverre. Tuseth: Global and European Treaties. *Oslo: Department of Public and International Law*. University of Oslo, 2007. 本文对《斯瓦尔巴德条约》的引用均出自该条约集。

《斯瓦尔巴德条约》中并无"非歧视原则"的规定，各缔约国仅在条约的某些条款中享有在特定经济活动中的非歧视权利，但是这并不是普遍意义上的非歧视原则，因此非歧视权利的范围必须由相应的条款来加以分析和确定。然而，各缔约国在经济活动方面的非歧视原则主要涵盖自然保护、狩猎、渔业、采矿、工业、海事和商业活动，这其实也就包括了大多数较为重要的经济活动。

具体而言，条约第二条规定缔约国的船只和公民在该群岛内享有平等的渔业权和狩猎权，而挪威有权采取适当措施保护群岛的动植物资源。条约第三条规定缔约国公民有权自由进入群岛，并在遵守当地法律法规的情况下，在绝对平等的基础上毫无障碍地从事一切海事、工业、采矿和商业活动，同时禁止任何企业进行垄断经营。此外，该条约第五条规定各国有权在斯瓦尔巴德群岛开展科学研究活动，而挪威对此也须实行非歧视的措施。《斯瓦尔巴德条约》要求挪威以完全非歧视的方式对待所有缔约国的公民、企业和船只，这也与条约目的相一致，在承认挪威主权的同时，保留斯瓦尔巴德群岛长期作为无主地的某些性质，保护各缔约国的在先权利或历史性权利。因此任何直接和间接的歧视手段都是严格禁止的，这便要求在法律上和事实上都不得有任何歧视性措施。但是，非歧视措施本身并不意味着不能对此进行管理和规制，也不意味着不能禁止开展某些经济活动，只要这些措施没有与非歧视原则相抵触，例如挪威对该群岛完全和绝对的主权表明其在有关环境保护的方式和程度方面拥有不可争议的自由裁量权。

采矿业是《斯瓦尔巴德条约》签订时在该群岛上最重要的经济活动。[①] 条约第八条主要是有关采矿活动法律法规的制定的内容和程序，以及解决其他缔约国对此提出反对意见的方法和程序。在此基础上，挪威政府于 1925 年 8 月 7 日正式颁布《矿业法典》(The Mining Code)，主要内容包括获得采矿权的程序，矿业权人进行采矿活动的相关权利，以及在采矿过程中和保护矿工方面的相应义

---

① J. Peter A. Bernhardt. *Spitzbergen: Jurisdictional Friction over Unexploited Oil Reserves*. California Western International Law Journal, Vol. 4, Winter 1973.

务。然而,《矿业法典》并不影响挪威制定其他有关环境保护的法规和规则,只要这些法规和规则没有违背非歧视原则,也没有与法典相抵触。

第三,在税收方面,条约第八条规定“所有税收必须都专门为斯瓦尔巴德群岛本身所用,而且不得超出其所需目的的必要限度”。这表明挪威政府不能征收超出管理该群岛所需费用之外的税收。这一条款的目的与非歧视原则紧密相关:即挪威不能因其主权而获得额外的收益。实际上,斯瓦尔巴德群岛并没有成为挪威政府的财政收入来源,反而挪威政府每年都为该群岛编列了大量预算。

最后,条约第九条规定斯瓦尔巴德群岛不得建设任何军事基地,也不得修建任何用于任何军事目的堡垒。这一条款主要包含两个目的:首先这是非歧视原则的自然延伸,即挪威不能从其主权中获取军事上的战略利益;其次也是为了保证对该群岛的和平利用。值得注意的是,条约并没有要求将斯瓦尔巴德群岛完全非军事化,第九条同样也不排除挪威作为其成员国,为在国际联盟(现在则为联合国)框架内履行相应权利和义务而将该群岛用于军事目的;同时,挪威也有权采取自我防御和集体防御措施。

三、“斯瓦尔巴德模式”的意义

根据上文对《斯瓦尔巴德条约》相关背景和内容的分析,我们不难发现其主要原则包括:1. 该群岛的主权归属于挪威一国,除受该条约规定的限制外,这一主权是完全而绝对的;2. 所有缔约国享有利用条约区域内的一切资源的自由;3. 所有缔约国均享有平等待遇;4. 在该群岛所征集的税收只用于该群岛及其行政管理;5. 根据平等待遇原则,承认条约之前所确立的权利;6. 确立该群岛非军事化地位。①

① 戴轶:《从国际法解决领土争端的现有模式论钓鱼岛问题的解决》,载《理论观察》,2005年第3期。

在此条约基础上，我们可以进一步总结提炼出解决领土主权争端的“斯瓦尔巴德模式”。这种模式的主要内容和核心精神是，对于某一主权存在争议的领土，首先由当事国各方承认其主权属于争议一方，而这一主权应该与国际法上的主权概念完全一致，即赋予了该国政府对此领土和地理领域拥有彻底的控制权，这一主权是完全而绝对的。其次，在承认该国主权的基础上，各当事国在此领土地理范围内均享有某些平等(或相对平等)的待遇和特定权利，这些待遇和权利必须是由各方明确约定的，这是对该主权国所享有主权的某些限制，因此必须以各方明确约定的内容为限，且不得任意扩展其内容或范围。第三，经各方协商一致，可以由对这一领土享有主权的国家，或者由各方同意设立的政府间组织，来统一管理各方根据其平等待遇和特定权利在此所进行的特定活动，协调各方立场、维护共同秩序、促进共同利益。

因此“斯瓦尔巴德模式”是解决争议领土主权问题的一种独特模式，是一种在某种意义上“软化主权”的形式，即只要各当事国达成一致，那么有关领土主权的争端就可以得到妥善解决。斯瓦尔巴德模式提供这样一种启示，即它能妥善地协调不同的利益，在承认一国主权的同时对某些主权权利加以限制，并赋予其他有关各方以特殊的权利。

四、“斯瓦尔巴德模式”对南沙问题的借鉴

南沙争端涉及周边的六国七方(中国、越南、菲律宾、马来西亚、印度尼西亚、文莱和中国台湾)，是目前世界上涉及国家最多、争议海域面积最大的海域争端之一。各国均不会轻易放弃自己的权利要求，而且有关国家为了巩固在南沙群岛海域的既得利益，以抢先开发造成事实为策略，加紧开发利用南海资源。此外，美国、日本、印度等国及欧盟也试图插手南海问题，使南海争端更加错综复杂，同时也加大了南海“共同开发”面临的困难。[①]《斯瓦尔巴德条约》可以说是

---

① 范晓婷：《对南海“共同开发”问题的现实思考》，载《海洋开发与管理》，2008年第4期。

解决国际间海洋权益争端的一个典范，为我们提供了解决南沙问题的思路：主权在我，搁置争议，共同开发。

首先，必须坚持主权在我，对海洋资源的开发可以由南沙群岛各沿海国家通过谈判达成协议，从而实现搁置争议、共同开发。这里有两个不同的问题，包括南沙群岛在内的南海诸岛岛屿问题属领土主权问题，而海洋资源开发问题属海洋法问题。领土主权既不能搁置，也不能共同开发。[①] 南海诸岛自古属于中国，中国历代政府都对其进行行政管辖，享有无可争议的领土主权。[②] 20 世纪 70 年代以后，南海一些周边国家才相继对南海诸岛及其周围海域提出了领土要求和主张，甚至出兵侵占了其中某些岛屿，将其附近海域划为其管辖范围，并擅自大肆掠夺相关海洋资源。[③] 但是，这些丝毫改变不了南沙群岛是中国神圣领土的法律事实。中国对于南沙群岛的领土主权神圣不可侵犯，也不容争议和谈判，更不允许他国染指侵犯，完全不存在共同开发的问题。

然而国际局势的变化使得南沙争端更加复杂，尤其是经济发展带来对能源的迫切需要，周边国家近年来越发加紧了对南沙海域油气资源的开发和掠夺。若一味强调主权归属问题，不利于南沙问题的和谐解决，也不符合各方的共同利益。因而“搁置争议，共同开发”是目前解决南沙问题最现实可行的方案。尽管现阶段各方的争端仍然尖锐，但争端各方基于国际法上的合作原则而开展相关共同勘探和开发活动却并非不可能。搁置争议是在各方存在争议而且其各自立场差距较大暂时难以达成一致的情况下主动回避争端，以求各国关系和地区局势的大局不至受到局部争端影响，并经双方达成默契与谅解的一种暂时性措施。共同开发在争议海域划界的实践中作为一种临时措施被广泛采用，其优点是缓和各方争端并促进争议的解决，保证对相关资源的相对公平合理分配，避免因争议逐步升级而导致冲突，也是《联合国海洋法公约》中针对主权争端的一种合理

---

① 周忠海：《论南中国海共同开发的法律问题》，载《厦门大学法律评论》，第 5 辑。

② 李国强：《南中国海研究：历史与现状》，黑龙江教育出版社，2003 年，第 106－208 页。

③ 俞宽赐：《南海诸岛领土争端之经纬与法理——兼论东海钓鱼台列屿之主权问题》，台湾：国立编译馆，2000 年，第 10－12 页。

解决方法。应该看到，争端各方单边开发所需成本极高，其军事力量的维持也会严重影响此区域的资源开发，而且只要争议持续存在，就会使地区局势处于不稳定状态。跨国石油公司也并不愿意在争议海域进行投资，尤其是争端严重到可能危及其产业时。在这些考量下，在南沙群岛海域对海洋资源进行共同开发也就成为一种合理选项。它要求对国家利益的狭隘观念逐步进行变革，各方以合作的、互利的长期利益代替争斗的、利己的短期利益；并不意味着中国国家主权的转移，而是主张以平等、自愿和互惠的原则搁置争议，共同开发，来维护南海地区的和平与发展；不是要求单方面的责任和行动，而是强调各方开发行为共同的责任与行动。[①]

因此，斯瓦尔巴德模式对此提供了一个良好的思路，即如果南沙争端各方能够首先承认中国对南海诸岛的主权，那么中国亦可尊重南沙群岛海域其他国家在此的某些既得利益，使其对相应海域内的自然资源享有一定的权利。但是应该看到，《斯瓦尔巴德条约》之所以赋予各缔约国平等的权利并要求挪威政府采取非歧视的原则，这是基于斯瓦尔巴德群岛在此之前一直属于无主地的法律性质，是保护各国在此的既得权利，也是无主地这一法律性质的自然延伸。而南沙群岛自古属于中国的历史和法律事实，与无主地的性质截然不同，自然不能完全照搬斯瓦尔巴德模式的做法。南沙群岛的主权属于中国，这一主权是完全而绝对的，在这一前提下方可讨论其他南沙群岛沿海国家参与共同开发的问题。在此基础上，可将南沙海域自然资源的共同开发分为以下几个层次：1. 中国拥有对岛礁的领土主权，岛礁及其周围 12 海里领海，主权属于中国毋庸置疑，没有可以妥协的余地。2. 在岛礁、岛礁线之外，断续线（U 形线）之内的历史性水域，中国与各方进行共同开发，但中国享有一定的优先权。3. 在断续线以外整个南海海域属于半封闭海，中国与南海各方应该完全平等地分享，按照《联合国海洋法公约》第 123 条有关半闭海的规定进行充分互相合作，搁置争议，共同开发。[②]

① 李国选：《南海共同开发制度化：内涵、条件与制约因素》，载《南洋问题研究》，2008 年第 1 期。

② 傅崐成：《南（中国）海法律地位之研究》，台湾 123 咨讯有限公司，1995 年，第 208－209 页。

南沙各方在此基础上可以成立相应的联合机构(如共同开发管理委员会)具体负责相关共同开发活动,由各国政府授权代表进行决策与管理,这样可以减少政府间直接的意见分歧而产生摩擦,也可以降低各国讨论与协商的交易成本。只有南沙群岛海域各沿海国可以成为联合机构中拥有投票权和决策权的正式成员,其他国家则只能以观察员的身份加入。由该联合机构全面负责共同开发区的各项工作,主要包括各共同开发区域的界定,共同开发区勘探开发方式选择,制定投标方案、审批油气合同,相关财税征收等重大决策。各方对既有的资源开发活动予以适当的尊重和照顾,保护其既得利益,而对其他新的开发区域则应建立一套公平合理的管理机制,保证各方享有相对平等的机会和待遇。对资源开发所征收的各项税费应控制在管理、保护南沙群岛岛屿岛礁和海域的必要限度之内。同时还可以要求各方在共同开发区域内逐渐进行非军事化进程,促进资源的勘探开发,并提供各方认可的争端解决机制。[①] 事实上,相关资料显示,目前南沙群岛海域中蕴藏石油及天然气之区域主要集中在接近越南、印尼、马来西亚、菲律宾等国家的沿海区域中,而这些区域均位于我国所宣示的断续线之外[②],我国并不具有地理位置上的优势,因此在策略上将这些区域作为共同开发的重点区域,对我国应是较为有利的。

总的来说,"主权在我,搁置争议,共同开发"是一项积极的、极具建设性的政治主张,也有着坚实的国际法依据和充分的国际实践,"共同开发"在法律上与"主权在我"是辩证统一的。坚持"主权在我"不是说就一定不能搞"共同开发",进行"共同开发"也不意味着对"主权属我"的否定。[③] 与其放任丰富的海洋资源得不到最有效的利用,或是地区局势不断恶化而使对抗加剧,共同开发能为争议各方提供一条解决问题的新途径,是有效避免冲突升级、损害共同利益的最适合

---

① Mark J. Valencia, Jon M. Van Dyke and Noel A. Ludwig. *Sharing the Resources of the South China Sea*. Leiden: Martinus Nijhoff Publishers, 1997: 171 - 183.

② 肖国林,刘增洁:《南沙海域油气资源开发现状及我国的对策建议》,载《国土资源情报》2004 年第 9 期。

③ 范晓婷:《对南海"共同开发"问题的现实思考》,《海洋开发与管理》,2008 年第 4 期。

最可行的方案。因此，在南沙群岛海域进行共同开发理应成为有极强生命力的区域共识，各方完全可以按该思路签订一个类似于《斯瓦尔巴德条约》的协定，理顺相互关系，调和各方冲突，在该地区形成和平、有序的环境，这样才能保证各国共同开发的顺利进行，实现共同利益的最大化。

第四章　南沙群岛海域油气资源共同开发的法律基础

所谓共同开发的法律基础，是指有关国家如何有权进行共同开发活动，以及共同开发协议有效的国际法依据。共同开发虽然是国家在自愿基础上，根据各自政治、经济、战略等多方面考量下进行的，但它也是国际法所承认的概念，是涉及有关各国权利义务关系的法律行为。而相关共同开发协议从本质上讲是属于国家间的条约，根据国际条约法的规定，条约的实质有效要件包括：具备缔约能力、自由同意、符合强行法。① 本章从国际公法（主要是海洋法）的角度来分析考察在南沙群岛海域进行共同开发的法律基础，主要包括国际法的基本原则、国际条约（主要是《联合国海洋法公约》）、国际司法案例的裁决等方面的内容。

第一节　国际法基本原则与共同开发

国际法基本原则是指在国际法领域中被各国公认的、具有普遍意义的、适用于国际法一切效力范围的、构成国际法基础的法律原则。这些原则大都在国际条约和文件中得到体现，同时也以国际习惯的方式存在，指导和调整国家间的关系，因此国际法基本原则成为共同开发法律制度的一个重要渊源。其中，合作原则和平等互利原则与共同开发制度的联系最为密切。

---

① 李浩培：《条约法概论》，法律出版社，2003年，第200页。

一、合作原则

合作原则是国际法各领域都要遵守的一般法律原则，也是《联合国宪章》的宗旨之一，《联合国宪章》第 1 条第 3 款就规定了联合国“促进国际合作”的宗旨。另外，1970 年 10 月 24 日联合国大会第 20 届会议通过的《关于各国依联合国宪章建立友好关系及合作之国际法原则的宣言》中更是明确宣布“各国不论在政治、经济及社会制度上有何差异，均有义务在国际关系之各方面彼此合作”，特别是，“各国应在促进全世界尤其是发展中国家之经济增长方面彼此合作”。1974 年 12 月 12 日通过的《各国经济权利和义务宪章》中也规定了“国际合作以谋发展”这一国际经济关系的基本原则。[①] 此外，在许多专门性的公约中，有关共同资源开发利用的多边条约如 1976 年《关于各国探索和利用外层空间包括月球和其他天体的活动原则条约》、1982 年《联合国海洋法公约》、1988 年《南极矿物资源活动管理公约》、1997 年《国际水道非航行使用法公约》等，均有对合作原则的明确规定或反映。在“北海大陆架案”的判决中，国际法院杰瑟普法官指出了这些法律原则与共同开发的相关性，“合作原则至少在有关各方将要进行的共同开发谈判中应被视为加以详尽考虑的因素”。[②] 自二战结束，合作原则已经成为各国在处理相互关系时必须遵循的国际法一般原则，而共同开发作为国际法和海洋法领域的一部分，自然也要遵守合作原则。合作原则在共同开发中显得极其重要，因为共同开发的主要区域是两国或多国权利主张重叠区域，任何国家都不会轻易自愿放弃自己的主张，因此海洋边界争端的最终解决，也就是最终划界协议的签订，需要一个漫长的过程，取得任何实质性的成果都异常困难，如果争议海域蕴藏着丰富的石油天然气资源，而这时各当事国国内的经济发展又急需能源支持，为了使资源能得到及时和有效的开发，最好的办法便是有关国家本着谅

---

① 王铁崖：《国际法》，法律出版社，1995 年，第 55 - 56 页。

② 国际法院网站：http://www.icj-cij.org/docket/files/52/5569.pdf.

解与合作的精神将争议暂时搁置，谋求合作，进行共同开发，将潜在的石油资源转化成现实的经济利益，才能有利于所有相关国家的经济发展。此外，在争议海域实行共同开发也是各国政治合作的需要。

无论对跨界海域还是权利主张重叠海域的矿物资源进行开采，有关国家均负有合作的义务。虽然合作义务并不必然导致共同开发，因为共同开发只是主权国家基于政治经济上的原因而自由采取的行动，并不是强制性的国际法规范。然而，合作原则所要求的合作义务却是强制性的，它主要包括两方面的内容：(1)禁止单方面开发的义务。在跨界海域或权利重叠海域，各国是不同的利益方，其中一国单方面进行开采无疑会破坏这一良好的习惯，也不符合沿海国的大陆架主权权利所对应的义务要求，损害了另一国依大陆架制度享有的权利。国际法院在“爱琴海大陆架案”(Aegean Sea Continental Shelf Case)的判决中区分了一国单方面临时性和永久性的勘探活动，并认为在单方面开发将对有关权利造成不可挽回的损失或对有关海床和底土造成实际损害的危险的情况下，应禁止后一种勘探。[①] (2)谈判的义务。谈判已被《联合国宪章》第33条确认为和平解决争端的方法之一[②]，国际法院也曾多次在判决中指出争端当事国负有谈判的义务，如1969年北海大陆架案、1974年渔业管辖权案等。国际法所要求的谈判是有诚意的，以达成彼此可以接受的协定为目标而进行的。无论是采取任何开采活动之前，还是单方面开采活动被其他国家提出合理反对时，合作原则都要求相关国家履行谈判的义务。跨界或权利主张重叠海域的当事国，意图开采其中的矿物资源时，无论最终是否实现共同开发，都应该经过谈判协商，倘若共同开发协议达成，则更是建立在当事国谈判的基础之上。值得注意的是，相关国家在处理海洋资源争议时应当履行谈判的义务，但并不要求谈判的结果必须是共同开

---

① David M. Ong. “Joint Development of Common Offshore Oil and Gas Deposits: ‘Mere’ State Practice or Customary International Law?” *The American Journal of International Law*. 1999; Vol. 93, No. 4.

② 《联合国宪章》，第33条第1款：http://www. un. org/zh/documents/charter/chapter6. shtml.

发，关键在于有诚意的谈判本身。若各当事国经过谈判没有达成相关协议，是否任何一方均不能进行任何开采活动呢？这显然不符合《联合国海洋法公约》赋予沿海国大陆架上的主权权利的内涵，我们认为理论上只要沿海国单方面的开采活动不损害其他国家的利益就不违反国际法。

总的来说，合作原则已经成为国际习惯法的一部分，是国际法的一般法律原则。在全球资源匮乏的背景下，这一领域中的合作成为各国最理性和最有利的选择，海洋石油天然气勘探开发中的共同开发就是这种合作的具体表现。

二、平等互利原则

平等互利原则包括两个方面：一是要求各国在国际关系中法律地位平等，二是要求各国应在合作中互通有无、相互获利。国际实践表明，国家关系只有建立在平等的基础上才能做到互利，同样，国家之间只有实现互利才可能有真正的平等。国家之间的摩擦和斗争往往是由利益不平衡而产生的，平等互利原则就是要保持这种利益平衡，从而实现双赢和多赢。平等互利原则作为最根本的国际法原则，不仅在国际政治关系中得到体现，也在共同开发制度中得到充分运用。绝大多数共同开发协定都是当事国各方平等协商从而达成，并规定当事国各方在共同开发过程中地位平等，各方对共同开发海域的相关矿产资源应进行公平的分配，达至公平的解决结果从而实现互利共赢的。

综上所述，共同开发原则在实践中的形成与发展正是基于海岸相邻和相向国家之间的平等互利与合作精神而实现的。① 合作原则和平等互利原则作为国际法的基本原则，对于南沙群岛海域油气资源的共同开发有着极为重要的意义，南沙群岛海域各沿海国处理有关事宜都应以此原则为指导，以实现对相关资源的合理、高效和均衡开发，从而使各方都从中获得最大利益并实现共赢。

---

① Zhiguo Gao. "Joint Development in International Law." *Paper Presented in Sino-Canadian Maritime Delimitation Technical Training Workshop*. 1998.

第二节 国际条约与共同开发

一、概述

条约在国际法上占有极为重要的地位，它是国际交往中重要的法律形式，同时也构成现代国际法的主要渊源。条约是国家间形成的关于它们的相互权利和义务关系的书面形式的协议。构成共同开发法律制度基础的多边条约，最主要的是 1982 年《联合国海洋法公约》。该公约在五个方面对海洋资源的共同开发问题作了明确规定：第一，公约第 74 条和第 83 条规定，有关国家在进行划界前应尽力作出“临时安排”，上述规定与资源的共同开发有着直接的关系。第二，公约第 142 条规定了位于国际海底区域而又延伸到沿海国管辖范围的矿藏资源的开发问题，为两个或两个以上沿海国就跨界海底资源进行共同开发提供了法律基础。第三，公约第 63 条对“跨界种群”生物资源的养护作了规定。第四，公约第 123 条规定了闭海与半闭海沿岸国在行使和履行公约所规定的权利和义务时应互相合作的义务。“为此目的，这些国家应尽力直接或通过适当区域组织：(a) 协调海洋生物资源的管理、养护、勘探和开发；(b) 协调行使和履行其在保护和保全海洋环境方面的权利和义务；(c) 协调其科学研究政策，并在适当情形下在该地区进行联合的科学研究方案；(d) 在适当情形下，邀请其他有关国家或国际组织与其合作以推行本条的规定。”第五，公约第十二部分规定了“海洋环境的保护和保全”，承认海洋环境作为一种共同资源必须得到所有国家的保护和维持。《联合国海洋法公约》的上述条款为共同开发制度的发展和完善提供了法律基础，创造了条件，从而构成共同开发制度最主要的法律渊源。

二、《联合国海洋法公约》第83条第3款为重叠海域划界前的共同开发提供了直接的法律依据

对于权利主张重叠的海域（主要是指专属经济区和大陆架），最终的争端解决方法是划出一条分界线，在此基础上由相关国家进行资源勘探开发的合作，但1982年《海洋法公约》并没有规定明确的划界原则，各国主张不一，加上复杂的海洋地质结构，有时甚至存在某些岛屿的主权争议，都使得海洋划界成为一件极端困难的事。对此，《海洋法公约》的起草者当然意识到了此种情况，在规定专属经济区和大陆架的划界时强调："有关各国应基于谅解和合作精神，尽一切努力做出实际性的临时安排，并在此过渡期间内，不危害或阻碍最后协议的达成。这种安排应不妨害最后界限的划定。"①

1. 有关"临时安排"制度的由来

在有关专属经济区和大陆架划界事宜中，最终划界没有解决之前所采取的临时措施一直是备受关注的重要问题之一。

在第三次海洋法会议中，海洋专属经济区和大陆架的划界原则是各国代表团争论的焦点，主张中间线原则和公平原则的国家互不相让，公约文本中关于划界原则的规定也是几易其稿，最终仍无定论。在会议协商的过程中，主张公平原则划界的国家认为临时安排应遵循的原则是：(1) 这些临时措施必须是保护谈判各方利益，不应只满足一方的要求，损害另一方利益；(2) 该措施不应预断谈判结果，使一方获得既得利益；(3) 此措施应考虑到所规定的划界原则；(4) 有关国家有责任不使划界冲突加剧，形势恶化。主张中间线原则的国家认为划界前任何一方不得超越中间线或等距离线。另外，在两种主张之间还有折中性的建议，如摩洛哥建议，在达成协议或取得解决办法之前，有关国家应避免采取任何可能预断最后解决办法或任何可能加剧冲突的措施，并应尽力就"真正的争议地区"内的活动达成双方所能接受的临时性安排。巴布亚新几内亚的非正式建

① 《联合国海洋法公约》，第83条第3款。

议提出了两种备选案文:在达成协议或解决以前,有关国家应:(a) 做出临时安排,同时顾及第(1)款(划界原则)的规定;或(b) 在争端区域内使经济活动暂时维持现状。在第七期海洋法会议的续会上,有关临时措施的协商中涉及以下问题:(1) 是否应规定各国有义务做出临时安排? 部分国家认为根本不需要这样的规定,而另一些国家认为,为了避免发生任何划界冲突的恶化,应做出临时安排,包括划出确定的和尚未确定的区域;(2) 一些国家提出应规定在未达成协议以前禁止在争端区域内强行开采自然资源或采取其他单方面的措施,这种规定的目的在于防止各国采取足以预断或妨碍达成最后划界的行动;另一些国家则反对暂停活动的规定;(3) 部分国家认为临时安排所应依据的准则与第一款(划界原则)所规定的准则应无大的区别,任何临时安排都不应影响最后界限的划定;但另一些代表团认为很难做到,因为临时措施可能会有单方面的和协议的两种安排,而按照第一款的规定,划界必须以协议为之,如未能达成协议,就很难看出同款内的其他规定怎样适用。后来,在第八期前期会议中,仍围绕对于在最后划界以前所适用的临时措施的规则,即禁止性的规则问题展开讨论。两种不同主张的国家仍坚持各自的观点,另外,印度、伊拉克和摩洛哥提出一项共同提案:既不提中间线也不提公平原则,只是规定在达成协议或提出解决办法之前,有关国家应基于谅解和合作精神,自由订立临时安排。在过渡期间内,这些国家应避免做出可能使形势恶化或有损另一国利益的活动和措施。这种安排,无论是相互约束或彼此迁就,都不应妨碍关于划界的最后解决办法。协商组主席召集的私人小组所拟的折中方案规定:在达成第一款协议以前,有关各国应基于谅解和合作精神,尽一切力量订立临时安排。因此,在此过渡期间内,这些国家应避免做出可能使情势恶化,因而阻碍达成最后协议的活动或措施。这种安排不应妨碍最后界限的划定。但是最后这两种折中建议并没有受到广泛的支持。经过第八期第九期会议的讨论修改,最后形成了《公约》目前所采用的措词。[①]

① 陈德恭:《现代国际海洋法》,海洋出版社,2009 年,第 230－232 页。

2.《公约》临时措施的规定是重叠海域划界之前共同开发的直接法律依据

虽然不能说《海洋法公约》第 83 条第 3 款是专门为共同开发规定的，但共同开发无疑是条约中所说的“临时安排”的重要的一种。在划界之前有关争议海域资源开发的临时安排无非有三种可能，一是一方当事国可能暂时同意另一方当事国实行单方面开发，由于这种安排是以损失某一方的利益为条件的，因此并不具“实际性”，与《海洋法公约》中所强调的合作精神和解决海洋划界争议的公平原则不符；还有两种可能就是当事国同意“共同不开发”或“共同开发”，但如果争议海域的资源十分丰富，共同开发更具有实际性和可能性。

《公约》第 74 条和 83 条用完全一致的条文规定了专属经济区和大陆架的划界问题，特别是第 74 条第 3 款中关于“临时安排”的规定与资源的共同开发有直接关系。本条第 3 款规定：“在达成划界协议之前，有关各国基于谅解和合作精神，尽一切努力作出实际性的临时安排，并在此过渡期间内，不危害或阻碍最后协议的达成。这种安排应不妨碍最后界限的划定。”该款规定了国家在达成“划界协议前”的义务，该义务包括两个因素：有义务“尽一切努力作出实际性的临时安排”和“不危害或阻碍最后协议的达成”。第一个要素要求相关国家承担谈判的义务并做出“实际性的临时安排”，但这种安排不能妨害最后界限的划定。如果当事国同意，临时安排可以成为最后划界协议中的一部分。其目的是为了促使相关国家，在界限最后划定之前为暂时利用争端区域资源扫清道路的临时性制度和实际措施。第二条要素的目的是为了限制相关国家在争端区域的活动。但并不排除相关当事国在争端区域内采取行动，只要这些行动不危害或阻碍最后协议的达成。虽然《公约》这一款可能不是为划界前的共同开发这种临时安排专门订立的，但都为国家间达成共同开发协议提供了直接的法律基础。另外，第 74 条和 83 条第 4 款还规定，有关国家间若存在现行有效的协定，专属经济区/大陆架的划界问题，应按照该协定的规定处理。这个规定包含了当事国可以决定将划界推迟，或将划界问题搁置一边，或进行共同开发等情况。从国际实际看，现存的共同开发安排，正是在国家间睦邻与合作的愿望指引下，在划界前就资源的开发利用作出的实际安排。实际上，共同开发也是目前国际社会中应用最广的一种临时安排。[①]

由此可见,《联合国海洋法公约》第83条第3款规定的是国家在达成大陆架划界协议前的国际法上的义务,它包含了两个方面的要素:首先是有义务"尽一切努力做出实际性的临时安排",这是为了促进有关国家采用一些临时性的措施,这一义务首先要求相关国家承担谈判的义务,本条款的规定实际上是合作原则的具体化。其次是临时安排"不危害和阻碍最后协议的达成",这是为了限制相关国家在争议海域的活动,相关国家在争议区域内可以采取行动但这些活动不能妨碍最后界限的划定。[②]

综上所述,由于目前南沙群岛沿海各国(中国、越南、马来西亚、文莱、菲律宾和印度尼西亚)均为1982年《联合国海洋法公约》缔约国,自然有义务积极履行该公约,并按照公约的要求妥善解决彼此间存在的争议。因此,各方都有义务本着公约所规定的精神,在争议海域达成最终划界协定之前,基于谅解和合作精神,尽一切努力作出实际性的临时安排,缓和相互矛盾与冲突,创造和平、有序的地区环境,实现各方利益的最大化,促进对南沙群岛海域油气资源勘探与开发的公平、均衡和高效。

第三节　国际司法案例与共同开发

国际司法判例和各国权威之公法学说虽然不是国际的直接渊源,但都是确立法律原则的辅助手段,同时也对共同开发原则的确立具有重要的参照和指南作用。

1969年国际法院对北海大陆架案的判决中明确地把共同开发作为解决重叠区域的适当方法,为共同开发原则的确立开创了一个良好开端。判决书中第

---

① 于辉:《共同开发海洋矿物资源的国际法问题》,载《中国国际法年刊》,中国对外翻译出版公司,1994年,第59页。

② 袁古洁:《国际海洋划界的理论与实践》,法律出版社,2001年,第25页。

99 段及 101 段中指出："如果进行划界时各方的区域相重叠，这些区域应按照协议的比例在各方之间分割，或在协议不成时由各方平分，除非各方决定对重叠区域或其中任何部分实行共同管辖、利用或开发。如果存在矿藏保持的统一性问题，后一种解决办法（共同开发）尤为适宜。"[①]杰瑟普法官在个别意见中进一步指出："……有争议的但尚未划界又有部分领土重叠的大陆架区域，共同开发原则更为适用。"

在冰岛挪威有关扬马延地区争端案中，根据两国政府协议设立的调解委员会首先建议冰岛国与延间大陆架边界线和两国专属经济区界线重合，即使用一条单一界线来划分两国的专属经济区和大陆架区域。调解委员会更重要的贡献在于其报告明确建议对两国权利主张重叠区域的资源实行共同开发：鉴于在准备建议书的过程中应适当考虑的范围很广，调解委员会的结论是"应运用这样一种解决方法，它既要考虑到冰岛和挪威间关于冰岛拥有 200 海里经济区的协定已给予冰岛中线以远的广大地区，又要考虑到由于不能确定该地区资源的储存情况，需要进一步考察和勘探。因此，调解委员会不是提议划出一条同经济区界线不同的大陆架划界线，而是建议签署一项共同开发协定，共同开发可能在生产油气资源较好前景的所有地区"。[②] 调解委员会提出的这个共同开发建议是希望进一步促进冰岛和挪威间的合作和友好关系，这正是共同开发原则的主旨所在。

在国际法院 1982 年利比亚与突尼斯大陆架案的判决中，一些法官也提出了进行共同开发安排的建议。埃文森法官在其个别意见中总结道："若一个油田会落于边界的两端或上面提到的共同开发区的两侧，本案当事国应当加入关于其联合开发的规定，这看来是可取的。"[③]其后，两国通过达成共同开发比斯湾协议

---

① 国家海洋局政策研究室编：《国际海域划界条约集》，海洋出版社，1989 年，第 80 – 81 页。

② 《冰岛和扬马延间大陆架区域调解委员会的报告和建议书》：Conciliation Commission on the Continental Shelf area between Iceland and Jan Mayen: Report and recommendations to the governments of Iceland and Norway, decision of June 1981. From: http://untreaty.un.org/cod/riaa/cases/vol_XXVII/1 – 34.pdf.

③ ICJ Report (1982), P322 – 323.

友好地解决了争端。

上述三个案例是有关共同开发最重要的三次权威的阐述，由以上分析可知，共同开发跨界或权利主张重叠海域的资源，已经得到了国际司法判例、调解委员会的建议及国际法学者学说（国际法院法官）的关注和支持，国际司法判例成为共同开发原则的一个重要的渊源。因此，共同开发在增进国家间的合作和谅解方面起到了积极作用，为各当事国在南沙群岛海域油气资源的勘探开发也采取这种方式提供了有力的支持。

第五章　南沙群岛海域油气资源共同开发管理机制

南沙群岛油气资源共同开发区的管理机制问题，是共同开发区建立后要解决的首要问题。管理机制统领共同开发的全局，决定着共同开发区的管理机构的权力、合同类型、管辖权及法律适用、争端解决、财政税务事项等各个方面。建立合理高效的管理机构是本篇文章研究的基点和最终归结点。由于共同开发区只是在特定时期内由双方共同管理、共同开发的一块特定区域，这块区域既具有主权属性，又伴随双方合作经营的性质。那么，究竟应确定怎样的管理机制、管理方式来对新建立的共同开发区加以更有力的监管呢？首先，我们研究了现有的三种共同管理机构的运行方式，细致地探讨了每种机构的内容和优缺点等相关问题，后对照某些国家，如越南、菲律宾等国实施的国内油气资源开发管理的不同模式，提取精髓，总结经验，结合南沙群岛共同开发的特点提出了一种新式的混合型共同开发管理机制的设想——超国家双层次管理机制，希望能够对我国在南沙群岛油气资源共同开发管理机制的建设有所帮助。

第一节　现有共同开发区管理机制研究

共同开发区联合管理委员会是指为了有效地执行共同开发协定以及监督共同开发区，当事国之间组建并同时明确该机构的权利及其各种相关职能的共同开发管理机构。由于共同开发各当事国的政治、经济制度及各方因素的不同影响，相关海域油气资源的共同开发组建了不同性质的管理机构。通过对现有的共同开发案例进行分析与归纳发现，海域共同开发协定所建立的联合管理委员

会主要有以下三类：①

一、区域性多边超政府机制

各当事国同意共同建立一个联合管理机构，由各国委派相同数目的代表组建而成，并同意将本国对共同开发区的管辖权转让给该机构。因此，拥有超国家权力是这种机制的最大特点，其负责事项主要包括：制定并发布法规和政策，用以指导、监督共同开发区的各项开发活动；向承包商核发矿产开发经营许可证，或由自己来经营共同开发区的各项开采开发活动。为进行共同开发，超国家管理机构产生的全部费用以及所获得的全部税收和利润，由当事国政府平等分摊和分享。在实施共同开发过程中，不具体适用某一国的法律，而是在该区域建立一套由相关各国共同遵守的法律制度。

泰国和马来西亚的共同开发协定中有关超政府管理机构的建立为该种机制典范。1979 年《泰马谅解备忘录》中，马来西亚和泰国建立的由主席和两国同等人数委员组成的"马泰联合管理署"在共同开发区内具有政府职能，而且原来的双方政府各自在有争议海域所拥有的专属权在共同开发时间内让渡于联合管理署，由联合管理署来执行。该协定第三条第二款、第四款规定："联管署应代表双方对于勘探开发重叠区域（以下称共同开发区域）海床和底土的非生物自然资源事宜承担权利和义务。联管署所承担的权利和义务不得以任何方式影响或缩短任何一方迄今作出的安排、已达成的协议、已签发的许可证或作出让步的有效期限。"②根据协定条款的规定，两国建立联管署的宗旨是：联管署代表两国政府行

---

① 蔡鹏鸿：《争议海域共同开发的管理模式：比较研究》，上海社会科学院出版社 1998 年版，第 63－67 页。

② *Memorandum of Understanding between Malaysia and Thailand on the Establishment of a Joint Authority for the Exploitation of the Resources of the Sea-Bed in a Defined Area of the Continental Shelf of the Two Countries in the Gulf of Thailand*. From David Ong, Current Legal Issues, "Thailand/Malaysia: The Joint Development Agreement 1990", International Journal of Estuarine & Coastal Law 6 (1991) 57－72.

使共同勘探开发区内海床和底土内的非生物自然资源的投资、监督和行政管理等全部权利和承担所有责任。而旨在执行备忘录的1990年协定进一步规定联管署“将具有法人资格”并“管理共同开发区勘探和开发非生物资源的一切活动,有责任制定相应的政策”。另外,协定第三条第三款、第五款、第六款规定了共管机构建立在对等原则基础之上,在人员建制上规定两国派出人员数额相等(各出七名官员组成),并且两国各出一名文官担任联管署署长职务。对于共同开发区的成本、生产收益采用的是均摊均分均享原则。①

该机制的另一范例是《苏丹—沙特阿拉伯共同开发协定》,其中协定第七条到第十二条对此集中做了规定。苏丹与沙特阿拉伯签约时“为了保证迅速而有效的开发共同区域的自然资源,以下称为联合委员会的一个委员会应该得以建立”。经过对条款分析,不难发现该委员会既是一个决策机构,又是一个经营机构。由其代表两国行使共同决策的权力,在沙特阿拉伯王国和苏丹民主共和国享有法人资格,并行使协定赋予其的所有职能:调研、划分和勘定共同区域的边界线;承担研究涉及共同开发区域内自然资源的勘探和开采工作;依据委员会规定的条件,对有关勘探和开采许可证和特许证申请进行审查并作出决定;制定预算和相关法规条例来规范区域内生产活动等。协定同样规定了联合委员会由两组相同数目的人员组成。第十一条还规定了联合委员会的地点选在沙特阿拉伯的吉达,联合委员会可以在其决定的任何地方进行会议。②

区域性多边超政府机构的建立对当事国协作意识和友好关系的要求不是很高,当事国一般都在共同开发协定中约定了联合管理机构的组成、权限、工作章程等内容,为以后管理中遇到的问题提供具体解决办法。一个超国家的管理机构管理中所承受的工作量也较为轻松,只需签约各方在谈判过程中达成一致意

---

① *Malaysia-Thailand Joint Authority Act 1990*. From http://www.agc.gov.my/Akta/Vol.%209/Act%20440.pdf.

② *Agreement between Sudan and Saudi Arabia Relating to the Joint Exploitation of the Natural Resources of the Sea-bed and Subsoil of the Red Sea in the Common Zone, Signed at Khartoum on 16 May 1974*. From http://untreaty.un.org/unts/1_60000/26/17/00050811.pdf.

见，并制定一系列新的共同法律来部署相应工作，即可减少开支，提高效率，使共同开发工作能够迅速有序进行。另外，由于该机构中当事国的权利分配和产品及各种其他利益分配都采用平均分摊和分享的原则，其运行过程中的变动不会很大，往往较为稳定。但是这种机制的不足之处也明显，两国同意建立起超国家机构对开发区进行管理，就必须在相应的开发制度、法律适用、财政税收等方面协调一致，这样的协调工作不仅需要较长时间和大量人力物力，而且要求各方作出相当程度的让步和妥协。如果各国在其中某方面的立场存在较大差异难以协调，那么这种机构的价值就会大打折扣。所以这种机构较适用于两国争议状况简单，开发范围不大的共同开发情况，当然我国在共同开发中亦可借鉴其优越之处。

二、代表政府的双层次管理机制

代表签约国政府的双层次管理机制是将超政府机制拥有的政府决策功能与生产经营、行政监督功能区分开来分别由两个机构承担执行。两部门相互监督配合，部长委员会作为第一层次管理决策机构，负责制定修改相关法规，分配收益，批准或终止合同等总体事项；联合管理局为第二层次经营监督机构，从属于部长委员会，主要负责执行部长委员会的指令，对开发区进行直接管理经营。

澳大利亚—印度尼西亚共同开发协定最好地诠释了该种机制的管理架构。1989 年 12 月 11 日《澳大利亚与印度尼西亚共和国关于在位于印度尼西亚东帝汶省和北澳大利亚之间的区域内建立合作区的条约》（以下简称《澳—印尼共同开发协定》）正式签署。该条约最大的特点就是合作区分成了三个部分，即区域 A、区域 B 和区域 C，区域 B 和区域 C 分别位于区域 A 的南部和北部，由澳、印分别管辖。区域 B 为澳大利亚独立管辖区，区域 C 为印度尼西亚独立管辖区，澳与印将分别向对方支付承包商所得税收入总额的 10%。该两个区域的管理制度条约规定“两个缔约国应该做出必要的行政安排，以便在任一地区开始生产时，使条约所规定的分享安排生效”。实际上区域 B 和 C 是完全按照两国各自的制度进行管理。区域A才是两国共同开发的区域，该区域的管理机制也是需要重点阐述的。条约第三和第四部分对部长委员会及联合管理局的设置、组成、会议的召开及其职能等都做了详细的规定。双方在共同开发区域A成立了双层管理体制，上层是部长委员会，其次是联合管理局。第三部分规定："应该为合作开发区建立一个部长委员会，成员由两国指定的人数和部长组成。""部长委员会全面负责处理一切有关在合作区域A范围内勘探和开采石油资源的事宜，以及两个缔约国委托的有关勘探和开采石油资源的其他职能。"主要包括：对联合管理局的执行工作做出具体指示；修订石油开采法规、批准石油销售；修改、批准、终止产品分享标准合同；任命管理局行政董事；协商解决管理局内分歧；审查管理局账目等。同时还特别规定："部长委员会应授权联合管理局采取一切必要步骤，确保在本条约生效后尽快对区域A的石油资源进行勘探和开发。"协定第四部分规定"应该建立联合管理局"，联合管理局具有法人资格以及为行使其权力和完成其职能所必需的、符合两个缔约国法律的法律能力。具体而言，管理局有订立合同，取得和处理动产与不动产，起诉和应诉的权利。"联合管理局应对部长委员会负责"，管理局行政董事的决定不能取得一致意见时应提交部长委员会。简言之，具有政府具体部门职能，又兼具经济实体性质的联合管理局应在部长委员会的领导下，执行管理A区石油资源勘探和开采的各种活动。其职能主要包括：颁发勘探批准书；订立、变更、终止产品分享合同；收取石油产品收益；准备提交年度收支状况；控制石油开采和勘探设备；根据石油开采法规颁布规章和指示；提议修改分享标准合同；经部长委员会批准，销售石油产品等。①

《澳—印尼共同开发协定》规定的双层管理机构是共同开发机制的一个突破和创新。两国在开发争端的问题解决过程中采取了划区分别开发和共同开发并行的方式，B、C两个区域分别由两国各自开发，A区作为真正的共同开发区，通过设置内部双层机构对其共同监督、管理。和以往的共同开发签约国之间建立

① *Treaty between Australia and the Republic of Indonesia on the Zone of Cooperation in an Area between the Indonesian Province of East Timor and Northern Australia*. From http://www.austlii.edu.au/au/other/dfat/treaties/1991/9.html.

的类似机构相比，双层管理机构使共同开发区真正的权力集中于当事国双方政府之间的决策层——部长理事会，而把资源管理和开发职能交给经营管理局——联合管理局处理，这就将决策部门同经营操作部门清楚区分开来，有利于共同开发工作的顺利有序进行，有利于扩大共同开发范围，值得我国在南沙群岛海域共同开发中借鉴。

三、定期联络型协调咨询机制

此种类型共同开发管理机制与前述两种有很大不多，主要特征是由签约国派出对等数额人员组建的联合委员会只具有一般的监管职能，其作用基本为协商和咨询，旨在解决当事国开发合作期间可能产生的矛盾和争端，它本身不具有颁发许可证或执行的权力，所以其不对共同开发区本身经营操作承担责任。该类型机构一般定时召开会议讨论共同开发中需要解决的问题，也会因突发事件或紧急事件而临时召开会议。日本—韩国共同开发协定、英国—挪威联合开发弗里格气田协定中所建立的“联合委员会”都属于这种类型。

1974 年 1 月 30 日《日本和大韩民国关于共同开发邻接两国的大陆架南部的协定》(以下简称《日—韩共同开发协定》)[①]第二十四条规定：“签约双方应建立并维持日本—大韩民国联合委员会(以下简称委员会)，作为对执行同本协定有关事项进行协商的机构。”“委员会的一切决议、建议及其他决定只能由双方通过协议作出。”“委员会每年召开会议一次，并应在任何一方的请求下随时召开会议。”该委员会还下设常设秘书处从属于委员会，处理委员会的事务工作。委员会的基本职能有：审查协定执行情况，建议改进措施；接受签约双方的技术和财务报告；建议解决争端而采取的措施；监管经营活动；研究协定生效时没有考虑到的问题及解决措施；接受签约双方提交的法规和规章的通知等。当事国对联

① 本文在此列举该协定，是基于研究共同开发管理机制的需要，并不意味着对该协定内容的承认，实际上该协定是在完全无视中国领土主权的背景下擅自签署的，一直受到我国严厉谴责。

合委员会提出的建议仅给予尽可能的尊重。[①]

英国和挪威关于联合开发费里格气田协定也规定有类似的管理机制。《大不列颠及北爱尔兰联合王国政府与挪威王国政府关于开发费里格气田并向联合王国输送天然气的协定》(以下简称《英—挪联合开发协定》)第二十七条规定:“为推动贯彻本协定,每一政府各指定 3 人,共 6 人,组成费里格气田咨询委员会。委员会的职能应包括研究两国政府提交的问题。这些职能和委员会的办事程序均应服从两国政府可予统一的进一步的安排。”第二十八条规定,“任何关于本协定的解释和运用上的争执,或根据第 1 条第(2)段和第 14 条提交两国政府解决的其他任何问题,均应通过费里格气田咨询委员会或两国政府的谈判解决”。从对协定全文的分析来看,委员会旨在解决双方合作开发期间可能产生的矛盾和争端,处理争执、解决利益分配问题。委员会职能及其办事程序应服从两国政府的一致协议,而且,两国政府间谈判高于委员会解决办法。但是,假如委员会和政府间谈判对此争执仍然无法予以解决,那么可以建立仲裁法庭予以仲裁。[②] 该协定中的英—挪联合开发实际上同争议海域的共同开发存在着一定差异,因为英国挪威共同开发的海域已经划界,签约共同开发的这一特定海域,完全是在开发一块跨越两国边界的天然气田,所以这实质上是不同于共同开发的一种跨界联合开发。

定期联络型协调咨询机构的职能重点落在协商、协调和咨询等方面,旨在解决共同开发中产生的各种争端,并且通过定期会晤及临时会议的形式及时解决问题,避免不断产生的开发争议,是一种很有益的协调机制。其强有力的协调功能值得我们在组建南沙群岛海域油气资源共同开发时加以借鉴和参考。

上述三种共同开发的管理机制,即区域性多边超政府机制、代表政府的双层

---

① *Agreement Between Japan and the Republic of Korea Concerning Joint Development of the Southern Part of the Continental Shelf Adjacent to the two Countries*. From www. state. gov/documents/organization/59588. pdf.

② Norway-United Kingdom. “*Agreement relating to the exploitation of the Frigg Field Reservoir and the transmission of gas therefrom to the United Kingdom, done at London on 10 May 1976*”. Treaty Series N. 113, 1977; Cmnd. 7043.

次管理机制、定期联络型协调咨询机制在权力及功能上都有一定的差异，但也有某种程度上的相容性。这就需要我们吸收借鉴这三种机制的优越部分，从而建立南沙群岛海域油气资源共同开发的管理机构，为共同开发的顺利进行做好准备。

第二节　相关国家国内油气资源开发管理机制研究

越南、菲律宾、马来西亚三国都是向中国提出南沙群岛海域主权问题的争端国家，研究南沙群岛海域共同开发管理机制的设立问题必然要关注这几国国内油气资源开发管理的运作模式，我们同样对中国大陆和中国台湾的管理模式做一简要研究。

一、越南国内资源开发管理模式

越南是一个矿产资源丰富的国家，据越南地质矿产局报告，越南已发现矿产70多种，探明各种矿床和矿产地5000多处。但是由于受越南经济发展的限制，开发矿产起步比较晚，矿业开发属于不太发达的阶段。

1. 越南矿产资源开发管理状况

越南矿产资源属于国有资源，在《越南矿产资源法》中有明确规定："矿产资源是国家的宝贵财产，应当受到保护，并进行合理的开发使用，以满足社会经济发展的需求……""在越南社会主义共和国的领土、大陆架、海岛、领海等属于越南领域范围内的全部矿产资源属于全民所有，由国家统一管理。"在这样的规定下，越南矿产资源的开发必然是由国家统一进行管理的。"国家对矿产资源的管理包括：(1) 制定地质勘察、矿产开采和矿产资源保护的规划、计划。(2) 制定地质勘察、矿产开采的管理、保护制度；制定对未开采的矿产资源的管理、保护制度。(3) 交付或收回矿产开采区；批准或中止地质勘察、矿产开采和使用地下有矿产资源的土地。(4) 登记地质勘察区域及项目、开采工程及区域、需要保护的有矿区域;建立矿产开发档案;统计矿产资源储藏量;保存矿产开采技术材料和地质标本。(5) 清查国家的矿产资源和保护有关环境。(6) 解决有关地质勘察、矿产开采方面的权利纠纷,保护矿产资源;处理违反矿产资源法的各种违法行为。"①参照上述法条可知越南对于矿产资源的开发管理,采取的是通过对矿产权的限制来对矿产资源进行管理。这里的矿产权包括矿产资源调查权、矿产资源勘探权、矿产资源开采权和矿产资源加工权。越南的矿业主管部门是越南自然资源、环境部和省人民委员会。自然资源和环境部负责全国的矿产调查、勘探、开采和加工许可证的审批发放(省政府管理范围除外)。省人民委员会有权发放个人采矿许可证,涉及普通建筑材料矿产的普查、勘探、采矿和加工许可证,以及国家矿产总计划以外地区或国家矿产储备地区以外地区的采矿和加工许可证。

2. 越南油气资源开发管理模式

在越南,国家控制矿产资源的所有权,所以矿产资源的开发大多数归国有企业承担,相关资料显示越南矿业部门的生产企业由 450 家国有企业和 350 家非国有企业组成,这后者包括有限公司、外国公司、私人公司、合资和合作公司等。

越南油气处于国家垄断开发状态,在越南唯一拥有管理和勘探开发石油的公司是越南国家油气集团(PetroVietnam),该集团成立于 2006 年 9 月,主要的经营范围包括油气的勘探、开采、加工和销售,下属公司包括越南油气集团、4 个总公司(由越南油气集团全额控股)、4 个有限责任公司(由集团全额控股)和 14 个由集团控股 50%的公司等。这个公司的存在表明,越南的油气是处于国家勘探开发、开采供应的状态。除了由这个集团开发以外,任何非国有企业,包括想在越南境内进行开发的外国企业,外国投资者都必须与该集团合作,或者是获得该集团的特许进行开采。现在越南国内原油生产主要来自越南国家油气集团与加拿大、法国、日本、马来西亚、俄罗斯、瑞典和美国的石油公司组建的联合风险

① 《越南矿产资源法》: www. vietnamlaws. com/freelaws/MineralLaw20Mar96%5BX1051%5D. pdf.

项目。而越南的天然气主要是由英国公司和越南与俄罗斯合作成立的公司来进行开采，目前越南天然气主要来自一个由英国公司、越南油气公司、印度石油天然气公司和康菲石油公司共同开发的天然气项目。①②

二、菲律宾国内资源开发管理模式

菲律宾位于亚洲东南部，是一个群岛国家，由于其特殊的地理位置和地质环境，菲律宾拥有丰富的矿产资源，在世界矿产资源储量中占据着一个重要的位置。根据菲律宾国家地质矿业局的数据，以单位面积矿产储量计算，菲律宾金矿储量居世界第三位、铜矿储量居世界第四位、镍矿储量居世界第五位、铬矿储量居世界第六位。

1. 菲律宾矿产资源开发管理状况

菲律宾政府1995年颁布的《菲律宾矿业法》规定："（一）政府管理机构《菲律宾矿业法》规定，菲律宾所有矿山资源归国家所有，任何勘探、开发、利用和矿产品加工活动都要受到政府的监督与控制。菲律宾政府设有多级矿业管理机构，国家环境和自然资源部作为主管部门，负责管理、开发和合理利用矿产资源，以及发布相应的法规。环境和自然资源部部长可以代表政府签署矿山开采合同；国家环境和自然资源部下属的地质矿业局，直接负责矿区和矿产资源的管理、配置，进行地质、采矿的研究，以及矿山的地质勘探等工作，此外还负责推荐矿山合同及承包商，以供部长批准，并监督承包商合同执行情况；地质矿业局设有地区办公室，负责授权事项的处理。"③这一条款不仅规定了菲律宾的矿产资源所有权完全属于国有，而且进一步规定了对于矿产资源进行勘探、开发、管理的政府主管部门。根据法律规定，菲律宾对矿产资源的管理属于多级管理，在中

---

① 郑国强：《越南石油业现状及前景》，载《东南亚南亚信息》，1994年第14期。

② 赵国栓：《面向下世纪的越南油气工业》，载《东南亚南亚信息》，1997年第23期。

③ 《菲律宾矿业法》(the Philippine Mining Act)：http://www.psdn.org.ph/chmbio/ra7942.html.

央设有国家环境和自然资源部，主要负责对于矿产和其他自然资源进行综合管理，主要职能为：(1) 向议会和内阁提出关于环境和自然资源方面的政策、规划和计划；(2) 发布和执行相关的法律、法规和标准，发放相关许可证，征收税费；(3) 控制和管理自然资源，包括对自然资源进行分级、编目、勘探、保护、复垦，和公平分配来自自然资源的利益。该部在矿业管理方面的具体职能包括矿业权的发放和监督管理矿产资源的勘探、开发和利用；进行矿山安全和健康环境的监督管理；为矿产资源的开发和确保水资源的安全进行地质灾害、地下水资源的调查；为提高生产率、资源的再生、环境的保护和恢复进行地质、采矿、冶金和地质环境方面的研究和提供实验室服务；促进矿业和地球科学的研究与发展。

根据《菲律宾矿业法》的规定，政府对于矿产资源的开发管理是对许可、合同和协议三种形式进行管理，该法律的第二项就是对此进行的规定："菲律宾矿山勘探和开采的许可、协议和合同主要包括：勘探许可(PE)、矿产品分享协议(MPSA)、合作矿产品分享协议(CPA)、合资协议(JVA)、金融和技术援助(FTAA)、采石场许可(QP)、砂开采许可(SAG)、小型矿开采许可、矿产品加工许可、原矿运输许可。任何企业、单位想要在菲律宾从事矿产资源的勘探、开发、加工等矿业活动都必须先获得菲律宾政府的审查批准，否则不得在菲律宾国内进行矿产资源的勘探、开发、加工等矿业活动。"①

2. 菲律宾油气资源开发管理模式

由于在菲律宾的矿产资源中石油和天然气资源相对较少，菲律宾矿产资源的开发主要集中在金属矿产的开发，非金属矿产资源的开发处于非主导地位，而且就是在非金属矿产资源的开发中，占据主导地位的也是建筑砂、石、水泥和煤，而石油的开采起步较晚，起步于 2001 年。

菲律宾石油和天然气资源由菲律宾能源部负责管理，菲律宾能源部是根据菲律宾第 7638 号共和国法即《1992 年能源部法》重新组建的。在 20 世纪 80 年

① 《菲律宾矿业法》(the Philippine Mining Act)，http://www.psdn.org.ph/chmbio/ra7942.html.

代末和90年代初菲律宾受到了能源短缺严重影响，随着该法律的制定，菲律宾能源部成为“菲律宾政府和内阁实施能源政策和计划”的中央调控工具。1992年菲律宾能源法规定，所有能源工作实行统一管理，如能源勘探、开发、利用及能源的分配和保护。能源部对所有相关机构的计划、项目和活动进行直接管理和监督，如国家电力公司、国家石油公司和国家电力局。① 根据这一系列的法律，菲律宾的油气资源收归国有，由国家相关部门进行统一规划管理；但在具体项目的开发中，现在菲律宾油气资源大多是与国外投资者进行合作开发。菲律宾石油天然气工业共有42家公司参与工作，包括5家国家石油公司、4家跨国石油公司、11家澳大利亚上市的外资勘探生产公司、10家菲律宾上市公司和其他12家公司。其中5家国家石油公司为菲律宾国家石油勘探公司（PNOC EC）、中国海洋石油总公司（CNOOC）、马来西亚国家石油公司子公司（Petronas Carigali）、科威特石油公司和日本石油勘探公司，4家跨国公司为雪佛龙公司、埃克森美孚、壳牌和Vitol公司。壳牌和雪佛龙对马兰帕亚SC38区块进行联合开发，分别持有45%的股份（菲律宾国家石油公司持有剩下的10%），壳牌还与科威特石油公司和中国华南资源公司共同勘探巴拉望盆地东北地区SC60区块；Vitol公司是Galoc公司的大股东和Galoc开发项目的作业者；埃克森美孚与Mitra能源公司联合进行苏禄海SC56区块的勘探活动。

三、马来西亚国内资源开发管理模式

马来西亚主要由东西两部分组成，西马来西亚位于马来半岛南部，东马来西亚位于加里曼丹岛北部，包括沙巴和沙捞越两个州。地理位置和地质状况的优越决定了马来西亚也是一个矿产资源丰富的国家，其中最为著名的是锡矿，有“锡国”的美称。马来西亚目前生产的主要矿产有天然气、石油、煤、锡、铝土矿、

---

① 《1992年能源部法》（Department of Energy Act of 1992），http://www.doe.gov.ph/popup/RA%207638.pdf.

铁、铜、钦铁矿、稀土金属等资源。此外，马来西亚还有较丰富的锑、金、重晶石、高岭土、硅砂等矿产资源。

1. 马来西亚矿产资源开发管理状况

由于马来西亚是联邦制国家，所以矿产资源所有权需遵守两个层面的法律规定，第一个层面为联邦法律，第二个则是各个州的矿产条例。跟其他国家不同，在马来西亚联邦宪法中没有明确提到自然资源所有权的归属问题。同时，宪法确认国土委员会对矿业、农业、林业或其他目的的全联邦土地的利用问题负有促进和管理的基本职责。国土委员会制定的国家土地法指出，“国土范围地上地下的所有矿产和岩石矿物，除已被处置者外均要置于州政府的管理之下”[①]；目前，在拉布安岛和吉隆坡直辖区联邦土地、沿海大陆架和专属经济区的一切矿产资源所有权归联邦政府，其余各州的矿产资源归州政府所有，沙捞越和沙巴州在海域矿产资源所有权方面也享有一定权利。联邦矿产的管理权由马来西亚1994年颁布实行的《联邦矿产开发法》来进行确认和规定，它是对矿产资源所有权以及开发利用进行规定的最高位阶法律，联邦政府、州政府都是在遵照这部法律的条件下，履行州矿产条例的具体开发利用规定。《联邦矿产开发法》规定：沿海大陆架和专属经济区的一切矿产资源所有权归联邦政府，沙捞越和沙巴州在海域矿产资源所有权方面也享有一定权利。[②] 各州的矿产资源归州政府所有，州政府负责批准和颁发其所辖土地上的勘查许可证、勘探许可证和采矿许可证。但是，颁发这些许可证必须与联邦政府相关机构如矿产和地球科学局、环境局和其他相关机构协商之后才能决定，并受矿产开发法的约束。矿产开发法还有关于采矿活动的规定，包括矿山经营者在采矿开始之前、采矿期间和之后必须遵守的要求，如发布进行勘探工作意图的通知、在采矿活动开始之前为了获得批准向相关机构提交采矿计划、发布开始采矿的通知和按照联邦矿产开发法和其他与

① 国家土地法(National Land Code)，www. agc. gov. my/Akta/Vol. %2011/Act%20518. pdf.

② 《联邦矿产开发法》(MINERAL DEVELOPMENT ACT 1994)，faolex. fao. org/docs/texts/mal37927. doc.

环境有关的成文法所规定的良好和安全的习惯做法以及按照环境标准进行所有相关的活动。联邦政府和州政府通过相关的条例行使各自管理矿业的职能，并对固体矿产和油气资源实行不同的管理方式。州矿产条例规定了州政府关于颁发矿业权的权力和职权，比如探矿权和采矿权的颁发和采矿许可证的颁发都属于州政府矿业部门的管理范畴。州矿产条例明确规定了在各州范围内进行勘查、勘探和采矿时必须遵守的详细过程，以及各个过程中需要填写的各种表格。目前，马来西亚各州都在执行州矿产条例，虽然各州的执行情况不大一样，总体来说并无大的差距。马来西亚州矿产条例对勘查许可证、勘探许可证和采矿租约三种矿权也进行了规定。

根据相关法律的规定，在中央对矿产资源的管理主要由自然资源和环境部进行，而在地方则是由各州政府矿产资源管理部门负责。马来西亚自然资源和环境部内具体负责矿产资源管理工作的是其属的矿产和地球科学局，该局负责所有矿产勘查和开发的监督与管理，促进矿产资源的开发，为政府提供有关矿业开发政策咨询，特别是开发和利用矿产资源计划、环境保护和污染控制、对外贸易、矿产立法、税收、采矿设备及矿产品进出口政策、征收矿权金等。而每个州具体如何进行开发，如何利用等这些具体操作规则是由州的矿产资源管理部门负责的。州政府设有矿产资源委员会(SMRC)具体负责矿权的审批。在各州政府都设有一站式的管理中心，中心设在土地和矿山领导办公室(SDLM)，负责矿产勘查许可证、勘探许可证和采矿租约及延期申请办理工作。中心拥有关于矿地产的全部信息，包括是否已经审批和目前的执行情况。全部矿权的申请要提交到州矿产资源委员会(SMRC)审批。这样既保证了在统一的政策下对矿产资源进行开发管理，又有利于各州根据具体情况对本州的矿产资源进行开发管理。

2. 马来西亚油气资源开发管理模式

石油和天然气是马来西亚矿业中的最重要支柱产业，这两项矿业不仅在国内具有重要的地位，而且在国际上也有极其重要的地位，目前马来西亚是原油和天然气的净出口国，是世界第三大天然气出口国。

马来西亚的石油开采是在马来西亚石油公司的主导下与多国公司合作进行

的。马来西亚石油公司成立于 1974 年，属于国有企业，由马来西亚政府全面拥有，并获有国会通过的石油开发法令，被授予拥有和控制马来西亚石油资源的所有权利。公司被指定为马来西亚境内所有石油和天然气的开发公司，并被要求对这些资源进行增值加工处理。其管理所有马来西亚境内的上游作业，并通过生产共享合同聘用多家国际石油与天然气公司参与勘探、开发及生产马来西亚的石油与天然气。马石油也通过子公司马石油勘探有限公司直接参与马来西亚上游亿立方尺的天然气储备。马石油的下游作业包括液化天然气和运输业、加工和输送天然气、提炼和推销石油产品、买卖原油和石油产品、制造和销售石油化学产品，以及船运和相关的后勤，如运输液化天然气、原油和石油产品等。马石油的上游运作集中于加强国内的勘探及生产业务，并获取海外新区块，以增加及延续马来西亚的石油和天然气储藏量。马石油通过其子公司，马石油勘探私人有限公司，与其他跨国生产承包商共同参与国内石油和天然气的勘探、开采和生产。至今，马石油已与国际石油公司签署了 60 多份生产共享合同，以分享利润和回收成本的方式，参与石油和天然气的勘探、开发和生产。马石油海外的上游业务涵盖了 25 个国家。其国际上游业务迄今已累积的石油和天然气储藏量相当于 59.3 亿桶油。现与马来西亚合作开采石油的公司有 Exxon Mobil 马来西亚勘探生产公司、皇家荷兰壳牌集团、美国的墨菲石油公司（Murphy Oil Corp），它们共同合作开采马来西亚石油。马石油通过其合资公司马来西亚液化天然气有限公司（MLNG）生产液化天然气供出口。位于沙捞越州民都鲁三座马石油 LNG 综合工厂，每年都生产 2 千 3 百万吨液化天然气。该工厂如今是世界最大单一地点天然气液化厂。液化天然气被销到日本、中国台湾和韩国，以满足电力、工业和住宅领域的能源需求。

四、中国台湾矿产资源开发管理模式

台湾省位于我国东南部，由于拥有种类繁多的自然资源被誉为“宝岛”。中国台湾的矿产种类多，已探明的各种矿产有 200 多种，但产量很少，不够使用，目

前有百分之九十五以上的矿产资源依赖进口，特别是铁、煤、石油等资源尤为欠缺。目前中国台湾已经开采的矿产资源有30余种。

1. 中国台湾矿产资源开发管理状况

跟中国大陆规定一样，根据中国台湾省的有关规定，台湾省领域内的矿产均为省政府所有，非依规定取得矿业权，不得探采。跟中国大陆一样，对于矿产资源开发管理也是采用对矿业权管理，但与中国大陆不同，中国台湾在法律上明确规定了矿业权的范围及其归属，根据有关规定，探矿权、采矿权均为矿业权。矿业权视为物权，除有特别规定外，准用关于不动产诸条例之规定。也就是说在中国台湾，矿权是物权的一种，属于私权，适用于民事法律的调整。在中国台湾地区，由于采矿权的权利属性被明确界定，"有恒产者有恒心"，权利人可以放心地根据其采矿权属性和内容相应地进行长远投资规划，实行可持续利用和开发，并尽可能地排除各种生产隐患做到安全生产。从这个角度而言，中国台湾地区的规定具有明晰产权、激励良性投资开发的制度优越性。虽然矿业权属于私权，但是鉴于矿产资源对经济社会发展的重要性，台湾当局对矿业权的批准审核也具有很严格的程序。在中国台湾，石油矿、天然气矿、铀矿、钍矿及适于炼冶金焦之丰富煤矿，应归省政府经营，如省政府不自行探采时，得由省内公民承租。有关部门认为有保存或调节供求之必要时，得指定区域作为省政府保留区，禁止探采：一、铁矿；二、铜矿；三、钨矿；四、锑矿；五、镭矿；六、钼矿；七、汞矿；八、锆矿；九、盐矿；十、其他由经济主管部门报准行政主管部门指定者。前项保留区，经济主管部门认为无保留必要时，如需省政府经营得划为省政府经营矿区，设定省政府经营矿业权，适用前条之规定；其未经划为省政府经营矿区者，得核准人民申请探采。除第八条所定省政府经营及第九条所定政府保留区外，第二条所列各矿，省内公民得依法取得矿业权。矿业权设定后，得准许外国人入股合组股份有限公司经营矿业。但应由经济主管部门核准转行政主管部门核准，并受如下限制：一、公司股份总额过半数、应为省内公民所有。二、公司董事过半数，应为省内公民。三、公司董事长，应以省内公民充任。在中国台湾，矿业权除继承、让与、抵押、信托及强制执行外，不得为权利之标的。前项矿业权之抵押，以采矿权为限。另外，矿业权移转时，其移转前矿业权者关于该矿业权之权利义务，亦随同移转。省政府经营矿业权以外之矿业权，不得为租赁标的。但采矿权经核准租赁者不在此限，其核准办法，由行政主管部门定之。这样的规定，既保证了中国台湾的矿产资源在政府的控制之下，又给予了采矿者较为宽松的开发环境，促进了矿产资源产业的发展。①

2. 中国台湾省油气资源开发管理模式

台湾省的石油资源比较紧缺，大多依靠进口，但是在开发管理方面却具有较为完备的制度，在开发方面建立了有关公司，在管理方面设立了相关规定。

有关规定明确规定了石油的主管部门，规定在省级机关为经济主管部门；在市为市政府；在县(市)为县(市)政府。并且在有关规定里单列一章规定了主管部门的业务监督的职责，规定了石油炼制、运输、销售这些企业必须遵守主管部门的指导，而且还规定了在紧急情况下主管部门得开启紧急管制措施用以保障石油的供给。这一法律是对石油管理在制度和政策层面的确认和保障，具有极强的可操作性。②

在油气的开采上，中国台湾建立了相关公司负责台湾省内的油气资源的勘探开发。公司于 1946 年 6 月 1 日创建于上海，资本全部由国库出资，为国营事业，原隶属于资源委员会，1949 年后，改隶经济主管部门，总公司设址台北市。主要业务范围包括石油与天然气之探勘、开发、炼制、输储与销售，以及石油化学原料之生产供应，业务设施分布全省。该公司不仅开采台湾省内油气资源，而且为解决省内油气资源缺乏的状况积极与其他地区合作进行油气资源的勘探开发，该公司为充分掌握及稳定油源，以海外石油及投资公司(OPIC)名义，分别与各国政府、国营油公司及国际大油公司合作探勘，触角遍及亚太、中东、美洲及非洲等地。

---

① 《台湾矿业法》，http://www.6law.idv.tw/6law/law/%E7%A4%A6%E6%A5%AD%E6%B3%95.htm.

② 《台湾石油管理法》，http://www.6law.idv.tw/6law/law/%E7%9F%B3%E6%B2%B9%E7%AE%A1%E7%90%86%E6%B3%95.htm.

五、中国大陆矿产资源开发管理模式

我国是个矿产资源丰富的国家，矿产资源总量丰富、矿种比较齐全，而且经过我国建国后的不断勘探开发，目前已成为世界矿业大国之一，全国年矿石总产量为50亿吨，其中国有生产矿山开发利用的矿种数为150个，年产矿石量约为20亿吨（不含石油、天然气）；非国有小型矿山开发利用的（亚）矿种数为179个，年产矿石量约30亿吨。原油产量为1.67亿吨。我国原油、煤炭、水泥、粗钢、磷矿、硫铁矿10种有色金属产量已跃居世界前列。我国固体矿产开发的总规模已居世界第二位。

1. 我国大陆矿产资源开发管理状况

矿产资源对于一个国家具有战略性的意义，因此很多国家对于矿产资源的开发管理依然坚持国家干预，我国也不例外。《中华人民共和国矿产资源法》明确规定："矿产资源属于国家所有，由国务院行使国家对矿产资源的所有权。地表或者地下的矿产资源的国家所有权，不因其所依附的土地的所有权或者使用权的不同而改变。""国家对矿产资源的勘查、开发实行统一规划、合理布局、综合勘查、合理开采和综合利用的方针。""国务院地质矿产主管部门主管全国矿产资源勘查、开采的监督管理工作。国务院有关主管部门协助国务院地质矿产主管部门进行矿产资源勘查、开采的监督管理工作。省、自治区、直辖市人民政府地质矿产主管部门主管本行政区域内矿产资源勘查、开采的监督管理工作。省、自治区、直辖市人民政府有关主管部门协助同级地质矿产主管部门进行矿产资源勘查、开采的监督管理工作。"

我国对矿产资源的管理也是通过对矿业权的管理来进行的，《中华人民共和国矿产资源法》规定，"勘查、开采矿产资源，必须依法分别申请、经批准取得探矿权、采矿权，并办理登记"，"国家实行探矿权、采矿权有偿取得的制度"。我国的矿业权采取的是两分法，即把矿业权分为探矿权和采矿权两部分。2000年11月1日颁布实施的《矿业权出让转让管理暂行规定》第三条明确规定："探矿权、采矿权为财产权，统称为矿业权，适用于不动产法律法规的调整原则。"目前，我国制定了一系列有关矿业权管理的规范性法律文件，其中包括《中华人民共和国矿产资源法》、《矿产资源补偿费征收管理规定》、《中华人民共和国矿产资源法实施细则》、《矿产资源勘查区块登记管理办法》、《矿产资源开采登记管理办法》、《探矿权采矿转让管理办法》、地方人民代表大会出台的《矿产资源法实施办法》以及国土资源管理部门的部门规章。我国对矿业权的审批是由国务院矿产资源管理部门和省级矿产资源管理部门两级发证、两级管理。既使中央从整体上对矿业权进行规划管理，又使地方可以根据自身开矿的实际进行变通管理，较利于我国矿业的发展。

2. 我国大陆油气资源开发管理模式

据有关资料显示，我国石油可采资源量（111.8 亿吨）居世界第 9 位。我国天然气可采资源量为 11.42 万亿立方米；待发现的天然气可采资源量估计为 2.429 9 万亿立方米，居世界第 12 位。但由于我国人口众多，人均占有资源量少，因此我国又属于油气资源贫乏的国家。

根据法律规定和国务院职能的划分，我国主要由国家发改委、国土资源部、商务部及环保总局等部委履行油气资源勘探开发及相关管理职能。其中，国土资源部承担全国油气资源主要管理职能，负责拟定矿产（油气）资源的有关法律法规和技术规范、标准，依法管理油气矿业权的登记审批发证及相关管理，审查矿业权勘查、开发方案，承担油气储量和地质资料汇交管理，管理油气勘探开发活动对土地资源的征用，按规定管理矿产资源补偿费的征收和使用，承办并组织调处油气勘探开发中的重大权属纠纷，查处重大违法案件，组织公益性油气资源调查评价，编制油气资源保护与合理利用规划、勘查规划等。针对油气资源的勘查和开发，目前我国已形成了以全国人大立法、国务院有关部委执法、各石油公司具体生产的油气资源管理体制和运行模式。我国现有三大石油公司，即中国石油天然气集团公司、中国石油化工集团公司和中国海洋石油总公司，它们主导我国的油气勘探开发，并且自主开发石油的深加工产品，把油气推向市场。另外，为了保证我国在石油管理模式改制前的一些传统油田的开发，稳定油气市场，除了三大石油公司以外，国务院还批准陕西省延长油矿管理局从事油气资源的勘探开发，并允许特殊历史背景下建立的上海石油天然气总公司、广西田东油矿和黑龙江齐齐哈尔富拉基尔油田三个石油企业在原采矿范围内从事油气开采活动，直至资源枯竭为止。总的说来，我国油气勘探开发现处于由国有企业占主导地位，一方面用以保证油气资源这种战略资源处于国家控制中，以防止各种紧急情况的出现；另一方面政府并未直接进行干预，国有企业进行管理开发，并且开发石油炼制等产业，可以使油气面向市场，用市场来调节油气的供应，满足国民生活生产日常需要。

通过对南沙周边几个国家国内油气资源管理模式的研究，我们了解到，越南的矿产资源开发是由国家统一进行管理的，本国自然资源和环境部负责全国的矿产调查、勘探、开采和加工许可证的审批发放，唯一拥有权利管理和勘探开发石油的公司是越南国家油气集团；菲律宾对矿产资源的管理属于多级管理，在中央设有国家环境和自然资源部，主要负责对于矿产和其他自然资源进行综合管理，石油和天然气资源由菲律宾能源部负责管理，国家设定部门进行统一规划管理，但在具体项目中，现在菲律宾油气资源的开发大多是与国外投资者进行合作开发；马来西亚在中央对矿产资源的管理主要由自然资源和环境部负责，而在地方则各个州政府矿产资源管理部门负责，其石油开采是在马来西亚石油公司的主导下与多国公司合作进行的；中国台湾有关规定规定了石油的主管部门：在省政府为经济主管部门；在市为市政府；在县（市）为县（市）政府；中国大陆主要由发改委、国土资源部、商务部及环保总局等部委履行油气资源勘探开发及相关管理职能，现有三大石油公司，即中国石油天然气集团公司、中国石油化工集团公司和中国海洋石油总公司主导我国的油气勘探开发。上述国家和地区油气资源的开发都是由国家或地区的专门机构统一管理，由国内或地区某大型石油公司负责勘探开发和运营，他们这种总分的结构将决策与运营两项职权区分开来，各司其职，有力保证了开发的有序进行。

第三节 构建南沙群岛海域油气资源共同开发管理机制的设想

一、南沙群岛海域油气资源共同开发的特点

1. 南沙群岛油气资源开发具有主权争端的复杂性和单一性

南海争端涉及中国、越南、菲律宾、马来西亚、文莱、印度尼西亚六个国家和我国台湾地区。与此同时，与南沙海域周围无关的国家还在干预我国对南沙群岛行使主权，这就更增加了南沙群岛主权争端的复杂性。

主权争端的单一性是从历史文化和法理来讲，南沙群岛是中国不可分割的一部分，在主权上中国对于南沙群岛具有不可置疑的独占性。我国 2 000 多年来对南沙群岛发现、命名、先占、有效占有、开发经营、主权宣示、行使行政管辖权和司法管辖权的事实，军队巡防、打击盗匪，各国的承认、默认等行为都已表明南沙群岛归属我国。

2. 参与国家众多，关系呈现复杂化

在南沙群岛的共同开发中，参与国家众多，南沙海域周边国家纷纷对这片海域提出领土主权及其他海洋权利，并且一些不在该海域的国家也企图依靠其政治霸权及经济优势分得一份资源。这使得南沙群岛海域油气资源的开发出现了在其他海域开发中不会出现的复杂形势。

3. 中国主张“搁置争议，共同开发”公平开采的原则

中国对于南沙群岛的主权是无可争议的，也是不容侵犯的。在众多周边国家提出对南沙主权时，中国方面秉承大国的宽容态度，提出愿以“搁置争议，共同开发”的公平原则对南沙群岛的资源进行合作开采。公平原则在于，首先应当排除该海域以外的国家对该海域资源的掠夺，比如美国与日本对该海域的干涉，与

上述国家有牵连的国家应尽快排除他国的牵制。其次，各国在不涉及主权的事件上平等协商解决在开采中遇到的各种问题，包括政策、技术层面上的问题。第三，对于开采所得资源及其收益应当遵守事先协议，公平分配的原则，避免新的争端出现。最后，在签订开发协议以及建立管理委员会时，应当兼顾中国主权权益。中国以 5 000 年历史大国的身份对海域权益做出“让步”，正是中国这种“让步”才使本次共同开发成为可能，该原则也成为南沙共同开发最大的特点。

二、构建适于南沙问题的共同开发管理机制

由于周边一些国家无理提出主权要求，侵占南沙岛礁，划管辖范围至南沙及其附近海域，引进外资大肆掠夺南沙海域的油气资源等抢夺资源，使得南海周边各国在南沙问题上的利益冲突十分尖锐。南沙问题最明显目的在于争夺海洋石油资源，中国能够率先倡导在争议海域实施共同开发，意味着中国准备在石油资源享有方面作出重大让步与妥协以换取地区和平与大局稳定。共同开发的首要问题——管理机制的设置无疑更是迫在眉睫。通过对目前海域油气资源共同开发，当事国所普遍采用的三种管理机制，即区域性多边超政府机制、代表政府的双层次管理机制和定期联络型协调咨询机制的深入研究，并结合南沙群岛海域若干相关国家及地区油气资源开发管理模式及南沙开发问题的三个特点，我们提出了一种适于南沙共同开发的新型管理模式——超国家双层次管理机制。

超国家双层次管理机制是指南沙群岛海域共同开发区签约国政府派出对等人员组成超国家管理机构，当事国在共同开发期限内将所有决策开发权暂交于该机构负责执行。该机构由两个部门组成——上层部长决策委员会、下层协调管理局，协调管理局从属于部长决策委员会，对委员会负责。委员会由当事国资源管理部或外交部门数额对等成员组成，为高层决策人员，主席由双方政府指定的部长出席担任。委员会负责制定协调各国开采法，制定统一管理法规和政策，颁布开发方案，主持分配开发利润，监管财务，对共同开发管理相关事项做总决策，批准或终止合同，审批管理局组成人员等，其性质为行政决策机构。其内部

可以设置常设秘书处，整理管理局提交的其他事务。协调管理局由当事国派出的其他外交、资源管理工作人员组成，为高级管理人员，局长由当事国各派一名官员担任。管理局主要负责执行部长决策总委会的指令，按法规管理共同开发区运营，制定开发预算，提交财务年度收支，在管理框架内订立或终止开发合同，在总委会批准下颁布许可证，监管经营人的经营活动以及开发区内资源装置和其他设施的作业情况，同时按时召开会议，及时解决共同开发过程中发现的问题，对于协定签订以前没有规定的问题进行探讨，可以提出益于共同开发区发展的建议，必要时可以起草相关法规提交总委会审批，定时提交共同开发的阶段性报告，接受咨询等相关工作。双层机构共同代表当事国行使权利。

为了保证共同开发顺利进行，双层管理机构应设总部，并定于中国。决策委员会第一次会议应在委员会设立后三个月内召开，此后一年至少召开一次会议，为保证公平，决策应以一致同意为原则。联合管理局定期召开协调咨询会议，对管理问题做总结并上报。对于管理机构运作需要的费用应采用成本均摊原则，共同承担工作经费。

南沙群岛海域的共同开发问题首先是一个政治问题，同时又是一个同国家民族利益密切相关的经济问题。经济基础决定上层建筑，经济的导向力量将成为共同开发的重要因素。由于共同开发区主权尚存争议，因此各方在合作项目中互相尊重，谅解互信显得十分重要。鉴于目前几个国家的海域权利主张的复杂性，超国家双层管理机制的建立，使两部门严格分工的同时，达到双向监督，避免了唯一机构导致的权利过于集中的问题，是比较适合的一种管理机制。

第六章　南沙群岛海域油气资源共同开发的模式选择

在南沙群岛海域针对油气资源进行共同开发，其勘探与开采的合作模式尤为重要，因为它构成了共同开发相关活动的法律基础。国际石油合作模式是指石油合同各方当事人用以确定其权利和义务主要内容的某种具体形式，实际上是以法律形式确定的某种石油合同类型。[①] 共同开发区勘探开发的模式选择，既是一个经营操作问题，又是一个政策问题，涉及若干相互影响的法令、法规和政策协调问题。[②] 本章主要分析和比较目前国际上通行的几种模式，并在此基础上进一步论证南沙群岛海域共同开发区油气资源开采模式选择。

第一节　国际上通行的几种模式分析并比较

一、石油合作协议的分类、内容及特点

根据国际石油实践，石油勘探、开发合同具有多种形式，但总体上分为两大类：租让制和合同制。其中合同制又分为产量分成合同、服务合同、联合经营合同。

1. 租让制合同

租让制合同（又称许可证协议）是世界上进行石油勘探开发最早使用的一种

---

① 何沙、秦扬：《国际石油合作法律基础》，石油工业出版社，2008 年，第 52 页。

② 蔡鹏鸿：《争议海域共同开发区的管理模式：比较研究》，上海社会科学院出版社，1998 年，第 34 页。

合同形式，自 1948 年沙特阿拉伯与阿美石油公司就波斯湾近海区域达成第一个租让协议以来，传统租让发展到今天，已为现代租让所取代。所谓租让制，是指石油资源国在一定时间内，把一定地区内的石油勘探权与石油开采权以出租方式，让与外国石油公司，资源国赋予外国石油公司以特许权（主要是勘探和开采的特许权），资源国获取地租和开采税以及其他的税收。

由于在这种合同形式下，资源国政府的收益主要来自外国石油公司交纳的税收和矿区使用费，因此也被称作“税收和矿区使用费合同”。[①] 这种合同的主要特征是：(1) 外国石油公司通过谈判或投标与资源国政府达成协议，获得租让矿区。(2) 外国石油公司享有在租让矿区进行石油勘探、开发和生产的专营权，并对矿区内所产石油拥有所有权。(3) 外国石油公司单独承担风险并投资。(4) 外国石油公司向资源国交付矿区地租。(5) 一旦矿区内开始生产石油，外国石油公司以实物或现金形式向资源国政府交纳矿区使用费。(6) 外国石油公司如果盈利，将向资源国政府交纳所得税。[②]

传统的租让制带有明显的殖民掠夺色彩。第二次世界大战后，随着非殖民化运动的发展，许多资源国在政治上纷纷获得独立。为了维护和行使其对自然资源的永久主权，使其自然资源摆脱外国控制，资源国采取措施重新订立协议，或者参与管理，或者成立国家石油公司来实施国家的石油政策，以加强政府对石油开发的控制，因此，传统的租让制在战后发生了很大的变化。[③] 如：涉及的地域面积较小，并规定了“退回原则”[④]；协议期限也大大缩短，一般为 20～30 年；注重加强东道国政府对外国石油公司的勘探、开发、生产和销售活动的管理和控

---

① 张音：《国际商业石油合同综述》，载《国际经济评论》，2006 年 7 月。

② 徐振强、王育红：《国际石油合同模式的特征及演进》，载《国际经济评论》，2003 年。

③ 郭鹏：《国际油气合作合同模式多样化》，载《中国石油企业》，2006 年 12 月。

④ 所谓退回原则，是指在勘探每一次或某一次延期以及由勘探转为开采时，作业者必须将勘探矿区的一部分退还资源国。其对资源国和外国投资者双方都是有利的，对资源国而言，由于石油勘探作业复杂，如果某作业者在其合同区的某一部分没有“商业性发现”，资源国可及时收回该地区，允许其他作业者再进行勘探。对外国作业者而言，可以逐步把力量集中于前景最佳的地区，由此节省勘探费用。

制，并扩大东道国的收入。

即使传统的租让制发生很大变化，但从整体上看，多数发展中国家为了实现其目标，与外国投资者谈判大多采取新合同方式实现其经济和政治利益，这些新形式包括产品分成合同、服务合同及联合经营等。

2. 产品分成合同

产量分成合同起源于20世纪60年代的印度尼西亚。世界上第一个产品分成合同是1966年8月由IIAPCO公司（独立印美石油公司）与印尼的国家石油公司签订的。[①] 之后，这种产量分成合同模式逐步被许多国家采用，现已成为国际上较通行的一种国际石油合作的合同模式。它是指在资源国保留自然资源所有权的前提下，承包商通过与资源国政府签订合同，从事作业服务，利用生产出的原油进行成本回收和获得产品分成。

产品分成合同模式的收益分配结构包含四大基本要素，即成本回收、利润油分成、矿区使用费以及所得税。主要特征有：1. 资源国享有油气资源的所有权，用于合同区内石油作业的全部设备和设施通常属资源国所有，国家石油公司拥有石油勘探、开发、生产、运输和销售的专营权。2. 资源国政府（或国家石油公司）通常掌握管理权和监督权，承包商在合同区内从事石油勘探、开发和生产作业。承包公司需要提交年度计划和预算，以便国家石油公司审查和批准。3. 承包商承担勘探风险，若有商业性发现，还要承担开发和生产费用。4. 出油后，全部产量分成两部分，一部分为成本油，另一部分为利润油，由东道国政府与承包商按合同规定的比例分享。国际实践中，原油分配规则一般是：以每年所产原油的一定百分比（20%～40%）偿还外国合同者投资费用（包括勘探、开发和生产费用），当费用超过规定的百分比时，其未能补偿的超过部分在以后的年份偿还。

---

① 周林森、郑德鹏：《国际石油勘探开发合同模式以及最新变化趋势》，载《国际石油经济》，2006年。

余下的石油，由资源国国家石油公司和外国合同者按一定比例分配。[①] 5. 外国合同者通常需要按其分配的产品数额向资源国交纳所得税。[②]

3. 服务合同

服务合同出现于20世纪60年代，最早为拉美和中东一些国家采用。由于对传统的租让制持反对态度，一些发展中国家将石油开采作业的专有权授予其国家石油公司，但由于国家石油公司的技术能力和资金的限制，他们就经常雇佣有合适的先进技术和设备的私人公司提供服务，因而产生了服务合同。典型的服务合同是指资源国政府将石油勘探、开发的某些工作交由外国投资者完成，石油产品全部由东道国或国家石油公司取得，外国合同者只是取得相应的报酬，通常取得一部分石油产品。依据合同者所得的报酬是否承担勘探开发的服务风险，服务合同分为风险服务合同和单纯服务合同两种。

风险服务合同在合同期限、工作义务、收益分配机制等方面与产品分成合同基本相同，但在某些重要条款上又有所不同。[③] 与产品分成合同相比，其最主要的特征是外国投资者取得的报酬不是原油，而是现金，但也可能规定有权以国际市场价格或低于国际市场的价格从资源国购买原油。

---

① See Raymond F Mikesell，Petroleum Company Operations and Agreement in the Developing countries(1984)：在智利，政府得15%，承包石油公司得85%；在秘鲁则各得一半；在印度尼西亚，政府得65.9091%，承包石油公司得34.090 9%；在利比亚，政府得81%，承包石油公司得19%；在埃及，政府得85%，承包石油公司得15%。这些比例变化表面上看来似乎很大，但实际上并非如此。这是因为承包石油公司要按所分得的份额缴纳所得税，所以不论怎样分成，承包石油公司得到的报酬，是可以通过变更税率加以控制的。

② See Raymond F Mikesell，Petroleum Company Operations and Agreement in the Developing countries(1984)：世界各地的石油公司，一般都要按各自的产品分成额向资源国缴纳公司所得税，税率最高可以达到68.5%。印度尼西亚曾把产品分成比例定为政府得85%，承包石油公司得15%，但国营民族石油公司须承担纳税义务，后来印度尼西亚把分成比例降为大约政府得65%，承包石油公司得35%，同时把税率提高到66%，这样一来，政府和承包石油公司分享的利润就会彼此相同。

③ 巴西实行的是风险服务合同，外国合同者提供风险资本，如果发现石油还要提供生产资本。此后，巴西国营石油公司即可对油田进行接管。勘探费用产品偿还，不必付利息；生产费用也是用产品来偿还，但要付利息，外国合同者有权用所赚得的全部收入来购买它参与生产的巴西石油。

纯服务合同是指外国石油公司为取得报酬(金钱收入或石油产品)同意为资源国或国家石油公司履行特别义务,如提供技术服务,或承包部分勘探开发工作。与风险服务合同相比,在这种合同形式下,资源国雇用外国石油公司提供技术服务,无论承包商是否发现了石油,都需向其支付服务费,承包商不承担任何风险,风险由国家承担,任何发现均是国家独有的财产。

4. 联合经营

联合经营合同方式出现在20世纪50年代,当时西方一些独立石油公司为了能够进入某些第三世界产油国进行石油勘探开发,便采用了此种合同。与租让制相比,这种合同对产油国较为有利。

联合经营包括两种形式,即合资经营和合作经营。这两种合营有其共同的特点,即合营各方共享特许权,共同投资,分担石油开发成本,分享净收益等。但两者也存在显著区别。在合资经营中,通常由国家石油公司与外国投资者共同出资建立一个具有独立法人资格的经济实体进行经营,负责石油勘探开发、生产、运输和销售等经营活动。双方各持一定比例的股份,并按股份比例分配利润及承担风险。而在合作经营中,双方协议组建一个由双方代表组成的不具有法人资格的联合委员会,双方联合经营、共同投资、共负盈亏,在法律和财务上,原来的各公司各自保持其独立性,各自分别计算其开支和收入,各自向国家纳税,各自承担法律责任。

二、几种主要模式的经济分析①

在租让制中,税后利润分配收入是核心内容也是合同方追求的目标。因此产量的高低对承包商影响较大。对于储量较优的油田开发项目,租让制能够保证承包商获得足够的原油收入,用来扣减油气生产成本、缴纳税金和税后利润分

① 旨在通过分析资源国政府和外国投资者的模式选择,以期对国与国就争议海域的共同开发起一定借鉴作用。

配。而如果产量低，则可能面临亏损。对资源国政府而言，这种合同最有利的方面在于经济风险小，管理简便，成本较低。此外，如果采用竞争性招标，资源国还可以获得高额定金或矿区使用费以及所得税。这种租让制合同条款的缺点主要是缺乏灵活性，政府对石油作业的经营管理比较少，不能体现国家对自然资源拥有的永久主权。

产量分成合同模式的优点在于较好地处理了资源国政府和合同者之间针对油气勘探开发与生产过程中的风险、控制和利润分成关系的问题，为合同双方提供了必要的适应性和灵活性，资源国政府在法律上保留完整的管理权。石油国既可以得到产品分成又可以征收所得税，外国合同者也有机会获得原油。其缺点在于除非正确地规定一些条款来适应石油价格的变动，否则，合同最初的意图就不能实现。

服务合同与租让协议相比，有很大的进步性，其体现了国家对自然资源的永久主权原则。与产品分成合同相比，体现出更大的政治意义和历史意义。承包商获得的补偿主要是酬金，资源国通过国家石油公司始终保持着对石油储藏和全部产量的所有权，不会因承包商可能购买部分原油而受影响。因为这种回购从法律性质上类似于石油销售。但实践中，服务合同有明显的不足，石油勘探的高度投机性和勘探成功带来的巨大利益期待，是刺激国际石油公司追逐、谋求最大收益甚至暴利的因素，但在服务合同中，合同者被要求承担全部的勘探风险，获得的收益却相对固定，与其承担的风险不对称。因此这类合同对外国大的跨国石油公司的吸引力不太大。

不难看出，各种合同模式都有利弊，有它使用的特定历史背景、政治、经济和法律因素，只有利而无弊的合同是不存在的。不论资源国还是外国投资者，都需要对其进行成本收益分析。一般来讲，资源国政府针对本国石油资源，主要考虑以下几个因素：要求高效率的石油开采；要求最低的投资风险；获取最大限度的经济地租；要求外国公司转让技术和设备；减少对国民经济的影响；要求有研究、开发与培训投入；参与对石油资源的了解与管理；必须保护环境；安全事宜，等等。外国投资者考虑问题的侧重点，更倾向于经济效益。具体来讲，它更关注的是取得成功后的利润；风险与报酬均衡；所得利润可自由返回本国；尽可能减少风险;有可供选择的灵活开发方案,力争合同的稳定性;能获得可供利用的资料,等等。

第二节　南沙群岛海域共同开发区油气资源开采模式选择

一、概述

南沙群岛争议海域涉及六国七方,在不同的区块,争议的国家(地区)也是不同的,为了更好地开发南海油气资源,应根据争议主体的不同,分层次、分阶段,按照先易后难,循序渐进的方式与周边争议国家签订双边条约,如我国可以与菲律宾在礼乐滩、与越南在万安滩、与印度尼西亚在纳土纳海域签订双边共同开发协定,待时机成熟后,可以就多国争议的海域签订多边协定。

但应注意的是,不论是双边协定还是多边协定,都只是一种临时性安排,是为了共赢的需要,不意味着我国默示承认已放弃对南海的主权,如前所述,我国不论从历史还是国际法的角度,都对南沙群岛享有无可争议的主权。除此之外,我国为了开发南海油气资源的需要,授予外国投资者以特权,应遵守我国制定的《中国对外合作开采海洋石油资源条例》。

我国台湾也是该海域争议一方,但台湾是我国领土不可分割的一部分,在海洋划界及有关共同开发安排中,我国台湾和祖国大陆应作为一个整体来加以考虑。在涉及国家主权的问题上,两岸中国人应并肩携手,维护祖国的利益。

二、南沙群岛海域共同开发区油气资源开采模式选择

1. 中国和外国投资者之间

根据上面所述,我国不论从历史还是国际法的角度都对南沙群岛享有无可争辩的主权,对其海域油气资源享有专属管辖权。因此,在同外国投资者合作开

采此海域的油气资源时应适用《中华人民共和国对外合作开采海洋石油资源条例》(以下简称条例)。[①]

首先,中国对南沙群岛海域油气资源享有永久主权是国际合作开采的前提。

国家对其自然资源的永久主权是国家主权原则在国际投资领域中的体现。这一原则的确立,有助于彻底改变残留的殖民时代不平等的国际投资关系,从而使国际投资成为国际经济合作的重要形式。其内容包括:不管外国人通过什么方式取得在一定时间内一定区域的勘探、开发和生产权,都不意味着取得所有权。对于自然资源所有权、管辖权和统治权永久属于资源国政府和人民,外国人参加开采自然资源并获得一定收益,资源国有权按照本国经济发展的需要,规定勘探、开发和生产的条件和区域,资源国有权自主地制定有关勘探、开发和分配资源的立法;有权制定批准、限制和禁止外国人勘探和开采自然资源的法规,有关个人必须遵守。[②]

《条例》第 2 条规定:“中华人民共和国的内海、领海、大陆架以及其他属于中华人民共和国海洋资源管辖海域的石油资源,都属于中华人民共和国国家所有。”第 3 条规定:“中国政府依法保护参与合作开采海洋石油资源的外国企业的投资、应得利润和其他合法权益,依法保护外国企业的合作开采活动。在本条例范围内,合作开采海洋石油资源的一切活动,都应当遵守中华人民共和国的法律、法令和国家的有关规定;参与实施石油作业的企业和个人,都应当受中国法律的约束,接受中国政府有关主管部门的检查、监督。”第 5 条规定:“国务院指定

---

① 我们赞同大多数发展中国家学者的观点,认为石油合作协议是国内法契约,而非国际法契约。首先,从法律关系主体的资格来看,现有的国际法规则和理论并未赋予私人公司以国际公法上法律关系主体的地位;“尽管国际人格者可能发展到包括个人的阶段,但对这个问题持严肃态度的学者没有哪一个承认出现了这种变化。”“协议的一方虽为东道国政府(一般授权给国有石油公司),他方为外国私人投资者,但凡不是国际法主体间订立的协议均不属国际协议或条约,不受国际法支配,而受国内法支配。”其次,从法律关系内容的确立依据来看,石油合作协议双方的权利义务是由东道国政府立法而非国际法确认的,并经东道国法定审批程序而生效,经法定审批程序是国家经济行政权的行使,并不因此审批行为而成为合同的参与人或当事人。最后,从争端解决与法律适用来看,除依据意思自治原则双方友好协商或提交仲裁外,石油协议的签订地、履行地、内容等都与东道国的联系最为密切而必然以东道国的国内法为主。

② 余劲松主编:《国际投资法》,法律出版社,2007 年第 3 版,第 67 页。

的部门依据国家确定的合作海区、面积，决定合作方式，划分合作区块；依据国家长期经济计划制定同外国企业合作开采海洋石油资源的规划；制定对外合作开采海洋石油资源的业务政策和审批海上油（气）田的总体开发方案。”

其次，南沙群岛海域对外合作开采油气资源。

所谓合作开采，是指资源国一方（通常授权给国家石油公司）与外国合作者在尊重国家主权、平等互利原则的基础上签订合同，在资源国指定的开发区，在一定的年限内，进行勘探、开采自然资源，并进行共同生产，按约定比例承担风险、分享利润。发展中国家要发展本国经济，除了依靠本国自身的力量以外，利用外资、引进先进技术，也是取得经济迅速增长的一个主要条件，特别是油气资源开发，是投资最多、风险最大的工业活动，恰当地利用外资，引进先进技术，可以加速资源的开发利用。

依据《条例》的规定，石油合同一方中国海洋石油总公司是具有法人资格的国家公司，享有在对外合作海区内进行石油勘探、开发、生产和销售的专营权。其他任何公司、企业或经济组织均无权与外国企业合作开采海洋石油资源。石油合同另一方外国企业负责勘探作业，并承担全部勘探风险；发现商业性油（气）田后，由外国合同者同中国海洋石油总公司双方投资合作开发，外国合同者并应负责开发作业和生产作业；中国海洋石油总公司按照石油合同规定在条件具备的情况下接替生产作业；外国合同者可以按照石油合同规定，从生产的石油中回收其投资和费用，并取得报酬。当外国合作者的投资按规定得到补偿后，为开采石油而设置的全部资产的所有权属于中国海洋石油总公司，但是，如果生产作业并未结束，外国合作者依据合同规定仍可以使用这些资产。

从上，不难看出，我国对外合作开采油气资源采取的是复合型合同模式，即集风险服务合同、产品分成合同、合作经营合同于一体。表现为：在勘探阶段，是由外国合同者承担费用和风险，因而具有风险合同的特点；在发现商业性油田后的开采和生产阶段，由双方投资合作开发，并以原油偿还投资与费用，取得报酬，因而具有合作经营、产品分成合同的特点。其较好地处理了资源国政府和合同者之间油气勘探开发与生产过程中的风险、控制和利润分成关系。可使我国在不承担风险或少担风险的情况下，取得加速海洋石油开发的最大效益。

2. 中国与周边争议国家之间

南海素有“亚洲地中海”之称，有着丰富的油气资源，最新勘查资料表明，南沙海域石油和天然气储量高达630亿吨。它也是沟通太平洋和印度洋的交通要冲，战略地位极为重要。目前，除我国大陆控制的若干岛礁和我国台湾控制的太平岛外，其他45个岛礁分别被越南、菲律宾、马来西亚侵占，其中越南的野心最大，声称对南沙群岛拥有全部的“主权”。据统计，越南侵占岛礁28个，进入我南海断续线内100余万平方公里，完成了对这些岛礁的军事控制部署，并加紧对这一海域油气资源的勘探开发。菲律宾占据8个岛礁，进入我南海断续线内41万平方公里，将3个岛礁建成陆军基地。马来西亚侵占9个岛礁(3个实际占领，另6个树立了“主权碑”)，进入我南海断续线内27万平方公里，其出口石油的70%来自我南沙海域。文莱声称对路易莎(即我南通礁)拥有主权，并分割南沙海域3 000多平方公里。[①] 此外，印度尼西亚虽没有侵占我南沙岛礁，但其以纳土纳群岛为基础，主张的大陆架和专属经济区已部分进入我南海断续线，入侵面积达3万多平方公里，并在争议海域签发石油合同。由上述可见，周边各国在南沙问题上的利益冲突是极其尖锐的。但是我们应当看到，与其说周边国家是为了争夺主权，不如说是为了争夺海洋石油资源。在这种情况下，我国政府提出了务实的理念，即“搁置争议，共同开发”。其为调整邻国间利益关系提供了临时性方法，是解决国际重叠海域石油资源开发、缓解国家间边界争端的一种切实可行的、具有健全国际法制度和理论双重意义的功能性制度。

由于南沙群岛海域涉及的争议国(不包括我国台湾)较多，要想在较短的时间内达成多边协定难度较大，因此，应按照先易后难、循序渐进的方式，可先和某一争议国签订双边协定，待时机成熟后，再签订多边协定。如前所述，不论是双边协定抑或多边协定，都是一种临时性安排，和国家主权之间没有必然的联系，更不能想当然地认为是对主权的一种放弃。

---

① 邵乐韵:《南中国海风云再起》，载《新民周刊》，2009年第9期。

我们以为，我国和周边争议国家就共同开发区油气资源开采模式可采取当今较流行的产品分成合同。主要从以下几点给予考虑：

首先，周边几个争议国家中大部分采取的是产品分成合同（除泰国和文莱），如印度尼西亚、马来西亚、菲律宾等。它们在其国内法中都较为明确地规定了该合同的运作方式，而我国《中华人民共和国对外合作开采海洋石油资源条例》虽然从其内容上看属于复合型合同，但本质上仍是产品分成合同。虽然不同国家的产品分成合同内容上有所差异，但核心包括三个基本内容：即成本费如何回收；石油国政府和承包石油公司如何就"利润油"进行分成；实行什么样的所得税。[①] 因此，和其他国际通行的几种模式相比，这种模式更易使它们达成一致。

其次，该合同是由外国企业一方投资进行勘探，负责勘探作业，并承担全部勘探风险，所有产量分成合同区的经营管理权均归国家石油公司所有，外国石油公司只是协助国家石油公司从事油气开采工作。和风险服务合同相比，它的最大特点是外国石油公司和国家石油公司共同"瓜分"利润油（各国比例有所不同），而风险服务合同中，外国投资者获得的只是报酬。因此其较好地处理了资源国政府和合同者之间针对油气勘探开发与生产过程中的风险、控制和利润分成关系。石油国既可以得到产品分成又可以征收所得税，外国合同者也有机会获得原油。综上，对争议当事国双方来说，采取这种模式是一种双赢，而外国投资者也乐意到此进行开采，所以最终定会使我国当时创设的共同开发所要达到的目标成为现实。

最后，国际实践中，自印度尼西亚首次使用产品分成合同以来，现在很多国家如埃及、马来西亚、菲律宾、利比亚等都实行了产品分成的办法。[②] 比较成功的有"泰马共同开发案"，《泰马谅解备忘录》决定建立一个"马泰联合管理署"代表两国政府承担勘探和开发区内海床和底土内的非生物资源的全部权利和责任，联合管理署的建立、费用的承担和利益的分享，均采取对等、均分的原则；和

---

① 戈登·巴罗斯：《世界石油租让制专题报告》，载《石油经济学家》，1980年10月。

② 葛艾继，郭鹏：《产品分成合同模式和回购合同模式比较分析》，载《国际石油经济》，2001年第11期。

外国投资者签订的合同全部采用的是产品分成的形式。在“澳—印共同开发案”中，争议区被划分为A、B、C三块，只有A区才是真正意义上的共同开发区，在此区域内，石油资源的勘探和开采的权利和责任应由部长委员会和联合管理局按照本条约来行使履行，并分别规定了部长委员会和联合管理局的权限。[①] 这些成功的案例对我国和周边争议国家就如何共同开发油气资源起着重大的借鉴意义。

由于共同开发区是两个主权国家都认为其对争议海域享有主权，所以为了更好地运营这片海域，有必要建立管理局来对其进行管理。在“英国国际法和比较法研究院”有关共同开发的《示范协定》中，设计了以下三种“开发当局”[②]：

(1)“并行开发当局”，是指当事国根据本协定被授权就任一开发区域和它所选择的申请人订立开发合同，根据要求，该申请人反过来应与在同一开发区域行使同样权力的另一当事国的承包商订立联合经营协议。

在国际实践中，采取此模式的有1974年的日韩协定。该模式的特点在于，联合委员会的作用通常只是为两国代表提供会见、磋商的一种机制和场所，协调两国在共同开发区的利益冲突，本身不对勘探、开采石油资源享有权利和承担责任。当事国双方均可留权在手，不必将开发管理权特别是签订开发合同的权利让渡给对方或任何超国家的机构；但如果双方当事国的石油开发法律制度、政策或实际做法有较大的差别，共同开发协定未有统一化规定，而有关联合委员会的协调机制又较差的情况下，当事国双方所授权的合同者之间进行合作可能会有困难或纠纷。

(2)“联合开发当局”，是指当事国根据本协定被授权就任一开发区域与它所选择的申请人以及另一当事国指定的共同承包商订立开发合同，此二人还应各与另一当事国订立一类似的开发合同。此模式下，合同者一方面必须同时接受当事国双方不同的法律制度的约束，另一方面又必须与当事国所指定的另一

① 蔡鹏鸿：《争议海域共同开发区的管理模式：比较研究》，上海社会科学院出版社，1998年7月，第239页。

② 《示范协定》第1条第(6)款。

合同者进行合作,难度较大。

(3)“独任开发当局”,是指联合委员会根据本协定被授权就任何开发区域订立开发合同。第三种模式的特点是超国家性,是三种模式中最复杂和最制度化的,它要求更高水平的合作,因而对国家自治权的挑战也就更大。该种模式下,利益国通过协议建立一个具有法人资格的国际联合机构或委员会,成员由双方等额的代表组成,赋予其许可权和建章立制权,并由其代表协议双方全面管理指定区域的资源开发。虽然第一种模式中也有类似的管理机构,但仅仅是充当联系和咨询的角色。

就上面三种模式来说,我们认为,在南沙群岛海域争议国双方采取联合管理委员会这种模式更具有可操作性。和其他两种管理模式相比,联合管理委员会是由争议国双方通过协定的方式赋予其在这片海域特殊的地位和权力,它是一个独立的法人,代表双方对这片海域油气资源享有权利和承担义务,而争议国双方在这片海域的主权权力被暂时让渡,即联合管理委员会拥有共同开发区的全部管理权,包括直接与投资者签订开发合同的权力。在这里,只有一种法律制度和统一的税收机制,这种设置不仅有利于维护争议国双方的主权利益,并且当与外国投资者就油气资源的开采出现纠纷时,还有利于及时有效的解决,既保障了资源国双方的经济利益,从某种意义上说,还有利于提高外国投资者的积极性。

具体设计如下:

(1)从地位上看,联合管理委员会是一个独立的法人机构,在争议国双方国内都具有法人资格。

(2)从组织机构看,由于联合管理委员会是由双方赋予其在共同开发区享有特殊的地位和权力,因此为了能有效地代表争议国双方的权益,应采取公平合理的原则。我以为,联合管理委员会由双方当事国派相同数目的代表组成;作出某项决定时,为了使当事国双方的利益均得以保证,联合管理委员会应以一致同意通过。

(3)从职权看,分为内部职权和外部职权。

① 内部职权

为了实现联合管理委员会的经营目标并最终实现争议国双方利益的最大化，有必要对联合管理委员会内部机制进行细化，将其分割为部长理事会和联合经营署两部分。只有这样，才能不断发挥联合管理委员会管理运营与监督控制职能，促使其良性运转。

首先，部长理事会。部长理事会是指依法由争议国双方各自选派的，代表国家并行使经营决策权的常设机关。双方指定的部长人数必须相同，有如下特点：部长是由争议国双方指定产生，对国家负责，执行国家的决议；部长理事会是联合管理委员会法定的常设机关，自联合管理委员会成立之日一直存在。虽它的成员可依法随时更换，但部长理事会本身作为一个组织始终存在，不能更换和撤销；部长理事会是联合管理委员会对外代表机关，其活动具有对外效力；部长理事会是联合管理委员会的经营决策机关。部长理事会执行双方政府决议，负责联合管理委员会的经营决策，它有自己独立的职权，在共同开发区法律的范围内行使经营决策权。

其职权主要表现在：向双边政府报告工作、执行双边政府的决议；决定联合管理委员会的经营计划和投资方案，如批准联合管理局提出拟与公司订立的产品分成合同，批准终止联合经营署与公司所订立的产品分成合同等；制订联合管理委员会年度财务预算方案、决算方案；制订联合管理委员会的利润分配方案和弥补亏损方案；决定联合管理委员会的基本管理制度，如根据本身所作决定或联合经营署的建议，以不与本协定目的相悖的方式修改石油开采法规，以促进南沙群岛海域共同开发区的石油作业。

其次，联合经营署。联合经营署是指由争议国双方决定并负责组织日常经营管理活动的常设业务执行机关。其从属于部长理事会，对部长理事会负责。

为了使联合管理委员会能有效率地持续运营，在共同开发区法律中予以规定其职权是非常必要的。它有利于明确岗位职责并促进提高运营效率，减少联合管理委员会的对外交易关系上的不确定性，降低代理权识别成本与风险。因此其被赋予"为行使权力和完成其职能所必需的、符合两国缔约国法律的法律能力”,特别是,联合经营署具有“订立合同、取得和处理动产和不动产”的能力。[①]

具体来说,主要包括:执行部长理事会的经营计划;日常业务管理职能,如对已批准的产品分成合同的某些条款进行修改;对外签订合同职能,如经部长理事会批准后,可以与石油公司订立产品分成合同;监督该公司的经营活动,在承包人不能遵守产品分成合同的条款、条件时,可向部长理事会建议终止合同等;组织实施共同开发区年度经营计划和投资方案;制定联合管理委员会的具体规章。

② 外部职权

其主要是指联合管理委员会与外国投资者就南沙群岛海域共同开发区油气资源开采中各自享有的权利和所承担的义务,即产品分成合同所规定的权利义务内容。

根据国际通行做法,合作开采油气资源活动分为勘探、开发和生产三期,合作期限一般不超过30年。在不同的每一期,联合管理委员会和外国合同者分别享有不同的权利并承担不同的责任。

首先,在勘探期的权利和责任。第一,外国投资者承担所有有关勘探的风险和提供勘探所需的全部资金,并须完成最低限度的勘探工作计划。第二,由于外国投资者是在主权国家争议区域进行勘探,考虑双方国家的利益期限不应太长,但另一方面也必须给投资者以合理的时间,使他们能顺利地找到石油。以合同区的面积大小为标准,一般为5～7年。第三,在每一次勘探或勘探转为开采时,投资者必须将勘探区的一部分退还资源国。争议国双方可根据区块面积、勘探年限等标准通过协定协商决定如何行使撤销权。第四,若外国投资者在勘探完一个阶段后,认为继续勘探没有前途,可以终止合同以减少勘探费用的损失。在勘探期限届满后,若仍未发现商业性油田,合同自动终止。

---

① 蔡鹏鸿:《争议海域共同开发区的管理模式:比较研究》,上海社会科学院出版社,1998年7月,第63页。

其次，在勘探期届满前或届满时发现商业性油气[①]，石油经营进入开发期。第一，由联合经营署和外国投资者签订开发合同，开发费用由联合管理委员会和外国投资者按合同约定比例分担。第二，合同生效之日起，投资者在共同开发区内的所有设备或购买的设备归联合管理委员会所有，但在合同期限内，投资者免费单独使用作业所需的设备与财产，联合管理委员会在不妨碍作业的情况下，也可使用。第三，外国投资者尽量优先录用争议国双方的公民为其开采。

最后，生产期的成本油、利润油问题。外国投资者按产品分成合同规定，从生产的石油中回收其投资和费用，并取得报酬。第一，不同国家在成本回收的百分比上有所不同，一般在20%～40%之间[②]，也就是说，若约定的比例不足以清偿投资者的成本，也仍然执行该约定。第二，年产量减去成本油，剩下的为利润油，由外国投资者和联合管理委员会按一定比例进行分配。在南沙群岛海域共同开发区内，争议国双方可通过制定专门法规规定成本油的回收比例和利润油的分配比例，由联合经营署制定标准合同。

如上所述，联合管理委员会是一个超国家的具有独立地位的法人机构，因此，其可以就共同开发区的油气资源开采进行公开招标，某一外国投资者中标后，由其签发开采许可证，与其签订产品分成合同，外国投资者无需和争议国双方直接联系，这也是其不同于仅充当咨询和联系角色的联合委员会的关键所在。

(4) 从债务承担、管理费用和利润分享看，由于争议国双方都认为其对该区域享有主权，为了共同开发的目的得以实现，在债务承担、管理费用和利润分享上采取均摊和均分的方式比较可行。

3. 中国大陆和中国台湾之间

不论从历史上还是法理上看，台湾自古都是中国领土不可分割的一部分，大陆和台湾同属一个中国，因此，在有关共同开发安排中，我国台湾应和大陆作为

---

① 什么才是商业性油田？不同国家有不同规定，常见的标准有：a. 油田生产出一定数量的原油或油田生产能力达到一定水平，便可称之为商业性石油。b. 油田在一定时间内产油量达到一定数量，就是商业性石油。c. 有的国家，把油层深度与产量联系起来，作为判断标准。

② Daniel Johnston:《国际石油合同分析》，石油地质科技动态。http://www.cqvip.com.

一个整体加以考虑,两岸人民应共同携手维护祖国的利益。就南沙群岛海域而言,由于联合管理委员会是一个超国家的独立法人机构,是争议国双方在此海域的主权让渡,大陆和台湾之间不应采取此开采模式。

我们以为,为了避免一些政治上的敏感问题并充分有效利用此海域的油气资源,应由民间谈判先行,由台湾"中国石油公司"以非政府主体的身份与中国海洋石油公司签订合约,双方共同组建一个合资公司。

根据合资公司的性质及公司章程,可建立共同开发委员会,其性质仅具有咨询和建议作用,其成员由双方公司共同选任,并由其中一家公司的成员担任共同开发区委员会主任,下一年轮换;双方共同出资(出资比例可由双方约定),对勘探期的风险和全部费用由双方按投资比例承担;约定勘探期限,双方在勘探期内未发现商业性石油,可约定延长勘探期。在勘探阶段期满后,如果认为有勘探和开发价值,可进行深一步合作。在开发阶段,开发费用由双方按投资比例承担;所产出的油气量除去双方投资成本后,由双方按投资比例分享收益。

南沙群岛海域主权争议涉及六国七方,是世界上涉及争议国家(台湾仅为争议方)最多的海域。从历史和国际法、国内法的角度来说,我国自古就对南沙群岛海域享有无可争辩的主权,其他几个国家觊觎此海域有着丰富的油气资源,于二十世纪六七十年代纷纷宣布对此享有主权,从中可以看出他们的真正目的。鉴于此,若我国一味强调主权属我,而任由他方单独行动,长此以往,不仅不利于保护我国油气资源的价值,而且有可能影响与周边国家的政治关系,所以,我国政府明智的提出了"搁置争议、共同开发"理念。就南沙海域来说,虽然共同开发有可能遇到一些阻碍因素,但通过上文的分析,我们看到,建立共同开发区是具有可行性的。我们应以公平互利原则为基准,根据争议主体的不同,建立不同的开发模式,如与外国投资者之间可订立复合型合同,与周边争议国家可通过联合管理委员会进行管理,由其代表争议国双方与外国投资者订立产品分成合同,大陆与台湾之间可先绕开政治上的一些敏感问题,通过建立合资公司的形式进行合作。

第七章　南沙群岛共同开发区财税制度研究

南沙群岛海域共同开发区的税收制度和收益分配方式直接影响共同开发协定签约各方政府的财政收入以及其他国家国民和公司的利益，从而波及共同开发区的油气资源勘探与开发。投资者一般最为关注的便是共同开发协定中有关财政和税收的条款。税收具有国家主权权力的属性，从理论上讲，征税国家对于这种权力的行使几乎不受任何限制。但是如果相关当事国在共同开发区均我行我素，那么共同开发区的合作就会受到相当大的影响，甚至会危及投资人在该地区的投资信心。[1] 因此，南沙群岛海域各沿海国在达成共同开发协定并建立共同开发区之后，有必要协调彼此的税收规则，以避免使国际纳税人感到困惑或无所适从。为了鼓励投资，确保利益的稳定获得，重要的是税收标准既能实现各方的经济趋利目标，同时又能稳定投资，并持续吸引后续投资。

第一节　争议海域油气资源共同开发税费征收理论研究及其对南沙争议海域共同开发的借鉴

一、概述

争议海域因涉及不同国家的经济、政治、文化等方面的差异，各国政府在行使各自税收主权时，极易产生冲突而违背了共同开发的初衷，因此在共同开发海域的财税征收问题上各国应当建立起合理、有效的机制加以协调，从而在平等互

① 萧建国：《国际海洋边界石油的共同开发》，海洋出版社，2006年，第136页。

利的基础上实现共赢。

税收征管原则上是国家行使主权的表现形式之一，这种权力的行使理应不受到任何的限制，共同开发区虽然在划界上仍存有争议，但在领土属性上其不属于无主土地，因此共同开发区内任何个人或组织的商业活动所得都应当征税。由于共同开发区域特殊的国际地位，该区域内不可能单纯依某一国的标准来征税，须由该区域所涉国家或地区政府间通过协商达成征税准则和标准，以规范、调整共同开发区内财税征收关系。在协商、创制过程中此类国际税收协定，还应考虑并遵循以下原则：①

第一，主权原则。即在共同开发区税收协定的商议、订立、执行过程中，一国的税收主权应当得到尊重。税收主权是一个国家经济主权的具体运用，即使在划界有争议的海域进行共同开发，税收协定仍然不能干涉一国的税收主权的行使，更不能干涉一国国内税收立法及执行，虽然税收协定对缔约国有约束力，但如不经过国内立法，对纳税人也产生不了任何效力。另外，协定对税收争议解决方面也应尊重一国税收主权，如在解决税收争端中不能要求一国放弃征税的权利，又如一国关于税收争议的裁定只对本国有效，而并不必然能在另一国得到执行，等等。

第二，公平互利原则。共同开发区的缔约国一方或各方在制定征税标准时往往考虑追求本国最大利润，这很可能导致税收协定的长期僵持，抑或达成的协定由于利益纷争太大而得不到切实的贯彻，最终影响共同开发区投资环境和能力。所以，缔约各国应当本着平等、公平的态度进行该税收协定的磋商，充分考虑在该区域建立一个稳定、可靠、规范的国际投资环境。这将要求制定出的税收规则能够合理的调整缔约国与投资人之间的税务权利义务关系，平衡二者间的利益以达到双赢的效果。

争议海域共同开发区的财税征收亦属国际税收征纳范畴之内，但由于其复杂的国际地位，仍有自身的特点。上述两项原则正是在国际税法学界大多承认

---

① 金晓晨、谢海霞：《国际税法》，首都经济贸易大学出版社，2008年1月。

的国际征税四项基本原则（国家税收主权原则、国际征税公平原则、国际征税中性原则和国际征税效率原则）的指导下，结合争议海域共同开发的特殊性而提出，旨在对共同开发区各方收益分配的协调中起到指导作用。

二、共同开发区财税征收模式比较

从 20 世纪中叶开始，以共同开发的方式解决争议海域资源开发问题便已得到实践证明。发展至今，世界范围内已达成的争议海域共同开发协定已经有 20 多个，且仍有许多争议海域的共同开发问题正在协商解决中。而在已经实践的共同开发先例中，关于税费征收与收益分配问题的协商模式也在不断地发展，这些税收协定达成的背景、过程、争议的解决思路、存在的问题乃至协议本身，对南沙海域共同开发中的财税征收协定的构建都有很好的借鉴作用。

1. 共同开发区的收益分配方式

现有的共同开发案例中有关收益分配主要有平等分享和按比例分配两种方式。

(1) 平等分享

平等分享，在共同开发协定中预先规定在共同开发区所得收益由各国平等分享。如澳大利亚与印度尼西亚共同开发协定第 2 条 2 款(a)项规定：在区域 A 范围内，应由缔约国双方联合管理石油资源的勘探和开采，目的在于从中实现最佳商业效益，开采石油资源获得的收益由双方按照本条约的规定平均分享。日韩共同开发协定第 9 条规定：双方的租让权人应分别有权平均分享在共同开发区内开采的自然资源；为勘探、开发该自然资源而合理支出的费用应由双方的租让权人平均分担。卡塔尔与阿布扎比共同开发协定第 7 条规定：油田依据租让合约所获得的一切税款盈利和其他政府收费均应由卡塔尔和阿布扎比政府平均分享。①

这一方式在现有的共同开发案中被广泛应用，在程序操作上，它是共同开发资源所获收益比较简便的分配方式，并且对主权有争议的区域进行平均分享收益体现了各方公平获利的原则，有利于避免或缓和各方矛盾。

(2) 按比例分配

按比例分配，是协定各国依据一定标准按比例分配收益的方式。如1976年英国与挪威关于费里格气田共同开发协定中就采用了这种收益分配方式，它是以大陆架边界线为基准，按照边界线两侧矿藏部分占整个储藏的比例确定双方在共同开发区的收益分配。协定规定必须共同确定费里格气藏的范围、总估计储量以及位于大陆架英国部分和挪威部分储藏的分配。随着开发进度安排定期审查总估计储量及分配(第2、3条)。矿藏的许可证持有人必须向政府提出这种确定的建议。如果双方未能就它们之间储藏的分配达成协议，则提交双方共同任命的专家仲裁解决(第2条4款及第28条)。按英国和挪威许可持有人共同任命的一位独立专家的决定，英国和挪威各按39%和61%的比例分配共同开发资源的收益。②

按此种方式分配收益程序比较复杂繁琐，具体操作起来比较困难。在主权有争议的海域如果按比例分配各国收益，那么这种比例的依据不好确定，由于没有疆界划分，资源的地域分布比例也就没有明确的界限。英挪协定其实是在该海域大陆架边界线已经划定的基础上对于跨疆界矿藏资源的开发进行的协商，与我们所讨论的争议海域共同开发问题仍存在较大差异。另外，1989年澳大利亚—印尼共同开发协定中B区和C区采用了按比例分配。协定规定B区由澳大利亚的法律管理，区域内石油资源的勘探和开发按澳大利亚的法律管理，但向

---

① 陈德恭：《共同开发的国际法原则和国际实践》，载《清华法律评论》第4辑，清华大学出版社，2002年。

② *Norway-United Kingdom*. "Agreement relating to the exploitation of the Frigg Field Reservoir and the transmission of gas therefrom to the United Kingdom, done at London on 10 May 1976", Treaty Series N. 113, 1977; Cmnd. 7043.

印尼支付在区域B范围内石油公司交纳的资源出租税的10%；C区由印尼管辖，区域内石油资源的勘探和开发适用印尼的法律，但向澳大利亚支付在区域C范围内石油公司交纳的资源出租税的10%。这是两国在对整个争议海域进行A、B、C三区划分后，在按照收益平等分享的原则对A区共同管理开发并均分收益的前提下，将B、C二区分别交由两国各自管理并按一定比例分享彼此的收益，但绝非承认了两国对B、C二区的主权。[①] 此案中这样的分区按不同原则进行收益分享和法律适用公平合理，并且在程序上并不复杂，在南沙群岛海域共同开发问题上，由于涉及国家和地区较多，以分区的形式解决开发、管理模式以及利益分配问题是很有参考价值的。

2. 现行争议海域共同开发区税收协定的制度模式比较

从世界范围来看，现有的关于共同开发案中税收协定主要有三种模式，每种模式的形式和适用虽有背景、各方利益上的差异，通常取决于该案中选择的开发管理模式。如采用强制合资的管理模式的，税务制度方面多采并行税务制；如缔约各国采用超国家机构或一国代理模式，那么征税上多采单一税务制或建立新税制；其他管理模式如双方政府联合管理模式和合资机构共同经营模式等均有采某一税收模式的趋向。具体分析比较如下：[②]

(1) 并行税务制

并行税务制，是指各缔约国在共同开发区内对各自的许可证持有人或承包商可采用本国税制单独征税，但不能对其他缔约国的许可证持有人或承包人征税，这一制度又被称为单独税务制。在此，许可证持有人或承包商为集体名词，或称为多个公司组成的财团。日韩共同开发案税收协定中即是采用这种制度，协定规定任何一方(包括地方当局)均不应对他方的租让权人征收捐税或其他规

---

① *Treaty between Australia and the Republic of Indonesia on the Zone of Cooperation in an Area between the Indonesian Province of East Timor and Northern Australia* [Timor Gap Treaty], from http://www.austlii.edu.au/au/other/dfat/treaties/1991/9.html.

② 蔡鹏鸿：《争议海域共同开发的管理模式：比较研究》，上海社会科学院出版社，2000年，第74－78页。

费。每方(包括地方当局)仅对其租让权人就下列特定事项征收捐税和其他规费:(1) 共同开发区内的勘探或开发活动;(2) 共同开发区内为进行这种活动所需的固定资产的占有;(3) 该租让权人被授予的分区。英国同挪威两国关于费里格气田的财税问题上,采用也是单独(或并行)税务制度,协定规定每一国政府可以根据该政府的税法,对依靠它所签发的许可证从开发费里格气田中获得的全部利润按照一定的原则征收税款,不论其是否涉及在另一国的大陆架上进行的生产,但对依靠另一国政府签发的许可证而获得的利润则不课税。

这一制度的优点是使缔约各国均可以现行的本国税制来实现自身的税务目标,而避免了各国间因税制差异而产生的矛盾。缺点是它使联合经营的各个公司置身于两种或两种以上不同的财税管制之下运作,很容易影响到经营决策;更重要的是,此种税收模式容易导致各国间税收优惠的恶性竞争。各国为了吸引更多的投资往往会在税制上给出一些优惠条件,为了扩大自身的利益,国家间很可能在税收优惠上展开竞争,这是投资方所愿意看到,但却可能使各国因此遭受经济上的损失。尤其是在涉及国家较多的争议海域,如南沙群岛海域,在有多个主权重叠的区域建立共同开发区,各国适用各自的税制,情况会变得更为复杂,但并不是绝对不可行。这种情况下,建立一个争议解决机制来协调税收协定与各自国内税务法规间的矛盾,以及在国家间税收政策走向上达成一定的共识是有必要的。

(2) 单一税务制

单一税务制,是指将缔约国中一国的税制适用于整个共同开发区,这要求一个国家的税制超出其本国范围而代表两个或两个以上国家管理一定范围内的税务,被选中国家的税务管理部门应对共同开发区内的勘探和开发活动的税收进行征收和管理。通常情况下,所有财税收入在各国间是均分的,另有约定除外。1958 年巴林同沙特阿拉伯关于法斯特布沙法油田的共同开发采用了这种税收制度。协定规定双方一致同意该油田划为沙特阿拉伯的管辖区域,该地区的石油资源应以沙特阿拉伯认为合适的方式开发,但开发石油后所获收入将在两国之间平分。1969 年卡塔尔同阿布扎比共同开发阿尔本达克油田的协定中,规定油田由两国共享，但油田的开发由阿布扎比按其本国的法律规章所规定的特许权条款进行开发，开发的所有收入由政府共同分享。前文提到的澳大利亚—印尼关于帝汶口共同开发协定中B、C区的管理和收益分配也是采用了单一税务制，B区由澳大利亚法律管理，C区由印尼法律管理，但各区的收益按一定比例由两国分享。

单一税务制的优点在于，它仅采用一国的税制进行财税的协调和管理，容易操作，而且消除了因不同税制而产生矛盾的可能性，节省了各方大量的时间和精力。但一国适用本国税法进行征税是主权的体现，将这一经济主权放弃而交由另一国代为行使，实践中存在较大的困难，并且依照这一制度，协定各方很可能还会对整个共同开发区将来的权利主张产生疑虑。尤其在南沙海域周边国家间的主权争端日趋激烈的情况下，实现这一形式将困难重重。

（3）建立新税制

建立新税制，是指缔约各国授权联合委员会建立一种适用于共同开发区的新税制。采用建立新税制模式的先例并不多，澳大利亚—印尼关于帝汶口共同开发协定中A区的管理和开发便采用了这一模式。条约系列文件中的最后一份是“税务法规”，它专用于共同开发区A，该“税务法规”适用于各方在共同开发区域A范围内进行的石油勘探开发经营活动的新的税务制度，其中包括避免双重征税制度、红利纳税制度和进口货物纳税制度。

建立新税制虽实践中的先例并不多，但在澳—印尼案中得到成功运行，有它自身的优越性。新的税制独立于各国国内法体系，是各国利益协调的结果，实行起来更加容易，较前述两种税制模式更具有灵活性，出现税务争议时可以依照新税制加以调整，避免了因各自国内立法的差异造成的二次冲突。且作为一种新的税收制度得以确立，代表各方的意愿，更具有稳定性，还可以避免各国税收优惠政策上的竞争，更好地维护了国家利益。但这一税制模式的缺点在于，建立一整套完备的税务制度体系是一个庞大且复杂的工程，缔约各方将投入大量的时间和精力于其中；既然是在有主权重叠的区域创制出一套新的税收制度，必然会使各方出于维护自身利益的考虑而在协定的订立过程中明争暗斗，尤其是在涉及国家较多的共同开发案中,各方的利益协调会更加困难。但在确立了共同开发区的开发、管理模式的前提下,相关国家多以大局观考虑,建立新税制的模式也未尝不可一试。

3. 关于国际双重征税问题

在主权有争议的海域建立共同开发区涉及至少两个国家的税收管辖权问题,在对共同开发区的勘探、开发及其他商业活动进行征税时避免双重课税是必须解决的问题。国际双重征税实质上是国家或地区间税收管辖权的冲突,通常都由政府间签订协定来解决这一问题,但争议海域共同开发区的主权主张不止一个主权国家或地区,尤其在向外来投资者征税时问题会显得更加复杂。

在现有的共同开发区税收制度中,由于采用的模式不同,解决双重征税问题的方法或途径也会有差异。以下对不同税制下的双重征税问题进行分析:

首先,共同开发区在采取并行税务制(即单独税务制)的情况下,签约各方对自己的许可证持有人或承包商,不论是本国居民或外国投资者,均以本国税法对其进行征税。此时,签约各国很可能与该外国投资者居住国发生双重征税,但这通常都是以签约国各自与投资者居住国通过双重征税协定或本国立法来解决。此外,还存在关于签约各国在共同开发区货物输出、输入的关税问题,因共同开发区的主权未定,对于从任何一签约国输出、输入共同开发区的货物是否应视为进出口,现有的共同开发案中基本持否定态度,如《日韩共同开发协定》第十八条规定:在适用各方关于关税和进出口的法律和规章时:1. 共同开发区内勘探或开发自然资源所需的设备、材料和其他物品引进共同开发区,嗣后在该区内使用该设备或该设备从该区运出,均不应视为进出口;2. 设备从一方管辖地区运到共同开发区,不应视为该方的进出口货物。[①] 这也是在共同开发区的主权问题极其敏感和复杂的情况下,各国对自己的关税主权一定程度上的限制,以此为共

① *Japan and Republic of Korea*: *Agreement concerning joint development of the southern part of the continental shelf adjacent to the two countries*. From http://www.un.org/Depts/los/LEGISLATIONANDTREATIES/PDFFILES/TREATIES/jap-kor1974south.pdf.

同开发提供必要的、灵活的、便利的投资条件。

其次，采取单一税务制度的国家或地区，由于共同开发区的税收征管以某一国或地区的税制来调整，实质是其他国家或地区在共同开发区放弃了其税收主权而交由某一国代为管辖。在涉及对外国投资者双重征税时便可以作为通常意义上的国际双重征税问题来解决，与上述无异。此外，由于共同开发区内一切税务由一国代为处理，也就不存在从签约各国向区内货物输出、输入的关税问题。

再者，比较复杂的是采取新建税制模式下的双重征税问题。这种模式下，签约国在共同开发区以一种新的税务征管体制来进行征税，不以任何一国的国内法为标准。此时，对于各签约国本国居民和许可证持有人按照税收协定，基本上仅向本国纳税，如澳大利亚—印度尼西亚条约系列文件的“税务法规”就规定：居住在澳大利亚的个人应向澳方纳税；居住在印尼的个人应向印尼方纳税。关于红利的纳税问题，该文件明确规定：在区域A经营的公司获利后而支付的红利，澳国公民获利，则向澳大利亚交税；如果印尼公民获利，则向印尼政府交税。但在对外国投资者的征税上，如果签约各国分别与该外国投资者本国签有避免双重课税协定，将很可能导致两种情况：一是投资者对协定“双重居民”的解释，并据此依投资国的税法请求两次抵免；二是投资者甚至其本国认为该共同开发区不属于其中任何一国，从而导致须根据投资国本国税法来解决双重课税或共同开发区各国或地区的政府与该投资国在现有的双重征税协定中订立特别条款，这样显然会使共同开发区各签约政府在处理双重征税问题上陷入被动。在现有的开发案中，典型的是澳—印尼条约系列文件中“税务法规”规定：印尼和澳大利亚任何一方可以向非本国居民所获得的利润征税，但是每一方均需将所缴纳税款的50%退还给纳税人。合法的下年度应税损益的冲转额也同样递减。①

在上述个案中对于双重征税问题的解决方案也许并不尽完善，但该问题的解决不仅涉及共同开发区各国或地区，还牵涉到共同开发区外的其他国家，始终

---

① 蔡鹏鸿:《争议海域共同开发的管理模式:比较研究》，上海社会科学院出版社，2000年，第83页。

只能在协商的层面上尽可能最小化各方的冲突和最大化各方的利益。如澳—印尼案中将争议海域划分为 A、B、C 三区，并分别进行税收征管协商，很好地协调了各签约国的税收利益和双重征税问题。但在实践中，已有成功先例并不具有普适性，由于各国或地区在避免双重征税上所持观念或采用方法存在差异，各自因利益追求不同、所处立场的不同等因素都可能导致在争议海域共同开发中解决双重征税问题困难重重。再看南沙群岛海域的共同开发问题，这是一块极为复杂的争议海域，涉及六国七方，避免双重或多重征税必然成为一个非常棘手的问题，在这之前共同开发区的区划、开发、管理模式的选择以及税制的确定都是一系列有待解决的问题，也是双重征税得以协调的前提条件。

4. 共同开发区财税征收的具体内容以及签约国与投资者间的利益平衡

在争议海域共同开发区的财税征收问题上存在着两层关系：一层是共同开发区内签约国之间就区内收益分配方式或制度的确立和运行进行商定而建立的协商关系；另一层则是共同开发区各国或地区或联管署与投资者建立起的税费征收关系。后者的存在与运营是共同开发区收益的主要影响因素，它的走向对区内资源勘探与开发利用有着重大的影响。

共同开发区内国家或地区政府进行财税征收，或根据协议规定采取各方依本国税法向投资者征税，或以其中一国税法为标准并由该国代为向投资者征税，或由联管署（超国家机构）根据新建的税制进行征税。无论以哪种方式征税，现行共同开发案中各国征税的内容主要是基础权利金（开采权使用费）和超权利金（超额利润税或附加利润税）。另外，有的国家还采用了产品分享以及其他一些收费项目。[①]

基础权利金和超权利金是矿产资源权利金制度（有的国家称为矿业税、矿业开采税等）中的概念，实践中通常被分别称为开采权使用费和附加利润税。各国对油气开发征税大多采用征收开采权使用费方式，因为这种方式对国家来说是最简单易行并且不承担风险的，投资者的投入是否产生回报都不影响国家取得

① 王雪峰：《现代市场经济国家矿业税收制度刍议》，《中国国土资源经济》，2006 年第 10 期。

这笔财政收入。它的征收方式是多种多样的，我国的油气矿产资源补偿费在一定程度上与之相对应。但对于投资者来说，他们的投入是存在风险的，投资的回报完全取决于是否勘探到油气资源以及勘探到油气资源的数量，如果政府先期提供的关于开发区的一些资料和数据能够证明此块区域具有较好前景，那么投资者自然会接收缴纳这笔费用，反之，则会让投资者背负沉重的负担，影响其继续经营。因此，政府在对这项税费的设定上，包括比例、税率、缴付方式等，都应当考虑到共同开发区现实状况。并且，政府还应当向投资者提供尽可能详尽的资料，使投资者对开发区有更多的了解以判断其投资前景和作出决策。

不管怎样，投资者作为商业运营方，他的投资总是存有风险的，而政府将开采权使用费作为一种广泛使用的征收税种是有利无害的。但往往政府为了吸引更多的外来投资，创造更好的投资环境，会试图改变征收此税带来的负面影响以平衡二者的利益，越来越多的国家以超权利金，即附加利润税作为补充。它要求投资者在任何一年取得了确定的回报率后，应当缴纳其余利润或其中大部分利润税。这一税种只有在投资者经营达到某一规定的利润水平之后才会征收，它的宗旨是平衡投资者在高利润时期和低利润时期的收支。附加利润税采取多种形式征收且可利用浮动计算结构使之更加灵活，如果课税过重，税率可以递减。开采权使用费和附加利润税被称为油气资源经济地租中的绝对地租和级差地租，一个合理的权利金制度应当包括二者。

现行各国包括许多共同开发案中广泛使用的征税方式，在政府与投资方的利益平衡以及未定开发区投资上起到了积极作用。在南海周边各国(包括中国)的国内法都有类似制度设计，但南沙海域共同开发区如果采用此种税收方式，各国一定要充分考虑政府与投资者间的利益分配，在制度构建上要让投资者感觉到有利可图以增强他们的投资信心。

此外，一些国家或地区也采用了产品分享的方式。以这种方式签订的合同一般规定承包商承担全部勘查和开发费用，但可从一般不超过40%～50%的产品分成份额中得到补偿。产品余额(利润油)由承包人和国家分享。双方所得份额常以一种根据具体作业所产出的累计产量而进行的浮动计算为基础。产品分享方式较之前述征收开采使用费的方式更加受到发展中国家的支持，它调整了开采权使用费给投资者带来的种种负面影响，对投资者的勘探和开发费用以产品分享份额的形式给予一定比例补偿，投资者仍需缴纳所得税和附加利润税，这实际上增加了政府不小的财政收入。泰国—马来西亚共同开发案受到澳大利亚—印度尼西亚共同开发案的影响也采用产品分成合同制，成为典型案例。泰马双方于 1994 年签订的协定中确立了产品分享制，总的原则是生产经营中严格遵循利益均分原则，合同期限为 35 年，头 10 年用于勘探和开发。作为优惠政策，签约公司在头 8 年生产期完全免税，但是合同规定，签约公司必须向马泰两国分别上缴 5％的生产量货物，而签约公司从生产中至多可以提取 50％的产量以作为其对开发和经营成本开支的补偿，剩余部分在联管署同签约公司间平等分享。① 我国也有类似实践，如中海油与哈基斯就南海西部海域的 35/18、50/14 区块签订了产品分成合同。此方式越来越多地在发展中国家或地区得到适用，但应注意的是，此种方式往往是以合同的形式确立的，政府与投资者在签订合同时应注意协商一种良好的执行机制，使合同的履行能够更加顺利。其与开采权使用费和附加利润税以法规或制度形式有所区别，后者通常更直接以国家政府的强制力为后盾来执行此制度，违反这一制度往往是侵犯了一国的税收主权。

共同开发区各国为了提高政府财政收入，通常还会采用其他一些方式，如生产前可向投资者收取费用，以及培训和基础设施方面的费用。前者东道国通常以申请或投标费、签字时的额外赠予、勘探租金、资源发现和生产红利等形式向投资者收取；后者一般是东道国为了获取更广泛的经济和社会效益而要求投资方对本国人的现场培训、研究和开发项目费用、当地商品和服务、房屋建设、建炼油厂以及后期生产费用以低于市场的价格向当地公司企业供应石油等。这些费用的承担对投资者来说是具有两面性的，如果该区域拥有良好的开发前景，则会有利于其持续投入和经营；如果勘探失败，则会产生很大的投资风险，但这些投

① 蔡鹏鸿：《争议海域共同开发的管理模式：比较研究》，上海社会科学院出版社，2000 年版，第 81 页。

入始终会为当地政府带来可观的收益。这种巨大的风险与共同开发区政府自身的经济利益要求，往往会影响投资者的信心和决策，为了鼓励和吸引外来投资，根据开发区实际状况降低这些费用的标准是有必要的。尤其在南沙共同开发区域，由于各国经济现状各异，各国对南沙油气资源的开发积极性都很高，但政策走向却有差异，为了稳定和吸引投资，增强共同开发区投资政策的预见性和灵活性，各国政府更应当谨慎主张上述各种费用，以实现开发油气资源利益最大化之目标。

第二节　南沙争议海域所涉各国油气税费制度或政策比较以及对共同开发区税收缔约问题的探讨

一、南沙群岛周边国家油气税费制度或政策比较

南沙群岛争议海域所涉国家众多，建立共同开发区还存在着诸多问题，就财税征收问题便关系到各国间以及各国与投资方之间的利益分配，类似问题的解决均需要各国通过税收协定的方式加以协调。而对各国国内对油气税费的制度设计或其他油气收益分配机制的比较都对南沙油气共同开发税收协定的构建有着借鉴和指导作用。现列举其中几个国家或地区的相关内容：

(1) 菲律宾油气工业的税费制度采用产品分享方式，允许100%的外资参与，在全球极具竞争力。菲律宾采用产量分成合同(PSC)方式，即政府和生产承包商之间按照一定比例分成，分成比例为60%∶40%，承包商税后分成为30%～45%，政府分成为55%～70%。菲律宾产量分成合同中准予扣减的项目包括过去成本的回收、资金和利息成本的回收、当地参与激励、矿区使用费、公司所得税、国家参与和加速折旧等。[①]

① 申延平:《菲律宾上游油气工业概况及其税费制度》,载《国土资源情报》,2008年3期。

(2) 由于国际油价的持续上涨以及国内对能源需求的激增，马来西亚近年来多通过产量分成合同模式大力支持油气开发，但马来西亚在油气税费制度上比较有影响力的还是与泰国签订的共同开发协定，其相关内容前文已有所述，此处不再赘述。

(3) 我国油气资源税费制度主要包括探矿权、采矿权使用费与价款，矿区使用费，资源税，矿产资源补偿费和石油特别收益金等5种。在我国，探矿权申请人为取得探矿权，不仅要缴纳探矿权使用费，还要缴纳探矿权价款，探矿权、采矿权价款以国务院地质矿产主管部门确认的评估价格为依据，一次或分期缴纳，探矿权价款缴纳期限最长不超过2年，采矿权价款缴纳期限最长不超过6年。矿区使用费：油气田开采的原油、天然气按实物缴纳，计费依据为油气产量。开采原油费率为2%～12.5%，开采天然气费率为1%～3%。石油、天然气资源税：自2005年7月1日起，我国原油资源税税额标准为14～30元/吨，天然气资源税税额标准为7～15元/千立方米。陆上石油天然气资源税属于地方所有。矿产资源补偿费：石油、天然气的矿产资源补偿费费率均为1%，矿产资源补偿费主要用于地质勘查，此外有一部分用于矿产资源保护和矿产资源管理补充工作经费，对中外合作开采石油资源征收矿区使用费后不再征收矿产资源补偿费。石油特别收益金：石油特别收益金实行5级超额累进从价定率计征。按石油开采企业销售原油的月加权平均价格确定，起征点为40美元/桶，征收比率20%～40%。石油特别收益金属中央财政非税收入，纳入中央财政预算管理。[①]

比较这些国家或地区的税费制度，可以看出其是存在差别的。各国或地区根据自身的实际情况和现实需要安排适合自身发展的制度，有利于本国的经济发展。我们可以看到，产品分享模式受到了诸多发展中国家的青睐，这种形式在程序上的灵活性与在吸引投资上的稳定性是有其优势的。我国则是与大多数国家一样主要采用征收税费的形式。对于共同开发区税收协定的商议，因各国自身制度上的差异而导致的矛盾是需要加以协调的重要一环。

---

① 何沙、秦扬主编：《国际石油合作法律基础》，石油工业出版社，2008年，第106－108页。

二、关于南沙海域共同开发区税收协定缔约问题的探讨

1. 南沙争议海域各国或地区成功缔结税收协定的必然趋势

争议海域共同开发协议中的财税征收协定是其整个协商过程的一个方面，而税收协定达成的前提则是其他有关内容的商定，如共同开发区的区域定位、开发模式、管理机制、适用法律、争议解决机制等。虽然南沙海域共同开发问题困难重重，但如今周边各国都有对“搁置争议，共同开发”的积极反应，如菲律宾提出了“北海模式”和“一人一份”与“人人有份”模式；越南提出了“U形方案”与“环形方案”模式；印度尼西亚提出的“南海甜甜圈”模式；还有学者提议可参考南极条约的模式等。虽然这些观点的提出受到了不少批评，不易被其他国家所接受，但也从侧面反映出这些国家对南沙海域共同开发的积极态度。我国也为实现南沙海域共同开发做出了不懈的努力，近些年来，中国与相关国家多次就南海问题进行磋商，2005年4月13日中国、菲律宾、越南签署了《在南中国海协议区三方联合海洋地震工作协议》，这是中、菲、越三方第一次就共同开发南海资源达成共识，被认为是朝着“搁置争议、共同开发”迈出的历史性、实质性的一步，也是三国落实中国与东盟《南海各方行为宣言》的重要举措。这些都表明南沙海域周边各国都认识到共同开发是实现南沙争议海域划界前资源开发利用最合理的途径，财税征收问题也必然在区同开发过程中得到解决。

2. 税收协定缔结过程中存在的问题

首先，各国达成南沙海域共同开发的主要目的之一便是获取当地的油气资源以实现巨大的经济利益，税收协定便是协调各方收益的机制，代表了各方的利益要求。由于各国国情不同，其本身对共同开发的利益诉求便会有所差异，通常都是尽可能使本国利益最大化。并且由于国内税费制度的差异性，势必在共同开发区财税征收协议的商定中出现种种矛盾，如税收协定可能会与本国法规的冲突，这都是必须得到解决的问题。

其次，由于南沙海域所涉国家较多，在争议海域中的区域定位是很困难的事情。世界范围内三方以上共同开发协定还没有先例，因此到底是采取多边协定还是逐个分区进行双边协定是有待解决的实际问题，也将决定共同开发区的开发和管理模式的确定。但由于各国主权上的强烈主张、经济上的目的各异以及区域外其他国家的参与干涉，这些问题的解决变得十分困难，税收协调的进行也就无从下手。

最后，税收协定在缔结过程中需要考虑争议解决机制的确立问题。在国际税收协定中，尤其是在国际地位敏感且复杂的争议海域共同开发区由各方签订的税收协定，由于各国的税收体制差异、各自的利益要求不一致等因素，缔约国就协定条款的解释、执行和适用范围等问题不免产生争议，即税收协定争议。税收协定争议是一种涉及“国家之间的国际税务争议”的条约争端，它往往会引起国际双重征税，破坏税收中立和税赋公平原则，阻碍资金、技术和人员的正常流动和交往，所以各国往往参照国际惯例规定以各方相互协商程序来解决税收协定争议。现有的共同开发案中关于税收协定争议的解决基本上都是通过相互协商的方式，这种方式有利于维护各方自身的税收主权，且有助于当事各方达成和解。但这种方式仍有缺陷，如很多情况下相互协商程序没有时间上的限制，且没有强制要求当事各方必须通过协商来达成和解协议，这就容易造成税收协定争议的解决机制效率低下，并且最后导致争议的协商无果而终。这将会影响到共同开发区内良好投资环境的创建，阻碍吸引外来投资，并且对共同开发区本国投资者的权益保护以及国家自身税收权益都是不利的。[①]

因此，在南沙海域共同开发区的建立过程中，各方有必要考虑创立一个合理的税收协定争议解决机制，以有效、低成本的方式来解决区内各方的税务争议。有一些国际税务专家建议在税收协定中订立仲裁条款，以国际税收仲裁的方式来解决。这一方式在欧美已经被采用并收到了较好的效果。它的优点在于：将当事各方一定期限协商无果的争议及时交由仲裁机构解决，避免了长时间没有

① 刘隆亨主编：《国际税法》，法律出版社，2007年，第278－280页。

达成最终的和解协议;仲裁机构是缔约各方选择的第三方机构,能够公正、合理的处理提交的争议,更利于对当事各方进行协调。值得注意的是,实践中国际税收协定争议适用中所采用的多是双边协定,且在现有共同开发案的税收协定中订立仲裁条款十分罕见。对于南沙海域共同开发涉及当事国众多的实际状况下很难找到先例以借鉴,在实践中具体如何选择和构建税收协定争议解决机制还有待考察。

第三节　中国在争议海域共同开发的税费征收中面临的诸多问题及解决方案

一、南沙群岛共同开发区税费征收制度与国内税法冲突时如何解决

南沙群岛共同开发区的财税征收协定是缔约国双方通过协商谈判达成的国际法律文件,与一国单方面制定的国内税法不同,其有着相对独立的法律地位。当协定和国内税法之间存在矛盾和冲突时,何者将优先适用?

从法理上讲,南沙群岛共同开发区征税协定构成约束缔约国双方的特别国际法。缔约国政府通过签订协定承担了国际义务,就有责任使其国内法的适用与其所承担的国际义务保持一致。在税收协定与国内税法发生抵触的情况下,根据“条约应当信守”的国际法基本原则,应该承认税收协定原则上有优先于国内税法适用的地位。若缔约国政府因其税务机关或法院不顾条约的不同规定而适用国内税法,将对外承担不履行条约的国际责任。

我国宪法上虽然没有规定国际法优越于国内法的一般原则,但在一些具体的立法中,对国际条约在国内的适用效力设有专门条款。《中华人民共和国外商投资企业和外国企业所得税法》第 28 条规定:“中华人民共和国政府与外国政府所订立的有关税收的协定同本法有不同规定的,按协定的规定办理。”《中华人民共和国税收征收管理法》第 91 条也规定:“中华人民共和国同外国缔结的有关税

收的条约、协定同本法有不同规定的，依照条约、协议的规定办理。”从这些条文我们可以看出，在有关税收方面，我们国家一贯的做法是国际协议、条约的规定优于国内税法。

二、我国油气资源税费征收现状存在的弊端分析和建议

我国现行的油气资源征收制度存在诸多弊端，而国内税法是缔结国际税收协定的基础。如果我国仍然按照国内税法既定的模式参与国际税收协定的谈判，势必会造成很多困难，也不利于税收协定的实践和执行。

我国现行的油气资源税费制度，主要包括探矿权、采矿权使用费与价款，矿区使用费，资源税，矿产资源补偿费和石油特别收益金等 5 种。通过对其他国家和我国资源税费制度进行比较，我们可以看到我国资源税费制度存在以下几方面的问题：①

1. 税费体系过于复杂

我国对油气开采活动征税，采用内外不同的税费制度，即对以中外合作方式开采的油气征收矿区使用费，而对自主开采的油气征收资源税，形成了矿区使用费与资源税征收并存的局面。我国混淆了两者的性质，而且造成了税费政策的不公平。我国现行的资源税和矿产资源补偿费，实际上都是矿区使用费的不同表现形式（前者属于从量征收的矿区使用费，后者属于从价征收的矿区使用费），是矿区使用费的重复计征。这种资源税费并存的模式若在南沙群岛共同开发区税收协定中继续采用，势必会造成计税依据不一致、税费重复征收的局面，从而加重企业的负担，不利于企业的公平竞争；并且这种资源税也不符合国际惯例，不利于外资的进入。而国外主要产油国对油气资源普遍实行单一征收权利金或者油气开采税（部分国家还征收跨州税）的制度。

---

① 高凌江、李广舜：《完善我国石油天然气资源税费制度的建议》，载《当代财经》，2008 年第 5 期。

2. 单位税额总体偏低,地方收益过低

以新疆为例,石油资源税30元/吨,而2005年,美国每吨石油的矿区使用费超过130美元,相当于我国石油资源税的近34倍。如果在南沙群岛共同开发区仍然执行低税率,无疑将伤害我国的税收利益。

3. 资源差异考虑不充分,级差收益不明显

作为调节级差收益的税种,油气资源税已经考虑到了富存状况、开采条件、地理位置等客观因素的差异对资源收益的影响。但总体来看,目前资源税只是部分地反映了劣等资源与优等资源的级差收益,对资源本身的客观差异考虑不够充分,收益的级差特征不显著。尤其在共同开发区,不同地区油气资源的开发条件、资源丰度、品质及地质、地理条件甚至气候条件可谓千差万别,即使在同一油气田,不同层位、不同区块的资源也存在巨大差异,如果按照目前国内税法的规定一致征收相同的资源税,没有反映其级差特征,这势必会在相当大的程度上助长企业采富弃贫的行为,制约石油、天然气产量的持续提高。

4. 从量计征,税价分离

长期以来,油气资源税并未考虑油价上涨因素,特别是原油价格飙升对资源税征收的影响,不能体现油价的涨跌对税收的影响。

5. 矿藏资源跨地区输出补偿机制不同

在联邦制国家,当矿藏资源从本州输出到州外时就对该矿产品的产量征收跨州税。跨州税的纳税人是在本州从事矿山开采的居民或企业,但实际负税人是本州外的资源需求者或消费者。这样资源丰富的州利用跨州税从其他州获得了大量的税收收入。我国现行资源税课税对象是不区别省内、省外消费的,这使得产地获益很少。

由于我国国内目前的油气资源税费征收制度存在诸多不合理的地方,而且与其他国家的油气税费征收制度存在很多差异,因此,在南海共同开发问题上与其他国家缔结相应的税费征收协定时,我国如果仍然按照油气税费征收的国内法制度的既定思维进行谈判势必会造成很多困难,在接轨过程中会存在有的课

税范围宽窄不同，有的解释不当，有的法理不严，有的标准不妥，有的结构不够合理的情况，这样不利于保护我国在共同开发区内的财税利益。因此，南沙群岛共同开发区财税征收协定的谈判，可以考虑以下几个方面：（一）遵从“简税制”的原则，建立、健全石油燃气税费体系。（二）提高税额。根据国际上大多数国家的计税标准，提高从价计征的比例。（三）实行差别征收率。对石油和天然气进行科学合理、相对详细的等级分类，在资源税单位税额标准整体提高的基础上，扩大不同等级、不同品质资源的级差收益，以加强对优质资源的合理保护、高效开采和对低品质资源的开发，减少单纯追求利润、浪费国家资源现象的发生。即在共同开发区内，充分考虑企业生产条件的不同，对开采条件恶劣的资源应该少征、免征资源税甚至给予补贴，而对优质、易开采的石油实行高的征收率。（四）实行从价计征的滑动比例征收率。这样可以避免油价下降时企业出现亏损、而油价高涨时国家却又不能分享其溢价收成的情况，而浮动弹性税率可以将资源税费与油气市场联系起来。（五）合理征收共同开发区环境保护、资源保护的补偿金。

三、我国税收协定争议解决机制问题

纵观我国签署的税收协定都只规定以相互协商程序解决税收协定争议，但是该程序不但效率低下，而且不能确保公平合理地解决所有的税收协定争议。因此，在共同开发区财税征收问题上，我国有必要借鉴许多西方国家的做法，在税收协定中订立仲裁条款，以弥补相互协商程序的缺陷，完善我国税收协定争议解决机制。

如果税收协定规定只能由协商程序解决争议而没有规定相互协商程序的时间限制，这就可能导致税收协定争议长期悬而不决，当协商无果时，不但会影响我国投资环境，阻碍我国吸引外资，也不利于保护投资者的经济利益。因此，在南沙群岛共同开发区税收协定订立时，我国应当从务实的角度出发，在现有的框架内引入一种新的争议解决方法，以弥补相互协商程序的缺陷。如果规定相互协商程序在一定时间限制内不能解决税收协定争议时，则应当启动仲裁程序，这样既避免了税收协定争议解决机制的效率低下，又能确保税收协定争议最终得到公平地解决。

此外，由于南沙群岛历史地理条件复杂，除了上述问题之外，在缔结共同开发税收协定的过程中，必然还会伴随着这样或那样的问题。比如对所得和财产重复征税的减除问题，防止国际逃税、保证税收无差别待遇及相互交换税收情报等。同时，双边税收协定难以及时修订，现有双边税收协定只能解决已存在的一般问题，对税收实践中发生的特殊问题还无法进行处理。而且南海问题涉及六国七方，而国际上三边以上共同开发协定还没有先例，要达成三边乃至多边的共同开发区税务条例，存在的难度可想而知。除此之外，在谈判过程中可能面临的“先行权”问题，南海周边其他国家加强内部协调对我国势必也会造成阻碍。

第八章　南沙群岛油气资源共同开发与海洋环境保护

世界人口的持续增长和工业的迅猛发展，对能源的需求量不断增加，陆上石油开采逐渐满足不了生活消费和工业发展的需要。海洋占整个地球表面积的71％，蕴藏丰富的资源和能源，是人类生存和发展所依赖的主要环境条件之一。开发利用海洋成为解决21世纪陆地资源逐渐匮乏、人口膨胀性增长问题的重要途径。在过去的半个世纪里，高速增长的能源需求促使许多国家进行海洋石油开发，随着现代新技术的发展，海洋石油开采技术日渐成熟，采收率大大提高，为缓解能源短缺问题提供了良好的解决途径，同时也给海洋环境带来了问题。

海洋环境问题的产生主要是人们在开发利用海洋的过程中，没有充分考虑海洋环境的承受能力，以超出海洋自净能力的速度和数量排放污染物质，从而导致海洋的报复，使海洋环境受到不同程度的破坏。海洋油污是海洋环境污染的一个重要方面，由于人类海洋环境保护意识的淡薄和单纯追求陆地环境的质量，人为造成的对海洋的油污似乎有加剧的趋势。

海洋石油勘探开发是人类向海洋寻求能源的重要途径，井喷、管线破裂事故会带给环境严重的原油污染。石油及其附属产品如果进入海洋，其含有的有毒物质会对海洋环境产生重大影响，从而威胁到人类的生存。出于对环境的保护，对生态的重视，和对人类生存的忧虑，国际社会极度关注海洋油污问题，并进行了不懈的努力以减轻油污，改善海洋环境。本章主要考察关于海洋石油开发活动产生污染的国际法律文件，通过对相关法律文件的内容、实施及发展进程的分析，揭示现有国际法律文件的不足，提出在南沙群岛海域进行共同开发时进一步减轻、消除海洋油污的建议。

第一节　海洋油污的产生及危害

一、海洋油污产生的途径

《联合国海洋法公约》载明，海洋环境污染指人类直接或间接把物质或能量引入海洋环境，其中包括河口湾，以致造成或可能造成损害生物资源和海洋生物、危害人类健康、妨碍包括捕鱼和海洋的其他正当用途在内的各种海洋活动、损坏海水使用质量和减损环境优美等有害影响。① 根据该描述，石油及其制成品在勘探开发和运输、消费过程中进入海洋即是对海洋环境造成了污染。海洋油污是指船舶或其他海上装置在正常营运或者发生事故时溢出石油或者排放油类货物、燃料油或其他油类物质对海洋环境产生的污染。与共同开发相关的海洋油污产生方式主要为海洋石油勘探开发和海洋船舶运输。

1. 海洋石油勘探开发

由于海洋石油开采的高额利润回报，许多国际石油公司投身其中。海上石油钻井平台是 20 世纪末的技术奇迹，仅波斯湾、墨西哥湾、北海三个海域就有钻井平台 1 000 多座，目前钻探深度可达到 12 000 米。在澳大利亚，每年钻探的海洋油井多达 100 口。海上石油设施增多，钻井平台、油井等造成的石油泛滥事故与日俱增，平均每年溢入海洋的石油超过 10 万吨，导致巨大的经济损失和严重的海洋环境污染。仅在墨西哥湾，每年就有 50 多起油船与钻塔相撞事故，最严重的一次事故导致的直接经济损失高达 100 万美元。科学家的研究证实，海洋石油泛滥对海洋生态环境的破坏所造成的间接经济损失远远超过其直接的经济损失。石油污染物日益增多，对海洋的生态平衡构成严重威胁，也对人类整个生存环境造成影响。

① 《联合国海洋法公约》，第一条第 1 款第(4)项。

油污是海上石油勘探开发的主要污染源，海上石油活动的油污主要来自以下渠道：

(1) 海上碰撞溢油。油船与钻塔、油井等设施相撞导致火灾和溢油事故是海上的主要事故，在世界范围的海上十分频繁，尤其大型油轮与海上钻探设施碰撞会造成灾难性事故。海上钻塔和油井日渐增多，全世界大陆架上油井和钻塔等石油设施已多达四万余个，油轮尤其是巨型油轮与海下的坚固的石油设施相撞而带来的溢油后果是不难想象的。

(2) 作业事故排油。井喷和输油管线破裂是海洋石油作业的主要事故形式，因为事故发生突然，常有大量原油溢出，造成严重灾难。1979 年墨西哥湾的依克斯托克油井发生井喷，流入墨西哥湾的原油达到 454 000 到 1 400 000 吨，是目前为止最严重的溢油事故。2000 年在巴西的 Guanabara 湾，因为管道破裂约 1 300 吨石油流入海洋；1998 年在尼日利亚，由于管线破裂导致 14 300 吨石油泄漏入海。

(3) 石油平台引起的排油。如平台与海上船只或设施碰撞、搁浅、倾覆、爆炸、火灾等引起的排油。因为石油平台是海上石油活动的主要场所，海上船只或设施与其碰撞必然导致原油溢出，而平台倾覆、爆炸等引起的溢油规模则更大，对环境的危害更大。

(4) 石油平台作业生产过程中所需的各类油料在运输、储存、使用中的泄漏导致油污。

(5) 石油开采中未达标含油污水的排放。

2. *海洋船舶运输*

海洋运输是造成海洋环境污染的原因之一，船舶对海洋的油类物质污染是最主要的污染源。来自船舶的油类污染主要有两种情况：操作性污染和事故性污染。据 GESAMP(Group of Experts on the Scientific Aspect of Marine Pollution)1995 年统计，海上运输造成的污染在整个海洋污染中占 12%左右。NAS(US National Academy of Sciences)的 1995 年统计数据表明，每年由于海上运输造成的油品入海的数量在 568 800 吨左右。从 NAS 所做的 1975 年到

1994 年海上溢油类别统计中可以看到，大多数溢油是操作性溢油，主要是在装卸、加油、压舱、洗舱过程中产生的，其中以装卸中产生溢油次数最多，其溢油量达到事故总量的 70%；而少数溢油是事故性溢油。相对操作性事故产生的高达 19%的海洋油污，事故性油污 5%的数字小得多，其在船舶运输导致的溢油中所占次数也不多，但溢油数量却相当巨大。在溢油事故中，碰撞和触礁搁浅是主要原因，由于油轮数量吨位的增加，产生的溢油数量大大增加。

我们看到，世界范围的海域都因为繁忙的海洋运输，尤其是逐渐增加的巨型油轮的运输而面临更严峻的油污威胁。运输事故的溢油对当地环境造成灾难，但这些溢油只是从船舶进入海洋的石油总量的 1/4。一艘装载 20 万吨原油的油轮，在到达目的地卸货后，会有 700 吨原油仍残留在油轮的货舱中。这些残余的油必须在下一次装运前全部处理掉，对于船舶所有人，最简单、经济的办法就是在返回途中把余油倾倒入海。很显然，被倾倒入海的余油会对海洋环境造成严重污染，因为船舶在行进中，船舶在经过的海域中都留下了余油，或者因为风力和潮流的作用，船舶在行进中把倾倒入海的油类进行了更大范围的扩散，造成更广阔海域的油类污染。

二、海洋油污的危害

1. 对经济的影响

(1) 渔业

在所有的野生动物中，鱼类是最容易受油污危害的。成年鱼类虽然会对油污产生天然的回避反应，能够避开油污严重的区域，但却会遭受长期的影响，导致繁殖率降低、呼吸困难、生活习惯改变等。当石油流进浅海或者封闭海区时，鱼类会受到严重影响甚至死去。鱼卵和幼鱼对油污的侵袭相对成鱼敏感，尤其在浅水区，被油膜覆盖的鱼卵将不能孵化或者完全被毁掉，幼鱼则会死亡。

(2) 海岸活动

海洋覆盖地球表面积的 70%以上，海水约占地球上总水量的 97%，在地球生态环境中具有不可或缺的重要作用。海水作为海洋生态系统的重要组成部分,有其自身的调节机制。海洋石油活动不断强加给海洋的原油、钻屑、污水等物质和能量逐渐超过了一些海域的自然净化能力,使海洋环境的构成发生变化,海洋水体原有平衡遭到破坏,造成海水质量下降。海洋船舶运输等产生的溢油随着水流的运动和风力的作用可能漂浮到近海岸。尽管油污对海岸地区的影响是短时的,但对旅游业的影响却相当大,因为游客很难再建立对该旅游区的信任。

(3) 油污清除

除了对环境造成巨大影响,海洋溢油还造成石油资源浪费,清除油污也需要大量的资金和人力、技术的投入。

2. 对海洋生态系统的影响

海洋是一个复杂的生态系统,海洋资源既相互依存,又相互制约,对任何一种海洋资源的开发,都必然会影响到整个生态系统的潜在变化。随着人类对海洋利用的增多,给海洋环境造成的压力也越来越大,尤其海洋生态系统受到严重影响。

近海石油钻探和海洋船舶运输把野生动植物置于溢油威胁中,这可能毁坏它们的种群。溢油对海洋生物会很快产生影响,且影响可持续很长时间:(1) 石油进入海水后,使海水中大量的溶解氧被石油吸收,油膜覆盖于水面,使海水与大气隔离,造成海水缺氧,导致海洋生物死亡。在石油污染的海水中孵化出来的幼鱼身体扭曲并且无生命力,油膜和油块能粘住大量的鱼卵和幼鱼使其死亡。(2) 破坏沿岸生物的栖息环境。由于污染物破坏了原有的自然平衡,影响了生物的生存环境,给海洋生物的健康和繁殖带来问题,最终可能导致某些物种灭失。(3) 对渔船或其他运输装置造成污染,从而危害鱼类和贝类健康。海鸟是海洋生态系统中的重要成员,对溢油特别敏感,油污对海鸟的影响也特别严重。同海鸟一样,其他许多动物也因为油污的黏附而使呼吸困难或运动受到影响,进而影响甚至危及物种。许多植物因为油污的袭击而变得失去生命力。动植物受到油污威胁的直接后果是导致海洋生态失衡。

3. 对海气系统的影响

石油是不溶于水的化合物，进入海洋的石油会在海面形成油膜，影响海气系统物质和能量的交换。由于海面覆盖黏稠的油膜，油膜能吸收 80%的阳光辐射，致使表层水温升高，阻碍海水与大气的热交换，减少海面蒸发，使被污染海区上空的空气干燥，降水比其他海区减少。油膜的存在使海洋潜热转移量减少，污染海区上空大气，使海洋失去调节作用，产生海洋荒漠化现象，直接影响当地的大气和生态环境。

第二节　控制海洋石油勘探开发污染的国际规则

海洋环境污染是全球性的环境问题，主要是由于各国国内环境问题的越界蔓延或影响扩散而产生的。海洋是相互连通的整体，海洋中的水体一刻不停地运动着，海流可以把海水中的污染物从一海区转移到另一海区，从沿岸河口转移到远洋。进入海洋的污染物没有转移场所，一些不能溶解和不易分解的污染物质长期在海洋环境中积蓄，污染损害海洋环境，并且经过海洋生物的富集而不断地积累。为防止、控制和减少海洋环境污染，在一些国家和国际组织的努力下，国际社会先后制定了一系列公约，它们对防止、控制和减少污染起到了积极的作用。海洋石油勘探开发是造成海洋环境质量下降的一个方面，并没有专门的国际公约调整海洋石油活动，但我们仍能从一些公约中找到涉及海洋石油勘探开发污染的限制条款。

一、涉及勘探开发污染的全球性公约

1.《大陆架公约》

1958 年第一次联合国海洋法会议讨论并通过了《大陆架公约》。根据该公

约，大陆架指“邻接海岸但在领海范围以外，深度达200米或超过此限度而上覆水域的深度容许开采其自然资源的海底区域的海底和底土”[①]。公约的第5条第1款规定勘探开发大陆架自然资源不得使海洋生物资源的养护受到不正当干扰；第7款规定沿海国有义务在安全区内采取一切适当办法以保护海洋生物免遭有害物质的损害。这两款都是对勘探开发大陆架自然资源过程中保护海洋生物资源的规定。海洋石油开采主要在大陆架上进行，自然应该遵守该条规定。安全区是为了确保海洋石油勘探免受干扰，沿海国在设施周围设立的区域。在从事海洋石油活动时，沿海国应在安全区内采取一切必要措施保护海洋生物资源不受损害。

2.《联合国海洋法公约》

1982年《联合国海洋法公约》是全球海洋环境保护的总纲，对世界海洋环境保护做了总的、概括性的规定，对海洋石油勘探开发活动也有所涉及。

公约的第192条规定各国有保护和保全海洋环境的一般义务。在采取措施尽可能限制来自用于勘探或开发海底和底土自然资源的设施和装置的污染时，各国的义务主要有：使用其所掌握及符合其能力的最切实可行的方法[②]；采取一切必要措施，确保在其管辖或控制下的活动的进行不致使其他国家及其环境遭受污染的损害，确保在其管辖或控制下的事件或活动所造成的污染不致扩大到其行使主权权利的区域之外[③]；采取的措施应在最大可能范围内减少来自勘探开发海底和底土自然资源的设施和装置的污染[④]；在采取防止、减少和控制海洋环境污染的措施时，不得直接或间接地将损害或危险从一个区域转移到另一个区域或将一种污染转移为另一种污染[⑤]。第196条规定，各国有义务采取一切必要措施，防止、减少和控制在其管辖或控制下使用海洋而造成的海洋环境污

① 《大陆架公约》，第1条。

② 《海洋法公约》，第194条第1款。

③ 《海洋法公约》，第194条第2款。

④ 《海洋法公约》，第194条第3款。

⑤ 《海洋法公约》，第195条。

染、或由于故意或偶然在海洋环境某一特定部分引进外来的或新的物种导致海洋环境可能发生重大和有害的变化。第 197 条规定了各国在全球性的基础上或在区域性的基础上，直接或通过主管国际组织进行合作，拟订和制定符合公约的国际规则、标准和建议的办法及程序，同时规定要考虑到区域的特点，以保护和保全海洋环境。

公约第 208 条规定了沿海国防止、减少和控制国家管辖的海底活动造成的污染的规则：1. 制定法律和规章，以防止、减少和控制来自受其管辖的海底活动或与此种活动有关的对海洋环境的污染，以及来自依据第 60 和 80 条在其管辖下的人工岛屿、设施和结构对海洋环境的污染。2. 采取其他可能必要的措施，以防止、减少和控制这种污染。3. 所制定的法律、规章和措施的效力应不低于国际规则、标准和建议的办法及程序。4. 各国应尽力在适当的区域一级协调在这方面的政策。5. 各国应通过主管国际组织或外交会议采取行动，制定全球性和区域性规则、标准和建议的办法及程序，以防止、减少和控制第 1 款所指的海洋环境污染，这种规则、标准和建议的办法及程序应根据需要随时做新的审查。从这些条款可以看出，沿海国防控海洋石油活动污染的义务有：采取防污措施；国内应建立防污措施法律规范，国内法律规章的制定和执行必须遵守国际规则、标准和建议的办法及程序；各国应在全球尤其是区域一级进行国际范围的海洋环保合作。公约第 214 条是对第 208 条执行的进一步规定：各国为防止、减少和控制来自受其管辖的海底活动或与此种活动有关的海洋环境污染以及来自依据第 60 条和 80 条在其管辖下的人工岛屿、设施和结构对海洋环境的污染，应执行其按照第 208 条制定的法律和规章，并应制定必要的法律和规章、采取其他必要措施，以实施通过主管国际组织或外交会议制定的可适用的国际规则和标准。公约第 235 条进一步规定了各国在履行其关于保护和保全海洋环境的国际义务方面应承担的国际法责任。

二、涉及勘探开发污染的区域性公约

1. 1974年《保护波罗的海海洋环境的赫尔辛基公约》

波罗的海属于半封闭的咸水海，生态条件十分脆弱，极易受到破坏，波罗的海被看作全球受污染最严重的海区之一。面对波罗的海海洋环境的恶化，1974年3月22日，波罗的海六个沿海国通过了《保护波罗的海海洋环境的赫尔辛基公约》，旨在减少、防止和消除各种形式的污染，并设立一个强有力的委员会——波罗的海委员会，授予其向各缔约国所应采纳的具体立法措施提出建议的权力。

公约第10条规定缔约国有义务采取一切适当措施防止勘探开发波罗的海海底及底土的一部分或其上的任何相关活动污染波罗的海。同时，缔约国必须确保有适当的设备以立即行动，减少区域的污染。

2. 1992年《保护波罗的海区域海洋环境的公约》

1974年《保护波罗的海海洋环境的赫尔辛基公约》在1992年经过修改形成了新的《保护波罗的海区域海洋环境的公约》。该公约的附件Ⅵ专门规定防止近海石油作业及从事这种作业的近海设施引起的污染。根据这个附件，各缔约国应该采用“最可能获得的技术”和“最佳环境方法”的原则，防止和消除近海石油作业引起的污染。在进行近海作业前必须进行环境影响评价，这种评价应该从鸟类、水产业、海底动物多样性等多个方面，考虑近海作业对将设立的近海设施周围的海洋区域环境的影响。

附件Ⅵ还对含油污染物的排放做了具体规定：在勘探阶段，只有出于地质、技术或安全原因的必要并经过主管国家当局事先同意，才能使用油基泥浆[①]或含有其他危险或有害物质的泥浆。在经过特定程序获准使用该类泥浆后，必须采取适当措施、准备适当设施防止这种泥浆排入海洋环境。使用油基泥浆所产

---

① 泥浆在石油钻探中必不可少，其作用是：降低钻头的温度，润滑钻头，控制压力和把钻屑带到表面。

生的残留泥浆和钻屑不允许排入波罗的海海域，必须运到岸上以环境所能接受的方式进行处理。

在开发阶段，所有化学品和物质一般必须运到岸上，只有在国家主管当局对每个作业颁发排放许可证后，才允许以例外的方式排放。生产水和替换水不得排放，除非经证明按赫尔辛基委员会制定的分析和抽样方法测定的含油量低于15 ppm，如果采用最可能获得的技术和最佳环境方法不能达到这个标准，国家主管当局可以允许以较高的限量排放，但应尽可能低，不得超过40 ppm。所许可的排放在任何情况下都不能对海洋环境造成任何不可接受的影响。为了从清除和生产技术的未来发展中获益，国家主管当局必须定期审查上述排放许可证，排放含量限制必须相应修改。

3. 1978年《关于保护海洋环境防止污染的科威特区域公约》及议定书

海湾地区是世界主要的海洋石油产区，由于众多的海上油田和巨大的开采量，海湾地区环境受到石油活动的严重威胁。各产油国已经意识到人类活动产生的石油和其他有毒、有害物质对环境的影响，1978年科威特、伊拉克等八国政府联合制定了旨在保护海湾地区环境的《关于保护海洋环境防止污染的科威特区域公约》及《关于在紧急情况下消除油类及其他有害物质造成污染的区域合作议定书》。根据公约和议定书，缔约国承担以下义务：避免将一种有害物质转变为另一种对环境更有害的物质，并依据这一义务制定法律、规定和标准；采取有效措施控制各种来源的海洋环境污染，包括由于船舶、倾废、近海资源的勘探开发以及陆上活动造成的污染。公约第7条是对勘探开发大陆架和领海海床及底土资源污染的规定。根据该条规定，各缔约国应采取一切适当措施保护、减轻和防止海湾地区由于勘探开发大陆架、领海海床及底土而产生的污染，要防止对海洋环境造成损害的事故和处理紧急污染事件。

4. 1989年《关于勘探开发大陆架引起海洋污染的议定书》

1989年，海湾国家制定《关于勘探开发大陆架引起海洋污染的议定书》。该议定书第2条给缔约国规定了两项一般义务：第一，缔约国必须确保采取一切适当措施以防止、减少和控制近海作业造成海洋污染，同时考虑到最可能获得、最经济可行的技术；第二，无论是单独还是联合行动，缔约国都必须采取一切适当的步骤以处理这种污染。议定书的第 4 条对缔约国的义务做了具体规定：各国必须判断近海作业是否可能在议定书区域或任何邻接海岸区域内造成重大污染危险，如果可能造成这种危险，在同意近海作业之前必须要求提交环境影响报告①；在判断是否存在这种危险以及所要求的环境影响报告的范围时，沿海国应考虑保护海洋环境区域组织所颁发的环境影响评价指南②；在要求提交环境影响报告的情况下，有关沿海国必须将环境影响报告所评价的潜在环境影响的摘要送交设在科威特的保护海洋环境区域组织，如果不要求环境影响报告，有关国家必须考虑在开始作业前对海洋环境进行调查③。第 7 条还规定，沿海国应采取所有可行的措施确保日常作业、安全程序以及整体维护遵守良好油田或其他有关作业惯例，作业者日常作业使用化学物质必须向国家主管当局提交化学品使用计划。第 11 条规定，计划中未许可使用的任何物质在事先许可前禁止使用，除非紧急情况。

5. 巴塞罗那公约及议定书

地中海是一个近于封闭的海区，风暴小，海水自我更新慢，排除污染能力差，生态脆弱，容易遭受污染损害。地中海仅占全球海洋总面积 0.7%，却受到全球 17%的海洋石油污染④。地中海沿岸区域工业发达，海洋运输繁忙，世界石油海运量的 1/4 经由地中海实现，给地中海带来了严重的污染。为了控制和减轻地中海的环境污染，沿岸国于 1976 年签订《保护地中海免受污染公约》(简称《巴塞罗那公约》)。公约包括框架公约和附加议定书两个层次，框架公约规定缔约国必须履行的基本义务；议定书规定针对具体污染形式的技术条款或关于海洋环境保护的特殊规则。公约第 7 条规定了与科威特公约第 7 条类似的条款。

① 《关于勘探开发大陆架引起海洋污染的议定书》，第 4 条第 1 款 a 项。
② 《关于勘探开发大陆架引起海洋污染的议定书》，第 4 条第 3 款。
③ 《关于勘探开发大陆架引起海洋污染的议定书》，第 4 条第 2 款。
④ UNESCWA 1991。

1994 年巴塞罗那公约的缔约国通过《保护地中海免遭勘探与开发大陆架、海床及其底土造成污染的议定书》，规定了有关石油钻井平台应采取的措施。该议定书详细规定了《巴塞罗那公约》第 7 条的义务：1. 在申请许可证进行近海活动以及放弃设施时必须提交环境报告或最终撤除计划，如果准备进行的活动可能对环境造成重大不利影响，则不得给予许可；2. 规定确保作业安全的规则；3. 规定对作业予以检测与监督；4. 要求作业者准备紧急事件应急计划；5. 规范有害有毒物质的处理；6. 作业者对近海活动引起的损害承担严格责任和有限责任。

三、勘探和开发海底矿物资源造成的油污损害的民事责任公约

1976 年 12 月 17 日欧洲九个国家在在伦敦召开的政府间会议上签署《勘探和开发海底矿物资源造成的油污损害的民事责任公约》。该公约是区域性协定，也是到目前为止唯一对近海石油活动引起的污染损害做出赔偿规定的国际协定。公约规定的责任制度与《1969 年国际油污损害民事责任公约》规定的制度相似，但尚未生效。公约的主要内容有：

1. 操作者责任

根据第 1 条第 6 款，污染损害指从设施泄漏或排放油类引起的污染在设施之外造成的损失或损害，包括采取预防措施的费用以及采取预防措施在设施之外引起的进一步损失或损害。第 1 条第 2 款指出，设施包括所有固定的或移动的设施与平台、储油设施及管道，只要这些设施或其大部分位于低潮线下海面。公约第 3 条规定设施的操作者对事故引起的任何污染损害承担责任。

2. 严格责任

操作者应承担严格责任，即无过错责任，除非证明存在公约第 3 条规定的三种特殊情形：(1) 损害由战争、叛乱或不可避免、不可抗拒的自然现象引起；(2) 事故在履行沿海国规定义务条件下放弃对油井的控制 5 年后发生；(3) 损害由受害国故意或过失引起。公约规定，对于设施的业主如不能证明与所规定

免责事由相当的事实存在就须对事故所造成的任何油污损害承担严格赔偿责任。

3. 有限责任

公约第 6 条第 1 款对操作者承担的责任限额做了规定，在 1982 年 5 月 1 日前，赔偿限额为 3 000 万特别提款权（SDR）；这之后的赔偿限额为 4 000 万 SDR。但第 15 条第 1 款规定，缔约国可以规定无限的责任或更高的责任限额，那么最高责任限额在各国可能不同。

4. 强制保险

为了保证对受害人进行有效赔偿，公约规定操作者必须对其责任设施进行强制保险或提供财政担保，保险金或担保金的金额在 1982 年 5 月 1 日前不低于 2 200 万 SDR，之后不低于 3 500 万 SDR。根据第 8 条第 1 款的规定，操作者可以免除对阴谋破坏或恐怖主义行为引起的损害进行保险的义务。

5. 赔偿程序

赔偿诉讼应在索赔人知道或应该知道损害之日起 12 个月内提出，时效为 4 年。赔偿诉讼可以在遭受污染损害的任何缔约国法院提出，也可以在引起损害的近海设施所处近海区域的沿海国的法院提出。

第三节 防止和干预船舶油污的国际公约

随着海运业的发展，船舶，尤其是油轮的数量和吨位与日俱增，船舶事故急剧增加，造成的污染损害日趋严重，这使得控制船舶污染的法律制度产生最早，也最为完善。

一、1954 年《国际防止海上油污公约》及修正案

1954 年《国际防止海上油污公约》（International Convention forthe

Prevention of Pollution of the Sea by Oil)是有关海洋环境污染的第一个国际法规性文件，包括 21 条和 2 个附件，公约规定了 500 总吨以上的船舶排放油类或含油混合物的要求。目的是防止液体舱和机舱的石油泄漏。公约规定在沿岸设立禁止排放油类和油性混合物的禁区，并对禁区的宽度做了具体规定。公约对不同类型及不同吨位的船舶规定了不同的制度：禁止油轮在禁区内排放油类或油性混合物，非油轮排放时应尽可能远离海岸（12 海里以上）；载运 2 万吨或以上散装货油的船舶无论在禁区内还是禁区外都不得排放油类和油性混合物。公约要求各缔约国政府采取一切必要措施，在港口配备接收船舶废油、残油和油性混合物的装置；要求使用燃油的船舶及油轮备有油类记录簿，以记载油轮注入的压舱水或从货油舱排出的压舱水、清洗油轮货油舱、集污舱澄清或油轮排水、处理油渣、油轮或非油轮事故或偶然的排放或泄漏等情况。

1954 年公约先后于 1962 年、1969 年、1971 年进行了修正。第一次修正案把原来 50 海里以内的禁止排油区扩大到 100 海里，把适用于公约的油轮吨级扩大到 150 总吨及以上的油船和 500 总吨及以上的其他船舶。于 1967 年生效；1969 年修正案规定，除特殊情况外，禁止船舶作业中排放油污，1978 年生效；1971 年修正案集中讨论因海上意外事故造成油污的处理，通过限制油轮的体积来限制油轮搁浅或碰撞后造成的油污损害，但该修正案难以实施。

《国际防止海上油污公约》及其修正案的执行效果并不理想，主要有以下三个原因：1. 缔约国没有严格遵守公约；2. 公约规定只有船旗国才有司法管辖权，而方便旗国没能按照公约标准惩处造成油污的船舶；3. 公约没有涉及对发生在公海的事故造成油轮所载原油泄漏的处理。

二、1969 年《国际干预公海油污事故公约》

1969 年《国际干预公海油污事故公约》（International Convention Relating to Intervention on the High Seas in Cases of Oil Pollution Casualties, 1969，简称《干预公约》）于 1969 年 11 月 29 日签订于布鲁塞尔，1975 年 5 月 6 日生效。

这是第一个规定沿海国为了防污目的可以在公海对他国船只采取干预措施的国际协定，对传统的公海上船旗国专属管辖法律制度创设了一个重要的例外，使环境受到威胁的国家可以合法地进行自我保护。

公约主要有两项内容：

(1) 当船舶在公海遭遇重大和紧急的危险，有理由预料会导致重大有害情形时，沿海国可以采取干预行动。但在采取干预行动之前，必须与受事故影响的其他国家，尤其是肇事船船旗国进行协商，并且有义务向所有利害方通报将要采取和已经采取的行动。沿海国所采取的干预措施应与实际造成的损害或即将发生的损害相适应，对超过必要限度造成他方损失时，应负赔偿责任。

(2) 由政府间海事协商组织设立一个清除公海油污带的专门小组，由各沿岸国家派代表参加。如果油污事件因自然灾害或不可抗力而造成，船方可免责，清除公海油污的费用由各成员国按照比例分摊，这一比例以油污事件发生地点与会员国海岸距离及会员国海岸线的长短为计算基础。如果船方被确定有责任，应由肇事船承担处理油污所支付的全部费用和油污损害所引起的费用。

1973 年 11 月，政府间海事组织在伦敦召开的防止船舶造成污染会议上通过了干预公约的议定书，将沿岸国在公海上采取干预措施的权利扩大到造成非油类物质污染的海损事故，该议定书于 1983 年 3 月 30 日生效。

三、1973 年《国际防止船舶污染公约》及 1978 年议定书

《1973 年国际防止船舶污染公约》(1973 International Convention for the Prevention of Pollution from Ships，简称 MARPOL73)是第一个全面控制船舶造成海洋污染的全球性公约，共 20 条，附有 2 个议定书和 5 个技术附则。公约的目的是“彻底消除有意排放的油类和其他有毒物质而污染海洋环境的现象，并将这些物质的意外排放减至最低限度”[①]。该公约扩大了 1954 年公约的适用范

① 《国际防止船舶污染公约》，1973 年，序言。

围，控制全部污染物。公约适用于除军舰及政府公务船舶以外的所有船舶，包括水翼船、气垫船、潜艇、浮动工具、固定平台和浮动平台，并对一切商业用途船舶做了严格的技术要求。公约沿袭了 1954 年公约关于禁区的规定，但对排放油类和油性混合物的限制比较严格，规定：船舶航行在远离海岸 12 英里的航线上并使用了监控设备，可以排放含油量为 15 ppm 的舱底污水；如果船舶航行在远离海岸 50 英里以外，排放速度低于每海里 30 升，并且使用了监控设备，可以排放含油的压舱水。

公约的附则包括：附则Ⅰ，防止油污规则；附则Ⅱ，控制散装有毒液体物质污染规则；附则Ⅲ，防止包装有害物质污染规则；附则Ⅳ，防止船舶生活污水污染规则；附则Ⅴ，防止船舶垃圾污染规则。

为促进公约早日生效，政府间海事协商组织于 1978 年 2 月在伦敦召开了国际油轮安全和防止污染会议，会议通过了《关于 1973 年国际防止船舶污染公约的 1978 年议定书》(简称 MARPOL78)。该议定书对公约及其附则作了修正：1. 根据公约第 14 条，附则Ⅰ和Ⅱ是强制规定，一个国家一旦加入公约，就必须接受附则Ⅰ和Ⅱ。会议认识到尽早和尽可能广泛地执行公约附则Ⅰ关于防止油污规则的必要性，认为在某些技术问题尚未得到满意解决之前，必须推迟附则Ⅱ的施行，决定将其施行推迟到议定书生效 3 年后或更长时间，使各国有充分的时间解决附则Ⅱ规定的某些技术问题。2. 对附则Ⅰ防止油污规则进行大量修订，如要求 2 万吨的新原油油轮配备使用原油洗舱的货舱清洗系统，3 万吨的新成品油油轮及 2 万吨的新原油油轮应设有专用压载舱等。

1983 年 10 月 2 日，公约、附则Ⅰ及 MARPOL78 同时生效；1987 年 4 月 6 日开始实施附则Ⅱ；1988 年底附则Ⅴ生效。

1973 年公约比 1954 年公约有很大进步，特别是在船舶造成的污染的管辖权方面。1973 年公约对传统的船旗国管辖权发起了有力冲击，提出了沿海国管辖权制度。根据公约的规定，沿海国有权对其港口内的船舶进行检查，但仅限于检查有关证书，只有发现船舶及其设备状况与证书记载不符，并有可能污染海洋时，沿海国才可以采取措施，不允许该船出港。公约还规定，沿海国有权禁止违反其法律规章的事件，在发生这类事件时，有权按照本国的法律提起司法程序，采取相应的制裁措施，但沿海国应当将违章事件的有关情况和证据提交船旗国，而且只有船旗国才具有对船舶的全面管辖权，这在很大程度上维护了船旗国的管辖权。

MARPOL73/78 的最终目的是彻底消除海洋环境中油类和其他物质的人为污染，签署公约的国家虽然已经就船舶运输的规则和标准达成一致，但因为公约规定的技术标准过于严格、实施费用昂贵，实施难度较大。

第四节　对南沙群岛海域油气资源共同开发过程中控制海洋油污的建议

综观历史，对于在开发海洋石油资源过程中对海洋油污的控制、油污损害的赔偿，国际法律界在全球、区域层面做了大量努力，制定了一些公约、条约等法律文件，尤其在船舶油污控制和海洋石油活动油污控制方面制定了较多的法律规则，并用来指导、规制相关活动的实施，取得了很大的成效。但现实告诉我们，世界范围的油污没有因为法律规定的存在而迅速减少，相反，海洋油污有加剧的趋势。产生如此悖论的原因很多，包括条约本身的可操作性、条约的滞后性、缔约国不严格执行、责任主体不履行义务、公众环保观念不强等。因此，在南沙群岛海域油气资源共同开发过程中，为了促进海洋环保尤其是海洋油污控制事业的顺利进行并取得更大的成效，现在从已有条约本身来进行分析，并尝试提出改善措施。

一、对控制共同开发中海洋石油活动产生油污的建议

就控制海洋石油活动产生油污来说，没有专门的国际公约进行规定，只是在一些公约中能找到涉及海洋石油活动的条款。《海洋法公约》是世界海洋环境保

护的宪法性文件，因此对海洋保护有概括性规定，一些条款对勘探开发的设施和装置做了规定，对沿海国的义务做了规定。很明显，这些条款都是概括性规定，没有具体的操作措施及标准。在区域层面，考虑到本地区海洋环境质量对人类生存的重要性，几个区域性公约对海洋石油活动作了较为具体的规定，如：《赫尔辛基公约》对波罗的海海域石油活动的排放做了具体规定；《科威特公约》及议定书对海湾地区缔约国石油活动应采取的措施、作业程序等做了规定；巴塞罗那公约及议定书对地中海区域石油活动操作者规定了具体义务。《石油污染预防、反应及合作的国际公约》提出就近海装置可能引起的污染进行国际合作；《巴黎公约》及系列宣言对石油钻探中油基泥浆的排放等具体措施做了规定。在油污损害责任方面，仅有《勘探和开发海底矿物资源造成的油污损害的民事责任公约》这个区域性协定。从这个简单的总结不难看出，在海洋石油活动产生油污这个领域的全球性立法基本是空白，而区域性公约只对本地区有效。事实上，随着现代工业和人类消费对石油及其产品需求的增加，加之陆上石油可开采量的递减，人们已经将海洋作为未来提供石油资源的主要源泉。海洋石油的大规模开采已经接近半个世纪，石油中含有的有毒成分对人类、对环境均有极大危害，那么在海洋法公约的指导下，在南海海域制定统一的法律制度和标准是极为必要的，并根据各个国家海洋石油开采活动的具体情况，在国内制定相应的、不低于国际标准的实施准则。综合考虑各种因素，在控制海洋石油活动产生污染方面，进行南沙群岛海域油气资源共同开发的相关国家可以从以下几个方面进行努力：

1. 制定防止石油勘探开发污染海洋的规章

对污染和自然资源的广泛关注已经使某些国家和地区通过立法限制排放和保护自然资源。法规是环境政策的核心和有效手段，环境立法可以追溯到19世纪中叶。在全球、区域和国家三个层次都有公约、条约、法规等对环境活动和事件进行立法规范，也有一些法律文件涉及防止、控制和减少海洋石油活动污染。如前面提到的全球性公约《海洋法公约》、《大陆架公约》；区域性的《赫尔辛基公约》、《巴塞罗那公约》；在国内层面，如海洋大国中国，为加强对海洋石油勘探开发的环境保护管理，国家海洋局先后制定了《海洋石油开发工程环境影响评价管理程序》、《海洋石油勘探开发化学消油剂使用规定》、《中华人民共和国海洋石油勘探开发环境保护管理条例》、《中华人民共和国对外合作开采海洋石油资源条例》等一系列管理规定，颁布实施了《海洋石油开发工业含油污水排放标准》等污染物排放标准，为实现从油田投产前的环境影响评价审批到生产结束后废弃处理的全过程的制度化、规范化管理奠定了基础。但不容忽视的是，国际合作制定的防止海洋石油勘探开发污染海洋的公约、条约等并不具有普遍的约束力，或者仅是一框架公约，没有具体、切实可行的法律条款。因此，有必要立足本国国情，加强国内关于海洋石油活动污染的立法，在立法和实施过程中应根据资源使用情况和环境的反应情况对法律条文规定的技术条款和标准进行适时的修订，并在此基础上进行广泛、深入的国际合作，制定全球统一、操作性强的法律规范。这类公约的缔结，对于区域海洋环境的保护有着非常积极的作用。目前，我国还未加入这类区域性的公约，我国及南沙群岛海域的其他沿海国家对于区域性海域的安全，还是缺乏这种合作意识的。今后一段时期，我国应当积极地同周边临海国家进行友好磋商，力图通过区域性海洋污染防治立法，来保护相关海域使其免遭污染。

2. 监督、管辖勘探开发活动

世界范围的环境政策立法日臻完善，法律的有效性和实行情况更受到关注。对国家来说，在海洋石油勘探开发对海洋污染的立法和实施方面，需要有力的监督机构和机制来督促法律规范的实施，检验法律规范的有效性。海洋石油开发是国际性的事业，有一个或多个国际石油公司参加到资源主权国的勘探开发活动中来。跨国石油公司拥有雄厚的资金，先进的技术和作业设备，其参与的目的是获取高额的利润，即使国家授权的国内石油公司也渴望获得最大的收益。如果没有专门的监督机构运用其监督机制对海洋石油作业对环境的影响情况进行有效监督，作业者可能会追求经济利益最大化而忽略甚至放弃环境保护，尤其外国作业者在别国的资源区作业，可能会较少考虑环境因素，为了节约生产成本，而放弃使用对环境友好、污染较小的设备或者作业程序。这样做的后果是环境受到严重破坏，而有些损害是不可逆的，最终威胁到人类生存。为了避免类似可怕灾难发生，国家应该对海洋石油活动进行监督和管理，以有效促进海洋环境法的实施，合理、有效、充分地保护海洋环境。

3. 进行国际合作

进行国际合作是国际环境法提倡的原则。海洋石油勘探开发需要大量资金和技术投入，尤其要在石油活动同时保护海洋环境更需要进行国际合作。世界海洋是统一整体，海洋环境脆弱，对人类生存的环境影响巨大，海洋污染可能跨界，因此，国际合作是十分必要的。联合国海洋法公约和其他一些区域性条约都对进行国际合作以防止和减少海洋石油活动污染做了规定。保护海洋环境的国际合作包括法律领域和技术领域两方面。在法律领域，各国需要进行协商和探讨，使已有的双边或多边条约真正具有实施性和约束力，或者根据海洋环境状况制定新的具有普遍约束力和实施及监督机制的条约。在技术领域，如《海洋法公约》第 14 部分所述，各国应进行国际合作，发展海洋技术，并将新技术转让给他国，以共同保护人类的海洋环境。

我们认为，无论是全球性公约还是区域公约对于海洋工程污染防治的规定，都是很值得我国在今后的立法实践中借鉴的。概括来讲，可以得到以下启示：一方面是通过区域性协定来保护南沙群岛海域的海洋环境。海洋石油活动引起的海洋环境污染很可能造成跨界污染，针对这种情形，有必要通过区域性公约来保护海洋环境。海洋污染的防治并不单单是通过国内立法来实现，对于可能产生的跨界污染，尤其像海洋石油的勘探开发活动，多是在沿海大陆架上进行勘探，一旦造成污染，很可能会波及其他附近沿海国家和地区，这样就需要加强国际合作来共同防治污染。二是对于海洋工程污染损害实行严格的国家责任制。海洋法公约等国际立法将海洋工程的污染防治规定为国家的一般性义务，如果没能履行一般性的义务就应当承担相应的责任。国家所承担的污染损害的责任，可分为过失责任和非过失责任两大类。国家责任的成立，除了有违反国际法义务的作为或不作为，以及由此给他国造成的实际损害这些必要的因素外，还要看行为是否由于国家政府或其他机关和个人的故意或过失等主观因素。对于海洋工程造成海洋环境的污染损害，国家应当实行严格的责任原则，这正是符合国家立法趋势的要求，所以我国有必要实行严格的国家责任。严格的国家责任从长远角度讲不仅符合本国的利益，也有利于地区和全球海洋环境的保护。

二、对共同开发过程中船舶油污控制立法的评价及建议

除了海洋石油活动带给海洋石油污染，对海洋环境构成严重威胁的另一种油污来源于船舶。客观地讲，国际社会对船舶污染的控制、损害赔偿的立法已经很多、很全面，也颇具成效，但仍能发现其有不完善的地方。

1954 年《国际防止海上油污公约》是最早的防止船舶污染的国际公约，其后为适应形势发展经过三次修改，通过设立禁区、配备特殊装置等对船舶油污进行控制，但由于缔约国不严格遵守、方便旗国对违反规定的船舶不依公约惩罚而导致实施效果不理想。1969 年《国际干预公海油污事故公约》是唯一一个对公海油污进行调整的公约，它突破了传统的船旗国管辖制度，赋予沿海国对公海油污的干预权。《1973 年国际防止船舶污染公约》及 1978 年议定书扩大了 1954 年《国际防止海上油污公约》规定的污染范围，引进了沿海国管辖权。

对海洋船舶油污损害的责任和赔偿进行规定的国际公约最多，实际操作性也最强。从 1969 年《国际油污损害民事责任公约》到其后的议定书都实行严格责任制，变化的是公约适用的船舶范围扩大，责任限额逐步提高，公约生效条件降低，这些改变能更好地赔偿受害者和保护海洋环境。为了保证遭受重大油污损害的受害人得到充分、完全、及时的赔偿，赔偿基金公约在 1971 年出现了，除了有效赔偿，公约的另一个目的是减轻船舶所有人根据责任公约承担的严格责任和强制保险而承受的严重经济负担，促进国际航运业的发展和鼓励船舶所有人采取措施预防污染。1994 年《国际海事委员会油污损害指南》则是为建立国际统一的油污损害责任的法律制度进行的努力，最突出的是把油污损失做了具体的区分。1996 年《国际海上运输有害有毒物质的责任和损害赔偿公约》同样

实行严格责任制，不同的是扩大适用污染的范围，公约的新颖之处在于引进双层赔偿机制，综合了 CLC1969 公约和 1971 年基金公约的立法优点。2001 年《船舶燃油污染损害民事责任国际公约》规定的船舶适用范围增大，同时也增加船东和保险人的负担，政府管理部门履行公约规定的管理负担也将加重，公约最重大的意义在于填补了油污损害中非油轮燃油损害国际公约的空白。

第九章　南沙群岛海域油气资源共同开发与打击海盗活动

南海是世界上第二繁忙的国际航道，每年有一半以上的世界超级油轮通过马六甲、巽他和龙目海峡，其中大多数船舶会继续向中国大陆、日本、中国台湾地区和韩国航行。这些国家和地区所需的主要原材料和能源，如原油、液化天然气、煤和铁矿石等，都是经南海运输而至。① 南海航行安全问题，突出表现为海盗和海上恐怖活动猖獗，该问题由来已久，基本上是与东亚及东南亚海上贸易同步产生和兴起。自从 20 世纪 60 至 70 年代东南亚各国经济起飞以来，南海海盗势力重新抬头；20 世纪 90 年代东南亚经济和政治的动荡，使得海盗问题进一步恶化；而进入 21 世纪以后，南海海盗问题开始与民族分裂主义甚至恐怖主义问题交织。由于南海在海洋贸易运输中占据的重要地位以及各种经济利益的存在，使得恐怖组织常会使用先进的武器和弹药攻击民用设施和海上运输船舶，导致人员伤亡、设施损坏、社会动乱等，还会利用南海航运贩运人口、武器以及其他资源。② 根据国际海事局的相关研究报告，南海海域现在已经成为了仅次于亚丁湾和索马里海域的海盗活动频发区域，仅 2009 年全年就在印度尼西亚海域报告海盗袭击 15 起，新加坡海域报告 9 起，南海海域报告 13 起。③ 国际合作作为国际法的基本原则之一，也是打击日益猖獗的海盗活动的必然要求。2006 年 9 月 4 日，正式生效的《亚洲打击海盗及武装抢劫船只的地区

---

① 李金明：《南海地区安全：打击海盗与反恐合作》，载《南洋问题研究》，2008 年第 3 期。

② 张丽娜：《海盗治理与南海海上安全保障机制》，载《河南省政法管理干部学院学报》，2009 年第 1 期。

③ 国际海事局网站：http://www.icc-ccs.org/news/385-2009-worldwide-piracy-figures-surpass-400 和 http://www.icc-ccs.org/home/piracy-reporting-centre/prone-areas-and-warnings.

合作协定》(以下简称《协定》)将对该地区的国际关系和打击海盗与武装抢劫船舶活动造成重要影响,也会对南沙群岛海域共同开发活动产生重要影响。本章重点就《协定》产生的背景、《协定》与《联合国海洋法公约》中关于"海盗行为"与"武装抢劫船舶"定义之异同、缔约国在《协定》中享受的权利与义务、《协定》的意义与特点,以及南沙群岛海域油气资源共同开发过程中预防打击海盗的机制进行分析与论述。

第一节 《协定》的概况

一、《协定》产生的背景

1. "彩虹"号遭遇袭击是该协定产生的最直接原因

1999 年 10 月,在巴拿马注册的日资阿隆德拉·彩虹号商船满载货物通过马六甲海峡时,遭遇一伙武装人员的袭击。商船上的 2 名日本船员和 15 名菲律宾船员被强制转移到另外一艘小船,该船在海上漂流 11 天后才被发现,而商船连同上面的货物被劫持。在这一事件发生一年前,另一艘在巴拿马注册、日本公司拥有的"天由"号(Tenyu)商船也在该水域被劫持,15 名船员在 3 个月以后才被发现。[①] 日本政府以此事件为契机,积极与东南亚有关国家进行合作。

2000 年 4 月 27 日,主要来自东南亚的 16 个国家和地区的代表(包括中国香港)在东京举行打击海盗和武装抢劫船只的地区合作大会。澳大利亚、俄罗斯、美国作为观察员也参加了大会。大会通过了两个重要决议:[②]一个是合作计划,另一个是行动计划。

2001 年 10 月 4 日,日本政府又组织召开了"亚洲打击海盗合作大会"。来

① *International Legal Materials*. Vol.44. 2005: 826.

② *A report on the Conference is contained in IMO Doc*. MSC 73/INF.4. annex 2. annex 4.

自17个国家和地区的代表出席了这次会议。会议同意就打击海盗建立区域合作机制。在同年11月的东盟+3(中、日、韩)峰会上,日本正式将建立区域合作机制问题提出讨论。南亚的印度、孟加拉国、斯里兰卡三国也参加了会议。2004年11月4日,《协定》最终获得通过。2005年4月28日,日本、老挝、新加坡共同签署了该协定。① 根据新加坡外交部的消息②,柬埔寨、日本、老挝、新加坡、泰国、菲律宾、缅甸、韩国、越南、印度与斯里兰卡共11个国家批准了《协定》,从而达到了规定的第10个国家递交批准书后生效的要求,2006年9月4日,《协定》正式生效。

2. 打击海盗、维护海上通道安全也是促使该区域各国合作的原因

马六甲海峡长约900公里,与南海一同成为东亚、东南亚国家和地区货物运输、尤其是能源运输的重要通道。每年经过南海水域运输的货物、石油分别占世界货物贸易总量和石油运输总量的三分之一和二分之一,每年通过海峡的船只有8万多艘,每天有220艘左右。③

在菲律宾群岛、中国南海、马六甲海峡和印度尼西亚群岛这个海上三角地带,良好的地理位置为海盗活动提供了方便,因此海盗自古以来就存在。早在公元414年,一位锡兰佛教徒就记载了南海发生海盗事件。④ 荷兰殖民主义者进入东南亚地区以后,海上香料贸易繁荣,也使得该地区海盗活动猖獗。《清实录》中十分详尽地记载了清高宗至德宗(16世纪中至19世纪末)时期,中国政府加强海防,以惩治安南盗匪南海作乱的行为,其中列举了这一时期清朝在南海的缉拿盗匪的行为共27种。⑤ 20世纪50年代末60年代初以来,由于该地区政局动

---

① http://www.mofa.go.jp/announce/announce/2005/4/0428.html.

② MINISTRY OF FOREIGN AFFAIRS PRESS STATEMENT. http://app.sprinter.gov.sg/data/pr/2006062101.htm.

③ 四国联合巡逻马六甲海峡打击海盗. http://www.cctv.com/program/zgxw/20050914/100459.shtml.

④ F. Moorhead, *A History of Malaya and Her Neighbors* (Kuala Lumpur: Longmans of Malaysia, 1957),134.

⑤ 傅崐成:《南(中国)海法律地位之研究》,台北:123资讯出版社,1995年,第62-65页。

荡，海盗活动更是频繁发生。1991—2001 年全球水域大概有 2 375 起海盗攻击或攻击未遂事件，平均每年约 215 起。在同一时期，东南亚地区发生了 1 567 起海盗攻击，占到全世界海盗攻击的 66%，东南亚成为全球海盗攻击最集中的地区。[①] 据设在马来西亚的地区打击海盗机构的统计，仅在 1999 年一年该地区就发生了 160 起海盗袭击事件，占到当年全世界海盗袭击数量的 50%。[②] 2004 年至少发生了 30 起海盗事件。2005 年 9 月 25 日，25 名武装海盗劫持了一艘壳牌公司的油船，抢走的汽油价值 75 万美元。2005 年 10 月 1 日，21 名强盗凌晨袭击了一艘印尼货船，这艘船当时停泊在距新加坡仅 11 海里的地方。国际海事组织宣布，2005 年发生 124 起海盗活动，亚洲南海三角地带占 60%。[③] 在 2006 年 7 月初的短短 3 日内，在马六甲海峡发生了三起海盗袭击未遂事件，[④]该区域的海盗袭击可能进入新的高发期。

在该区域活动的海盗装备先进，活动方式灵活，组织严密，与外国财团或贩毒集团有着密切的联系。海盗活动的这些新特点使得警察更难对付他们。[⑤] 因此，国际合作这一国际法基本原则是打击海盗活动的必然要求，加强区域合作与协调也就成为该区域国家共同关注的问题。作为全球最繁忙的海上通道，马六甲海峡为两岸国家带来了巨大的商业利益。相关国家为了维护通道安全，维护商业利益，需要与有关国家合作。

---

① 石刚：《从波斯湾到东南亚海盗发展状况与趋势》，载中国现代国际关系研究院海上通道安全课题组编《海上通道安全与国际合作》，时事出版社，2005 年，第 207 - 208 页。

② International Maritime Bureau. *Piracy and Armed Robbery Against Ship*. *Annual Report*, 1999 [J](London: ICC, January 2000): 3.

③ 日本欲借打击海盗之名谋求制海权之实. http://www.easipass.com/ytzx/ytzx_xwzs_hyhs_disp.php? paraNo=n3b2d52c8be710.

④ 马六甲海盗死灰复燃连续作案目标瞄准路过油轮. http://news.tfol.com/10026/10118/10119/2006/7/5/10179011.shtml.

⑤ http://www.easipass.com.

二、《协定》与《联合国海洋法公约》中关于“海盗行为”与“武装抢劫船舶”定义之异同

该协定分引言、信息分享中心、通过信息分享中心进行合作、合作、最后条款等五部分,共计 22 条。

《协定》第 1 条第 1 款与《联合国海洋法公约》(以下简称《公约》)第 101 条中对“海盗行为”的定义基本一致。《协定》中“海盗行为”是指以下任一行为:

“a. 任何私人船舶或飞机的船员、机组人员或乘客为私人目的对下列对象而进行的任何非法的暴力行为或扣押行为,或任何掠夺行为:(1) 在公海上对另一船舶或船舶上的人或财物;(2) 在任何主权国家的管辖范围外的地方对另一船舶或船舶上的人或财物;

“b. 在明知其为海盗船舶或飞机的情况下,自愿参与船舶或飞机的任何行为;

“c. 教唆或故意便利 a 或 b 项所述行为的任何行为。”①

《公约》中对“海盗行为”是指以下任一行为:

“a. 私人船舶或私人飞机的船员、机组成员或乘客为私人目的对下列对象而进行的任何非法的暴力行为或扣押行为,或任何掠夺行为:(1) 在公海上对另一船舶或飞机,或对另一船舶或飞机上的人或财产;(2) 在任何国家管辖范围外的地方对船舶、飞机、人或财物;

“b. 明知船舶或飞机成为海盗船舶或飞机的事实,而自愿参加其活动的任何行为;

“c. 教唆或故意便利 a 或 b 项所述行为的任何行为。”②③

该协定接受了《公约》对“海盗”的定义,表明国际社会在对海盗的认识上是

① International Legal Materials. Vol. 44. 2005. 829.

② 《联合国海洋法公约》(汉英),第 101 条。

③ 《亚洲打击海盗及武装抢劫船只的地区合作协议》,载《国际法资料》,2005 年,第 1 条第 1 款。

基本一致的。但《协定》与《公约》也存在明显的不同，《公约》中包括了对公海上、任何国家管辖范围外航行的飞机，而《协定》没有类似的规定。这说明《协定》排除了飞机作为海盗犯罪的行为客体，海盗犯罪的客体明显地缩小了。这种规定，也表明在南海及其附近的水域发生的海盗行为主要是对船舶实施的犯罪，该地区的海盗犯罪分子尚未具备对飞越该海域的飞机实施海盗行为的能力。

从《协定》的以上规定看，"海盗"行为的主体是"私人船舶或飞机"上的人员或乘客，其中既有"私人船舶或飞机"上，包括操作等工作人员在内的各种人员，也包括搭乘坐该私人船舶或飞机的乘客，而乘客本人的身份并不重要。

其主观动机是"为私人目的"，而且只能是故意。"为私人目的"排除了因公共利益、政治目的或其他目的需要而采取的类似行为。这种私人目的通常表现为意图抢劫和掠夺另一船舶或者飞机上的财物。①②

如上所述，《协定》中规定的犯罪客体与《公约》中的规定明显不同。《协定》中规定的犯罪的客体是其他船舶或其他船舶上的人员或财产，不包括对自己乘坐的船舶、飞机及其所载人或物所实施的非法的暴力、扣押或掠夺行为。这是由海盗罪的本质决定的。海盗罪的本质是危害公海或公空的航行安全。《协定》只把危害公海的航行安全作为打击的对象。对自己乘坐的船舶、飞机及其所载人或物所实施的非法的暴力、扣押或掠夺行为应该由有关国家的国内法来处罚，这是符合国际法的一般原则的。

《协定》中规定的犯罪客观方面是指在公海上或在其他不属于任何国家管辖的地方对另一艘船舶及其所载的人或物实施非法的暴力、扣押或掠夺行为。在"公海上"或"在任何主权国家的管辖范围外的地方"指明了海盗犯罪的特定地点。根据《公约》的规定，内海水、群岛水域、领海属于沿海国家的领土组成部分，毗连区、专属经济区、大陆架是沿海国家享有主权权利的海域，均不属于公海。公海是指："不包括在国家的专属经济区、领海或内水或群岛国的群岛水域内的

---

① 《联合国海洋法公约》(汉英)，第 101 条。

② 《亚洲打击海盗及武装抢劫船只的地区合作协议》，载《国际法资料》，2005 年，第 1 条第 1 款。

全部海域。”[①]公海和极地不在任何国家管辖之下。在国家主权管辖范围内发生的类似行为，应由该主权国家根据国内法及与之有关的国际法处置。《联合国海洋法公约》和该《协定》把在国家管辖范围内发生的类似行为排除在外，表明了公约和协定尊重各国主权，不干涉各国国内管辖之事项。这是符合普遍国际法准则的。“非法行为”是指对另一艘船舶及其所载的人或物实施的暴力、扣押或掠夺行为，没有得到法律授权，也不是属于正当防卫、紧急避险或者其他正当理由。“暴力、扣押或掠夺”是指对船舶进行破坏或对他人进行捆绑、殴打、杀害或伤害；对船舶及其人员或物强行留住不放；采用暴力手段掠夺船舶上所载他人财物。

除海盗犯罪的实施行为外，《协定》第 1 条第 1 款 b 项规定中，还包括事先没有通谋的海盗共犯。“在明知其为海盗船舶或飞机的情况下，自愿参与船舶或飞机任何行为”是指事先没有通谋而又自愿参与海盗船舶或飞机，从而成为海盗共犯。这里所指的“海盗船舶或飞机”是指处于主要控制地位的人员意图利用船舶或飞机从事海盗行为，该船舶或飞机就成为海盗船舶或海盗飞机。[②]

《协定》第 1 条第 1 款 c 项“教唆或故意便利 a 或 b 项所述行为的任何行为”。有意给海盗活动提供便利条件就构成了“故意便利”，是属于海盗帮助行为。教唆和帮助他人从事海盗行为的地点已经没有特定限制，这种教唆或帮助海盗的行为可能发生在公海或者不在任何国家主权管辖范围，也可能发生在国家领土之上或者在国家主权管辖之下的地方。只要有教唆或故意便利便构成海盗罪的教唆犯或海盗罪的帮助犯。

针对在南海及附近的其他水域发生抢劫船舶的具体情况，《协定》新增加了“武装抢劫船舶”的规定。第 1 条第 2 款“武装抢劫船舶”的定义，这一规定，在《联合国海洋法公约》中是没有的。其规定如下：

在本条约中，“武装抢劫船舶”是指以下任一行为：

“a. 在缔约国对这些违法行为拥有管辖权的地方，为私人的目的针对船舶，

---

① 《联合国海洋法公约》，第 86 条。

② 《联合国海洋法公约》，第 103 条。

或船舶上的人员或财产所进行的任何非法的暴力行为或扣押行为，或任何掠夺行为；

“b. 在明知其为武装抢劫船舶的情况下，自愿参与其活动的任何行为；

“c. 教唆或故意便利 a 或 b 项所述行为的任何行为。”

从《协定》的规定看，“武装抢劫船舶”的犯罪主体与“海盗”犯罪的主体是不一样的。“海盗”行为的主体是“私人船舶或飞机”上的人员或乘客，而“武装抢劫船舶”的犯罪主体范围更加广泛，而且是不确定的。只要是“为私人的目的针对船舶，或船舶上的人员或财产所进行的任何非法的暴力行为或扣押行为，或任何掠夺行为”就构成“武装抢劫船舶”的行为主体。

“武装抢劫船舶”的犯罪主观方面只能是故意。“为私人的目的”排除了因公共利益或其他需要而采取的相应行为。

《协定》对“海盗”的定义中限定在对“另一船舶或船舶上的人或财物”实施的“任何非法的暴力行为或扣押行为，或任何掠夺行为”。而“武装抢劫船舶”没有明确限定。这说明，“武装抢劫船舶”既包括对“另一船舶或船舶上的人或财物”，也包括对其乘坐的“船舶或船舶上的人或财物”实施的“任何非法的暴力行为或扣押行为，或任何掠夺行为”。显然《协定》将“武装抢劫船舶”的犯罪客体扩大了。

所谓“在缔约国对这些违法行为拥有管辖权的地方”，根据《公约》规定，沿海国对其内海水、领海，群岛国家对于其群岛水域享有完全的主权，缔约国自然在这两个海域享有基于主权的领土管辖权、属人管辖权和普遍管辖权。对于发生在本国毗连区、专属经济区、大陆架海域的“武装抢劫”，沿海国也应享有管辖权。《协定》中的该条规定，弥补了第 1 条中规定的不足。因为在第 1 条中，缔约国只对于在公海或不在任何国家管辖范围的海域发生的海盗行为、无事先的通谋行为或教唆或故意便利的行为进行打击。第 2 条将发生在国家拥有管辖权的地方也纳入《协定》范畴，增加了相关国家的义务，也避免了个别国家对发生在本国享有管辖权的海域的“武装抢劫船舶”行为的包庇或纵容。只不过，在该条中将其定义为“武装抢劫船舶”，而不是使用“海盗”定义。

总之，《协定》的第 2 条既弥补了《公约》中规定的不足，而且也弥补了《协定》

中第1条“海盗”定义的缺陷，从而扩大了打击范围，使《协定》更加严密，避免因《公约》或《协定》第1条规定不足，而导致犯罪分子逃脱处罚。

三、《协定》的主要内容与特点

《协定》是《联合国海洋法公约》签署以来，世界上第一个专门打击海盗和“武装抢劫船舶”的多边协定。《协定》的签署有助于贯彻实施《公约》的规定。

《协定》中关于“武装抢劫船舶”的新条款，意义重大，填补了《联合国海洋法公约》规定的不足；在关于海盗的定义上有新的发展，对于更有力地打击海盗有助益，也有利于国际刑法的发展与完善。

《协定》建立了一个常设性的地区国际组织，该组织具有常设性与专门性特点。这在一定程度上弥补了过去国际社会缺乏专门打击海盗的国际组织的不足。《协定》设立了组织机构，如“信息分享中心”，中心设于新加坡，由管理委员会和秘书处组成。管理委员会由每一缔约国各派一名代表组成，定期召开会议。秘书处由秘书长及工作人员组成，秘书长由管理委员会选举产生，代表“信息分享中心”秘书长负责中心的行政、日常及财务事务，执行管理委员会制定的政策及本条约的规定和管理委员会决定的其他事务。作为一个国际组织，“信息分享中心”的成员为本条约缔约各方，中心在驻在国享有为完成其使命所必需的法律能力、特权及豁免权。秘书长及秘书处全体工作人员在驻在国拥有完成其使命所必需的特权和豁免权。

《协定》明确规定了缔约国必须履行的相关义务和严格的实施程序。《协定》所规定的缔约国义务达十多项，可以说是相当完备。在实施程序方面，《协定》规定，在收到孟加拉国、文莱、柬埔寨、中国、印度、印度尼西亚、日本、韩国、老挝、马来西亚、缅甸、菲律宾、新加坡、斯里兰卡、泰国和越南中第十个国家向保管者新加坡发出的通知文书，表明该协定已完成其在该国内的必须手续的90天后，本协定生效。之后，在保管者向上述其他国家发出通知文书30天后，协定生效。另外，还规定了条约的加入、修订、退出等程序。

第二节　南沙群岛海域油气资源共同开发过程中预防与打击海盗的机制

海盗是一个错综复杂的国际问题，关系到各国海上运输和财产以及海洋开发利用活动的多方面利益。南沙海域的海盗拥有较为先进的武装设备和天然的地理优势作为后盾，如果仅靠一国的力量来打击是很难成功的，加强国际合作、共同应对就显得非常重要。《公海公约》第 14 条和《联合国海洋法公约》第 100 条都规定："所有国家应尽最大可能进行合作，以制止在公海上或在任何国家管辖范围以外的任何其他地方的海盗行为"。南沙群岛海域油气资源共同开发过程中预防与打击海盗，也离不开区域内各个国家间多元化和多层次的紧密合作，各方可考虑推动南海反海盗合作的新的多边协议的达成，建立一个专门协调各国预防和打击海盗活动的地区组织，并同意分享资金、情报，进行反海盗的技术合作与培训，支持反海盗法律机制的建设。

该协议应强调各国根据其各自国内的法律或规章以及现有条件或能力，应竭尽全力执行该条约，包括预防和打击海盗及武装抢劫船舶的行为。协议应不会影响缔约国依据其所签订的国际条约而应履行的权利和义务，包括《联合国海洋法公约》及习惯的国际法规定。此外，为凝聚共识、减少分歧，该协议不应影响军舰和其他政府船舶进行非商业目的航行时所拥有的豁免权；协议的任何规定或根据协议所进行的任何活动，均不应损害各国在有关领土主权的争端或与海洋法相关的事件中的立场。协议的任何规定，任何一国无权在另一国领土上行使管辖权和管理职责，这些行为应为另一国依据其国内法所拥有的权利。在实施过程中，各国还应注意《联合国海洋法公约》的相关规定，不能损害第三方的权利。

在此机制下，各国应根据其国内法律、规定以及相关国际法，承担以下义务：第一，是防止和打击海盗行为及武装抢劫船舶的义务，包括对船舶的保护，根据相关的国际标准和做法，特别是国际海事组织所采用的推荐做法，各国应鼓励船舶、船主或船舶驾驶人员，适时采取保护措施，应对海盗和武装劫船事件；第二，逮捕海盗及任何对船舶进行武装抢劫的人员；第三，抓获用于进行海盗行为及对船舶进行武装抢劫的船舶或飞机，抓捕海盗或武装劫船人员所占据和控制的船舶，缴获船上财产；第四，救援被劫船舶和人员；第五，各国应建立专门性的机构，与该组织及其他国家进行合作；第六，及时通知的义务，各国一旦发现有海盗或武装抢劫，或者可能发生海盗或武装抢劫时，要及时通知组织的“信息分享中心”和该海域的船只；第七，应信息中心或其他各方的请求，需要给予援助时，各国承担应竭尽全力采取有效和务实的措施，落实请求；第八，引渡的义务，任何一国应根据其国内法律和法规，尽力将在其境内的海盗和进行了武装抢劫船舶的人员，引渡到对这些人员具有管辖权、且提出了请求的国家；第九，法律协作义务，任何一国应根据其国内法律和法规，尽力在刑事方面进行相互间的法律协作，包括应另一国的请求，向其提交有关海盗和武装劫船事件的证据；第十，在能力建设方面提供协作义务，能力建设合作包括技术协作，如教育和培训计划，共同分享经验和最好的做法；第十一，联合行动或其他形式的合作的义务；第十二，各国应根据国际法的相关规定，通过协商友好解决彼此之间的争议。

综上所述，针对南沙群岛海域油气资源共同开发过程中的海洋航行安全、海盗治理与打击海上恐怖主义等问题，中国应对积极采取“搁置争议、加强合作”的策略，并重点在以下四个方面加以完善。其一，尽快完善国内的刑事立法，增设海盗罪和危害海上航行安全罪，为打击海盗及相关活动奠定国内的立法基础。其二，积极开展海盗治理、保障南海航行安全的双边合作，签订在南海海域打击海盗和恐怖主义的双边合作协议，同时发挥中国的软实力，倡导其他国家尽快加入打击海盗的相关国际条约。其三，在尊重南海周边各国主权的基础上，积极参加国际上打击南海海盗犯罪的联合行动，以利益相关国的身份参加各种海上安全合作。[1] 近年来南海地区海盗袭击次数逐渐减少的事实表明，加强地区和国际合作是卓有成效的。只有通过密切的国际合作，才能有效地打击海盗袭击和恐怖主义，确保南海地区的航行安全，南沙群岛海域油气资源的共同开发活动才能正常、顺利地进行，中国在南海的经济利益乃至国家安全才能得以保证。

① 赵琪、唐丽：《国际法视野下的南海海盗治理与合作》，《南洋问题研究》，2010 年第 2 期。

第十章 结 论

进入20世纪后，两次世界大战给人类带来了惨痛的创伤和回忆。总结这两次世界大战，不难发现它们具有一个共同的性质——侵略战争。即军事强国倚仗其强大的军事实力，侵略他国，甚至占领、统治周边其他国家，而成为霸权强权，并以此积聚和增加自己的资源和财富。但是第二次世界大战后，虽然霸权主义依然存在，强国侵吞弱国的情形也屡见不鲜，但早已在国际和平舆论中受到抑制，尤其在冷战结束之后，该情况更大为减少。

因此，就南沙群岛沿海国家争端的解决途径而言，无外乎以下几种。首先是经由联合国或区域组织的途径。南沙群岛争端可能被提交联合国安理会的情形主要有以下四种：一是当该项争端或情势发展到可能导致国际冲突时，任何联合国会员国提请安理会（或联合国大会）注意①；二是当该情势发展到可能危害国际和平与安全时，联大促请安理会注意②；三是联合国秘书长如果认为南沙情势可能威胁或危害国际和平与安全时，有权提请安理会注意③；四是涉及南沙领土主权争端的联合国会员国如果受到外来武装攻击而行使自卫权时，更有义务将其所采取的自卫措施报告安理会④。但上述可能提请安理会（或联大）注意的事项都不是领土主权问题，而是威胁或危害国际和平与安全的情势或争端，此外“提请注意”与联合国解决或处理有明显区别，因此南沙争端现阶段通过联合国途径解决的可能性很小。而对于地区性的国际争端，安理会可自行，或应相关国

① 《联合国宪章》，第34和35条。

② 《联合国宪章》，第11条第3款。

③ 《联合国宪章》，第99条。

④ 《联合国宪章》，第51条。

家之主动要求而鼓励经由区域组织谋求和平解决[1]。日趋复杂的南沙争端，可否经由东盟而解决呢？我们认为这同样不易，因为涉及南沙争端的各方，除了东盟成员国，还包括中国和中国台湾地区，而且南沙群岛争端错综复杂，各东盟会员国之间的领土主权主张彼此重叠，与我国的领土主权主张也存在相互重叠。

其次是经由国际司法或仲裁的途径，但此种途径适用于南沙争端的可能性也很低。原因主要有以下几点：一是国际法上尚无强制管辖的规则，任何国际司法或仲裁对诉讼案的管辖权都以全体涉案当事国的明示同意和协议为基础。而目前南沙沿海各国多不愿将涉及其领土主权的争端交由像国际司法或仲裁法庭这样的第三方裁判。目前，菲律宾是唯一宣布接受国际法院强制管辖权的南海国家，但它在宣言中不仅明确规定这种强制管辖只对接受同样义务的国家之间的争端有效，而且规定凡是涉及菲律宾领土、领海及大陆架资源的任何国际争端都不适用国际法院的强制管辖权。[2] 二是由争端当事国就其所争议的个案，经由谈判签订特别协定，或者规定将争端交由国际法院裁判，或者规定创立仲裁法庭依法裁判很难进行。南沙群岛领土主权争端不仅涉及各国核心利益，而且错综复杂，通过谈判达成相关协定实为不易。更关键的是，坚信自己对南沙群岛享有主权的国家，认为没有理由交由国际司法或仲裁机构定夺；而对自己在南沙群岛领土主张信心不足的国家，则更不愿将争端交由国际司法或仲裁机构依法裁判，因此特别协定极难达成。

目前逐渐发展的是国际间“区域合作”的概念，即邻近国家相互合作，形成经济共同体，进而营造共同繁荣的景象并实现多赢，共同开发就是在这样的历史背景下孕育而生的解决途径。此外，共同开发的概念也与人类共同遗产观念的发展相关联。就海洋法的发展历史而言，在 17 世纪初，荷兰法学格劳秀斯提出海洋自由论的主张，认为各国所管辖的海域不得漫无限制，其主张在 18 世纪逐渐形成海洋开放论，并认为公海是共有物，属于全体人类共有，应开放给全人类使

---

① 《联合国宪章》，第 52 条第 3 款。

② The Philippine Declaration of Dec. 23，1971. From ICJ Yearbook：1990—1991. The Hague，1991：97.

用。随着人类对能源的需求日益增加，虽然各国间的海域争端层出不穷，但在法治的国际社会里，任何国际争端都应寻求和平途径加以解决，通过合作和谈判对海洋资源进行共同开发已成为不可阻挡的趋势。

目前世界上尚有许多存在主权争议或归属未定的海域(包括岛屿及其周围海域)，约有 240 个海上边界尚未划定，而在亚太地区也有 60 余个地区尚待确定。[①] 这些争议海域的继续存在和相应争端的持续发展，是国际关系中的一个极不稳定因素，既不利于国际社会和该地区的和平与安全，也造成当事国之间关系的紧张，阻碍该地区整体的进步与发展。而随着各国科技进步和经济发展，各国都逐渐将注意力投向海洋石油天然气资源，使得该问题更趋复杂化。所以才有了共同开发这一解决方式的产生，其基本模式即各当事国之间搁置主权争议、实施共同开发、合理分享资源、共同分担成本，当前南沙群岛海域的争端适用这种方式无疑最有利于各当事国的利益。

根据现有案例及实际共同开发的过程来看，两国或多国间通过协定进行共同开发，在协定的规范下，有关国家协调各自国家法规，并在新的规约指导下，用一致接受的条款，如成本分摊比例和利益分享比例，对大陆架海床和底土中一块特定的区域进行共同开发。而参与国根据国际法，仍未放弃对同一区域所提出的主权权利要求。[②]

综合共同开发的理论发展和国际实践，共同开发是指有关国家暂时搁置主权或主权权利争议，基于政府间的协议，就跨越彼此间海洋边界线或位于争议区内的共同矿藏及矿产资源，以某种合作方式进行的勘探和开发，并且实行共享权利、共同管理、共摊成本。

就共同开发的架构和要素而言，主要包括以下几个方面：

第一，共同开发的主体。根据国际实践，只有在相邻或相向国家之间存在主

① Douglas M. Johnson, Mark Valencia. *Pacific Ocean Boundary Problems: Status and Solutions*. Martinus Nijhoff Publishers, 1992: 11.

② 蔡鸿鹏:《争议海域共同开发的管理模式:比较研究》，上海社会科学院出版社，1998 年，第 9－10 页。

权主张重叠或发现跨界资源时，才有需要进行共同开发，这显然绝非单纯私法上的契约关系，而须先以各当事国之间的协定为基础。换言之，要成为共同开发的主体，首先原则上必须是一个国家，其次是这些国家间存在海域权利主张重叠的情况。因此，就南沙群岛海域而言，具备这两个条件并享有共同开发权的国家只能是南沙群岛周边国家。

第二，共同开发的客体。共同开发区是一特定区域，它建立在尚未划定专属经济区和大陆架界限的主权和管辖权主张重叠区域。这些区域是特定的，它有可能是整个争议海域，也可能是部分海域。印度尼西亚曾经提出“环形方案”，南海沿岸国从其领海基线量起 200 海里的范围为各国专属经济区，连接各国专属经济区的外部界限而形成的环形中间区域为共同开发区，以及所谓的“人人有份”方案，都对中国极其不利。比较稳妥的应该是南海海域三层级方案，但该方案也并非完全可行。我们认为，坚持双边谈判，在仅涉及两个国家的争议区域建立双边性共同开发区更为可行，即在开始阶段，尽量选择争议较少和难度较小的区域优先进行谈判，达成共同开发协定，并以此缓解区域紧张局势，促进各国间的合作，借助已有共同开发的成功案例来进一步带动在更广泛争议区域的共同开发活动。

第三，共同开发的合同模式选择。在国际实践中，大约可以分为特许合同、共同经营合同和生产分享合同三种模式。就石油资源开发合同的发展来看，最早的合同模式——特许权合同，资源国因在政治和经济上均完全依附于发达资本主义国家，因而石油开发的利益大多都由发达国家获得；随着作为发展中国家的资源国逐渐崛起，进而产生了共同经营合同和生产分享合同。其中也可看出资源国对石油开发由原来被动接受利益（特许合同），到以合伙方式积极参与（共同经营合同），直至完全掌握（生产分享合同）的发展过程。

我们认为，我国和周边争议国家在共同开发区油气资源的开采模式可采取当今较流行的产品分成合同。首先，周边几个争议国家中大部分采取的是产品分成合同（除泰国和文莱），如印度尼西亚、马来西亚、菲律宾等。它们在其国内法中都较为明确地规定了该合同的运作方式，而我国《中华人民共和国对外合作开采海洋石油资源条例》虽然从其内容上看属于复合型合同，但本质上仍是产品分成合同。虽然不同国家的产品分成合同内容上有所差异，但核心包括三个基本内容：即成本费如何回收；石油国政府和承包石油公司如何就“利润油”进行分成；实行什么样的所得税。[①] 其次，该合同是由外国企业一方投资进行勘探，负责勘探作业，并承担全部勘探风险，所有产量分成合同区的经营管理权均归国家石油公司所有，外国石油公司只是协助国家石油公司从事油气开采工作。因此其较好地处理了资源国政府和合同者之间在油气勘探开发与生产过程中的风险、控制和利润分成关系。石油国既可以得到产品分成又可以征收所得税，外国合同者也有机会获得原油。综上，对争议当事国双方来说，采取这种模式是一种双赢，而外国投资者也乐意到此进行开采，所以最终定会使我国当时创设的共同开发所要达到的目标成为现实。

第四，共同开发的管理机制。归纳国际共同开发的实践，目前对于共同开发的管理机制主要有超国家管理模式、双方政府共同管理模式、代理制模式和合资机构共同经营模式。因为共同开发区主权尚存在争议，因此各方在合作项目中互相尊重，谅解互信十分重要。在建立国家共同管理机制更需要高效有力的协调管理，才能使共同开发顺利进行。超国家双层管理机制的建立，结合超国家管理机构及双层次管理机制的优势，适当借鉴协商咨询机制的操作模式，两部门严格分工达到双向监督，避免唯一机构导致权力过于集中，而且考虑到目前几个国家的海域权利主张的复杂性，超政府机制应当是比较适合的一种管理机制。

第五，共同开发的财税制度。我们认为，在谈判过程中要建立南沙群岛共同开发区财税征收的协定，应该遵从“简税制”的原则，建立、健全石油天然气税费体系，并根据国际上大多数国家的计税标准，提高从价计征的比例。同时实行差别征收率，对石油和天然气进行科学合理、相对详细的等级分类，在资源税单位税额标准整体提高的基础上，扩大不同等级、不同品质资源的级差收益，以加强对优质资源的合理保护、高效开采和对低品质资源的开发，减少单纯追求利润、

---

① 戈登·巴罗斯：《世界石油租让制专题报告》，《石油经济学家》，1980年10月。

浪费国家资源的现象。即在共同开发区内,充分考虑企业生产条件的不同,对开采条件恶劣的资源应该少征、免征资源税甚至给予补贴,而对优质、易开采的石油实行高的征收率。此外,实行从价计征的滑动比例征收率。这样可以避免油价下降时企业出现亏损、而油价高涨时国家却又不能分享其溢价收成的情况,而浮动弹性税率可以将资源税费与油气市场联系起来。

第六,共同开发与环境保护。随着海洋污染的日益严重,如何使资源开采与保护海洋环境的义务相调和,早已是国际社会关切的课题。1972 年斯德哥尔摩会议通过的《人类环境宣言》规定:各国有按自己的环境政策开发自己资源的主权;并且有责任保证在他们管辖或控制之内的活动,不致损害其他国家的或在国家管辖范围以外地区的环境。参与共同开发的国家如果在这方面没有适当的法律制度和有效的执法机制而造成损害,则必须承担赔偿责任。尤其由于沿海国有义务防止其领土、大陆架和专属经济区被用以侵犯他国之权益,所以沿海国必须采取一切必要和适当的措施,防止污染及其他任何损害的发生。换言之,参与共同开发的国家对它所许可或经它授权进行相关自然资源勘探开发活动的企业,均负有监督管理的责任,而履行此项责任的起点就是要使其国内法、共同开发协定与其他相关国际法规则协调一致。相关国家也有必要通过区域性公约来保护海洋环境,并加强国际合作来共同防治污染。

第七,共同开发与打击海盗。针对南沙群岛海域油气资源共同开发过程中的海洋航行安全、海盗治理与打击海上恐怖主义等问题,中国积极采取"搁置争议、加强合作"的策略。最近几年来南海地区海盗袭击次数逐渐减少的事实证明,加强地区和国际合作是卓有成效的。只有通过密切的国际合作,才能有效地打击海盗袭击和恐怖主义,确保南海地区的航行安全。

应该看到,凡是涉及国家主权的争端,常常缺少有效的解决途径,国际间许多地区的主权争端至今仍悬而未决。正因如此,在争议持续期间,任何当事国既不能片面开发争议区域的资源,外国企业往往也不愿冒险投资,致使这些自然资源无法得以开采。在困境下,以开发主权争议地区自然资源为宗旨的共同开发制度,虽然涉及国家主权及复杂的法律问题,但是已经被充分证明为一种实际可行和具有完善法理基础的功能性合作制度。它不仅可以广泛适用于任何有主权争议的大陆、岛屿、大陆架和专属经济区，而且也可以和渔业、环保、交通或水资源等其他国际合作制度相结合或并行不悖。因此，南沙群岛海域共同开发制度使得争议区域的自然资源得到有效和符合经济原则的勘探和开发，进而促成相应国际争端的缓和或最终解决。

附　录

一、中国相关规范性法律文件

（一）中华人民共和国专属经济区和大陆架法

（中华人民共和国第九届全国人民代表大会常务委员会第三次会议于1998年6月26日通过，现予公布，自公布之日起施行。）

第一条　为保障中华人民共和国对专属经济区和大陆架行使主权权利和管辖权，维护国家海洋权益，制定本法。

第二条　中华人民共和国的专属经济区，为中华人民共和国领海以外并邻接领海的区域，从测算领海宽度的基线量起延至二百海里。

中华人民共和国的大陆架，为中华人民共和国领海以外依本国陆地领土的全部自然延伸，扩展到大陆边外缘的海底区域的海床和底土；如果从测算领海宽度的基线量起至大陆边外缘的距离不足二百海里，则扩展至二百海里。

中华人民共和国与海岸相邻或者相向国家关于专属经济区和大陆架的主张重叠的，在国际法的基础上按照公平原则以协议划定界限。

第三条　中华人民共和国在专属经济区为勘查、开发、养护和管理海床上覆水域、海床及其底土的自然资源，以及进行其他经济性开发和勘查，如利用海水、海流和风力生产能等活动，行使主权权利。

中华人民共和国对专属经济区的人工岛屿、设施和结构的建造、使用和海洋科学研究、海洋环境的保护和保全，行使管辖权。

本法所称专属经济区的自然资源，包括生物资源和非生物资源。

第四条　中华人民共和国为勘查大陆架和开发大陆架的自然资源，对大陆架行使主权权利。

中华人民共和国对大陆架的人工岛屿、设施和结构的建造、使用和海洋科学研究、海洋环境的保护和保全，行使管辖权。

中华人民共和国拥有授权和管理为一切目的在大陆架上进行钻探的专属权利。

本法所称大陆架的自然资源，包括海床和底土的矿物和其他非生物资源，以及属于定居种的生物，即在可捕捞阶段在海床上或者海床下不能移动或者其躯体须与海床或者底土保持接触才能移动的生物。

第五条 任何国际组织、外国的组织或者个人进入中华人民共和国的专属经济区从事渔业活动，必须经中华人民共和国主管机关批准，并遵守中华人民共和国的法律、法规及中华人民共和国与有关国家签订的条约、协定。

中华人民共和国主管机关有权采取各种必要的养护和管理措施，确保专属经济区的生物资源不受过度开发的危害。

第六条 中华人民共和国主管机关有权对专属经济区的跨界种群、高度洄游鱼种、海洋哺乳动物、源自中华人民共和国河流的溯河产卵种群、在中华人民共和国水域内度过大部分生命周期的降河产卵鱼种，进行养护和管理。

中华人民共和国对源自本国河流的溯河产卵种群，享有主要利益。

第七条 任何国际组织、外国的组织或者个人对中华人民共和国的专属经济区和大陆架的自然资源进行勘查、开发活动或者在中华人民共和国的大陆架上为任何目的进行钻探，必须经中华人民共和国主管机关批准，并遵守中华人民共和国的法律、法规。

第八条 中华人民共和国在专属经济区和大陆架有专属权利建造并授权和管理建造、操作和使用人工岛屿、设施和结构。

中华人民共和国对专属经济区和大陆架的人工岛屿、设施和结构行使专属管辖权，包括有关海关、财政、卫生、安全和出境入境的法律和法规方面的管辖权。

中华人民共和国主管机关有权在专属经济区和大陆架的人工岛屿、设施和结构周围设置安全地带，并可以在该地带采取适当措施，确保航行安全以及人工岛屿、设施和结构的安全。

第九条 任何国际组织、外国的组织或者个人在中华人民共和国的专属经济区和大陆架进行海洋科学研究，必须经中华人民共和国主管机关批准，并遵守中华人民共和国的法律、法规。

第十条 中华人民共和国主管机关有权采取必要的措施，防止、减少和控制海洋环境的污染，保护和保全专属经济区和大陆架的海洋环境。

第十一条 任何国家在遵守国际法和中华人民共和国的法律、法规的前提下，在中华人民共和国的专属经济区享有航行、飞越的自由，在中华人民共和国的专属经济区和大陆架享有铺设海底电缆和管道的自由，以及与上述自由有关的其他合法使用海洋的便利。铺设海底电缆和管道的路线，必须经中华人民共和国主管机关同意。

第十二条 中华人民共和国在行使勘查、开发、养护和管理专属经济区的生物资源的主权权利时，为确保中华人民共和国的法律、法规得到遵守，可以采取登临、检查、逮捕、扣留和进行司法程序等必要的措施。

中华人民共和国对在专属经济区和大陆架违反中华人民共和国法律、法规的行为，有权采取必要措施，依法追究法律责任，并可以行使紧追权。

第十三条 中华人民共和国在专属经济区和大陆架享有的权利，本法未作规定的，根据国际法和中华人民共和国其他有关法律、法规行使。

第十四条 本法的规定不影响中华人民共和国享有的历史性权利。

第十五条 中华人民共和国政府可以根据本法制定有关规定。

第十六条 本法自公布之日起施行。

（二）中华人民共和国海洋环境保护法

（1982 年 8 月 23 日第五届全国人民代表大会常务委员会第二十四次会议通过 1999 年 12 月 25 日第九届全国人民代表大会常务委员会第十三次会议修订 根据 2013 年 12 月 28 日第十二届全国人民代表大会常务委员会第六次

会议《关于修改〈中华人民共和国海洋环境保护法〉等七部法律的决定》修正）

第一章 总 则

第一条 为了保护和改善海洋环境，保护海洋资源，防治污染损害，维护生态平衡，保障人体健康，促进经济和社会的可持续发展，制定本法。

第二条 本法适用于中华人民共和国内水、领海、毗连区、专属经济区、大陆架以及中华人民共和国管辖的其他海域。

在中华人民共和国管辖海域内从事航行、勘探、开发、生产、旅游、科学研究及其他活动，或者在沿海陆域内从事影响海洋环境活动的任何单位和个人，都必须遵守本法。

在中华人民共和国管辖海域以外，造成中华人民共和国管辖海域污染的，也适用本法。

第三条 国家建立并实施重点海域排污总量控制制度，确定主要污染物排海总量控制指标，并对主要污染源分配排放控制数量。具体办法由国务院制定。

第四条 一切单位和个人都有保护海洋环境的义务，并有权对污染损害海洋环境的单位和个人，以及海洋环境监督管理人员的违法失职行为进行监督和检举。

第五条 国务院环境保护行政主管部门作为对全国环境保护工作统一监督管理的部门，对全国海洋环境保护工作实施指导、协调和监督，并负责全国防治陆源污染物和海岸工程建设项目对海洋污染损害的环境保护工作。

国家海洋行政主管部门负责海洋环境的监督管理，组织海洋环境的调查、监测、监视、评价和科学研究，负责全国防治海洋工程建设项目和海洋倾倒废弃物对海洋污染损害的环境保护工作。

国家海事行政主管部门负责所辖港区水域内非军事船舶和港区水域外非渔业、非军事船舶污染海洋环境的监督管理，并负责污染事故的调查处理；对在中华人民共和国管辖海域航行、停泊和作业的外国籍船舶造成的污染事故登轮检查处理。船舶污染事故给渔业造成损害的，应当吸收渔业行政主管部门参与调查处理。

国家渔业行政主管部门负责渔港水域内非军事船舶和渔港水域外渔业船舶污染海洋环境的监督管理，负责保护渔业水域生态环境工作，并调查处理前款规定的污染事故以外的渔业污染事故。

军队环境保护部门负责军事船舶污染海洋环境的监督管理及污染事故的调查处理。

沿海县级以上地方人民政府行使海洋环境监督管理权的部门的职责，由省、自治区、直辖市人民政府根据本法及国务院有关规定确定。

第二章　海洋环境监督管理

第六条　国家海洋行政主管部门会同国务院有关部门和沿海省、自治区、直辖市人民政府拟定全国海洋功能区划，报国务院批准。

沿海地方各级人民政府应当根据全国和地方海洋功能区划，科学合理地使用海域。

第七条　国家根据海洋功能区划制定全国海洋环境保护规划和重点海域区域性海洋环境保护规划。

毗邻重点海域的有关沿海省、自治区、直辖市人民政府及行使海洋环境监督管理权的部门，可以建立海洋环境保护区域合作组织，负责实施重点海域区域性海洋环境保护规划、海洋环境污染的防治和海洋生态保护工作。

第八条　跨区域的海洋环境保护工作，由有关沿海地方人民政府协商解决，或者由上级人民政府协调解决。

跨部门的重大海洋环境保护工作，由国务院环境保护行政主管部门协调；协调未能解决的，由国务院作出决定。

第九条　国家根据海洋环境质量状况和国家经济、技术条件，制定国家海洋环境质量标准。

沿海省、自治区、直辖市人民政府对国家海洋环境质量标准中未作规定的项目，可以制定地方海洋环境质量标准。

沿海地方各级人民政府根据国家和地方海洋环境质量标准的规定和本行政区近岸海域环境质量状况，确定海洋环境保护的目标和任务，并纳入人民政府工作计划，按相应的海洋环境质量标准实施管理。

第十条 国家和地方水污染物排放标准的制定，应当将国家和地方海洋环境质量标准作为重要依据之一。在国家建立并实施排污总量控制制度的重点海域，水污染物排放标准的制定，还应当将主要污染物排海总量控制指标作为重要依据。

第十一条 直接向海洋排放污染物的单位和个人，必须按照国家规定缴纳排污费。

向海洋倾倒废弃物，必须按照国家规定缴纳倾倒费。

根据本法规定征收的排污费、倾倒费，必须用于海洋环境污染的整治，不得挪作他用。具体办法由国务院规定。

第十二条 对超过污染物排放标准的，或者在规定的期限内未完成污染物排放削减任务的，或者造成海洋环境严重污染损害的，应当限期治理。

限期治理按照国务院规定的权限决定。

第十三条 国家加强防治海洋环境污染损害的科学技术的研究和开发，对严重污染海洋环境的落后生产工艺和落后设备，实行淘汰制度。

企业应当优先使用清洁能源，采用资源利用率高、污染物排放量少的清洁生产工艺，防止对海洋环境的污染。

第十四条 国家海洋行政主管部门按照国家环境监测、监视规范和标准，管理全国海洋环境的调查、监测、监视，制定具体的实施办法，会同有关部门组织全国海洋环境监测、监视网络，定期评价海洋环境质量，发布海洋巡航监视通报。

依照本法规定行使海洋环境监督管理权的部门分别负责各自所辖水域的监测、监视。

其他有关部门根据全国海洋环境监测网的分工，分别负责对入海河口、主要排污口的监测。

第十五条 国务院有关部门应当向国务院环境保护行政主管部门提供编制全国环境质量公报所必需的海洋环境监测资料。

环境保护行政主管部门应当向有关部门提供与海洋环境监督管理有关的

资料。

第十六条 国家海洋行政主管部门按照国家制定的环境监测、监视信息管理制度，负责管理海洋综合信息系统，为海洋环境保护监督管理提供服务。

第十七条 因发生事故或者其他突发性事件，造成或者可能造成海洋环境污染事故的单位和个人，必须立即采取有效措施，及时向可能受到危害者通报，并向依照本法规定行使海洋环境监督管理权的部门报告，接受调查处理。

沿海县级以上地方人民政府在本行政区域近岸海域的环境受到严重污染时，必须采取有效措施，解除或者减轻危害。

第十八条 国家根据防止海洋环境污染的需要，制定国家重大海上污染事故应急计划。

国家海洋行政主管部门负责制定全国海洋石油勘探开发重大海上溢油应急计划，报国务院环境保护行政主管部门备案。

国家海事行政主管部门负责制定全国船舶重大海上溢油污染事故应急计划，报国务院环境保护行政主管部门备案。

沿海可能发生重大海洋环境污染事故的单位，应当依照国家的规定，制定污染事故应急计划，并向当地环境保护行政主管部门、海洋行政主管部门备案。

沿海县级以上地方人民政府及其有关部门在发生重大海上污染事故时，必须按照应急计划解除或者减轻危害。

第十九条 依照本法规定行使海洋环境监督管理权的部门可以在海上实行联合执法，在巡航监视中发现海上污染事故或者违反本法规定的行为时，应当予以制止并调查取证，必要时有权采取有效措施，防止污染事态的扩大，并报告有关主管部门处理。

依照本法规定行使海洋环境监督管理权的部门，有权对管辖范围内排放污染物的单位和个人进行现场检查。被检查者应当如实反映情况，提供必要的资料。

检查机关应当为被检查者保守技术秘密和业务秘密。

第三章　海洋生态保护

第二十条　国务院和沿海地方各级人民政府应当采取有效措施，保护红树林、珊瑚礁、滨海湿地、海岛、海湾、入海河口、重要渔业水域等具有典型性、代表性的海洋生态系统，珍稀、濒危海洋生物的天然集中分布区，具有重要经济价值的海洋生物生存区域及有重大科学文化价值的海洋自然历史遗迹和自然景观。

对具有重要经济、社会价值的已遭到破坏的海洋生态，应当进行整治和恢复。

第二十一条　国务院有关部门和沿海省级人民政府应当根据保护海洋生态的需要，选划、建立海洋自然保护区。

国家级海洋自然保护区的建立，须经国务院批准。

第二十二条　凡具有下列条件之一的，应当建立海洋自然保护区：

（一）典型的海洋自然地理区域、有代表性的自然生态区域，以及遭受破坏但经保护能恢复的海洋自然生态区域；

（二）海洋生物物种高度丰富的区域，或者珍稀、濒危海洋生物物种的天然集中分布区域；

（三）具有特殊保护价值的海域、海岸、岛屿、滨海湿地、入海河口和海湾等；

（四）具有重大科学文化价值的海洋自然遗迹所在区域；

（五）其他需要予以特殊保护的区域。

第二十三条　凡具有特殊地理条件、生态系统、生物与非生物资源及海洋开发利用特殊需要的区域，可以建立海洋特别保护区，采取有效的保护措施和科学的开发方式进行特殊管理。

第二十四条　开发利用海洋资源，应当根据海洋功能区划合理布局，不得造成海洋生态环境破坏。

第二十五条　引进海洋动植物物种，应当进行科学论证，避免对海洋生态系统造成危害。

第二十六条　开发海岛及周围海域的资源，应当采取严格的生态保护措施，不得造成海岛地形、岸滩、植被以及海岛周围海域生态环境的破坏。

第二十七条 沿海地方各级人民政府应当结合当地自然环境的特点，建设海岸防护设施、沿海防护林、沿海城镇园林和绿地，对海岸侵蚀和海水入侵地区进行综合治理。

禁止毁坏海岸防护设施、沿海防护林、沿海城镇园林和绿地。

第二十八条 国家鼓励发展生态渔业建设，推广多种生态渔业生产方式，改善海洋生态状况。

新建、改建、扩建海水养殖场，应当进行环境影响评价。

海水养殖应当科学确定养殖密度，并应当合理投饵、施肥，正确使用药物，防止造成海洋环境的污染。

第四章 防治陆源污染物对海洋环境的污染损害

第二十九条 向海域排放陆源污染物，必须严格执行国家或者地方规定的标准和有关规定。

第三十条 入海排污口位置的选择，应当根据海洋功能区划、海水动力条件和有关规定，经科学论证后，报设区的市级以上人民政府环境保护行政主管部门审查批准。

环境保护行政主管部门在批准设置入海排污口之前，必须征求海洋、海事、渔业行政主管部门和军队环境保护部门的意见。

在海洋自然保护区、重要渔业水域、海滨风景名胜区和其他需要特别保护的区域，不得新建排污口。

在有条件的地区，应当将排污口深海设置，实行离岸排放。设置陆源污染物深海离岸排放排污口，应当根据海洋功能区划、海水动力条件和海底工程设施的有关情况确定，具体办法由国务院规定。

第三十一条 省、自治区、直辖市人民政府环境保护行政主管部门和水行政主管部门应当按照水污染防治有关法律的规定，加强入海河流管理，防治污染，使入海河口的水质处于良好状态。

第三十二条 排放陆源污染物的单位，必须向环境保护行政主管部门申报拥有的陆源污染物排放设施、处理设施和在正常作业条件下排放陆源污染物的种类、数量和浓度，并提供防治海洋环境污染方面的有关技术和资料。

排放陆源污染物的种类、数量和浓度有重大改变的，必须及时申报。

拆除或者闲置陆源污染物处理设施的，必须事先征得环境保护行政主管部门的同意。

第三十三条 禁止向海域排放油类、酸液、碱液、剧毒废液和高、中水平放射性废水。

严格限制向海域排放低水平放射性废水；确需排放的，必须严格执行国家辐射防护规定。

严格控制向海域排放含有不易降解的有机物和重金属的废水。

第三十四条 含病原体的医疗污水、生活污水和工业废水必须经过处理，符合国家有关排放标准后，方能排入海域。

第三十五条 含有机物和营养物质的工业废水、生活污水，应当严格控制向海湾、半封闭海及其他自净能力较差的海域排放。

第三十六条 向海域排放含热废水，必须采取有效措施，保证邻近渔业水域的水温符合国家海洋环境质量标准，避免热污染对水产资源的危害。

第三十七条 沿海农田、林场施用化学农药，必须执行国家农药安全使用的规定和标准。

沿海农田、林场应当合理使用化肥和植物生长调节剂。

第三十八条 在岸滩弃置、堆放和处理尾矿、矿渣、煤灰渣、垃圾和其他固体废物的，依照《中华人民共和国固体废物污染环境防治法》的有关规定执行。

第三十九条 禁止经中华人民共和国内水、领海转移危险废物。

经中华人民共和国管辖的其他海域转移危险废物的，必须事先取得国务院环境保护行政主管部门的书面同意。

第四十条 沿海城市人民政府应当建设和完善城市排水管网，有计划地建设城市污水处理厂或者其他污水集中处理设施，加强城市污水的综合整治。

建设污水海洋处置工程，必须符合国家有关规定。

第四十一条 国家采取必要措施，防止、减少和控制来自大气层或者通过大气层造成的海洋环境污染损害。

第五章 防治海岸工程建设项目对海洋环境的污染损害

第四十二条 新建、改建、扩建海岸工程建设项目，必须遵守国家有关建设项目环境保护管理的规定，并把防治污染所需资金纳入建设项目投资计划。

在依法划定的海洋自然保护区、海滨风景名胜区、重要渔业水域及其他需要特别保护的区域，不得从事污染环境、破坏景观的海岸工程项目建设或者其他活动。

第四十三条 海岸工程建设项目的单位，必须在建设项目可行性研究阶段，对海洋环境进行科学调查，根据自然条件和社会条件，合理选址，编报环境影响报告书。环境影响报告书报环境保护行政主管部门审查批准。

环境保护行政主管部门在批准环境影响报告书之前，必须征求海洋、海事、渔业行政主管部门和军队环境保护部门的意见。

第四十四条 海岸工程建设项目的环境保护设施，必须与主体工程同时设计、同时施工、同时投产使用。环境保护设施未经环境保护行政主管部门检查批准，建设项目不得试运行；环境保护设施未经环境保护行政主管部门验收，或者经验收不合格的，建设项目不得投入生产或者使用。

第四十五条 禁止在沿海陆域内新建不具备有效治理措施的化学制浆造纸、化工、印染、制革、电镀、酿造、炼油、岸边冲滩拆船以及其他严重污染海洋环境的工业生产项目。

第四十六条 兴建海岸工程建设项目，必须采取有效措施，保护国家和地方重点保护的野生动植物及其生存环境和海洋水产资源。

严格限制在海岸采挖砂石。露天开采海滨砂矿和从岸上打井开采海底矿产资源，必须采取有效措施，防止污染海洋环境。

第六章 防治海洋工程建设项目对海洋环境的污染损害

第四十七条 海洋工程建设项目必须符合海洋功能区划、海洋环境保护规划和国家有关环境保护标准，在可行性研究阶段，编报海洋环境影响报告书，由海洋行政主管部门核准，并报环境保护行政主管部门备案，接受环境保护行政主管部门监督。

海洋行政主管部门在核准海洋环境影响报告书之前，必须征求海事、渔业行政主管部门和军队环境保护部门的意见。

第四十八条 海洋工程建设项目的环境保护设施，必须与主体工程同时设计、同时施工、同时投产使用。环境保护设施未经海洋行政主管部门检查批准，建设项目不得试运行；环境保护设施未经海洋行政主管部门验收，或者经验收不合格的，建设项目不得投入生产或者使用。

拆除或者闲置环境保护设施，必须事先征得海洋行政主管部门的同意。

第四十九条 海洋工程建设项目，不得使用含超标准放射性物质或者易溶出有毒有害物质的材料。

第五十条 海洋工程建设项目需要爆破作业时，必须采取有效措施，保护海洋资源。

海洋石油勘探开发及输油过程中，必须采取有效措施，避免溢油事故的发生。

第五十一条 海洋石油钻井船、钻井平台和采油平台的含油污水和油性混合物，必须经过处理达标后排放；残油、废油必须予以回收，不得排放入海。经回收处理后排放的，其含油量不得超过国家规定的标准。

钻井所使用的油基泥浆和其他有毒复合泥浆不得排放入海。水基泥浆和无毒复合泥浆及钻屑的排放，必须符合国家有关规定。

第五十二条 海洋石油钻井船、钻井平台和采油平台及其有关海上设施，不得向海域处置含油的工业垃圾。处置其他工业垃圾，不得造成海洋环境污染。

第五十三条 海上试油时，应当确保油气充分燃烧，油和油性混合物不得排放入海。

第五十四条 勘探开发海洋石油，必须按有关规定编制溢油应急计划，报国家海洋行政主管部门的海区派出机构备案。

第七章 防治倾倒废弃物对海洋环境的污染损害

第五十五条 任何单位未经国家海洋行政主管部门批准，不得向中华人民共和国管辖海域倾倒任何废弃物。

需要倾倒废弃物的单位，必须向国家海洋行政主管部门提出书面申请，经国家海洋行政主管部门审查批准，发给许可证后，方可倾倒。

禁止中华人民共和国境外的废弃物在中华人民共和国管辖海域倾倒。

第五十六条 国家海洋行政主管部门根据废弃物的毒性、有毒物质含量和对海洋环境影响程度，制定海洋倾倒废弃物评价程序和标准。

向海洋倾倒废弃物，应当按照废弃物的类别和数量实行分级管理。

可以向海洋倾倒的废弃物名录，由国家海洋行政主管部门拟定，经国务院环境保护行政主管部门提出审核意见后，报国务院批准。

第五十七条 国家海洋行政主管部门按照科学、合理、经济、安全的原则选划海洋倾倒区，经国务院环境保护行政主管部门提出审核意见后，报国务院批准。

临时性海洋倾倒区由国家海洋行政主管部门批准，并报国务院环境保护行政主管部门备案。

国家海洋行政主管部门在选划海洋倾倒区和批准临时性海洋倾倒区之前，必须征求国家海事、渔业行政主管部门的意见。

第五十八条 国家海洋行政主管部门监督管理倾倒区的使用，组织倾倒区的环境监测。对经确认不宜继续使用的倾倒区，国家海洋行政主管部门应当予以封闭，终止在该倾倒区的一切倾倒活动，并报国务院备案。

第五十九条 获准倾倒废弃物的单位，必须按照许可证注明的期限及条件，到指定的区域进行倾倒。废弃物装载之后，批准部门应当予以核实。

第六十条 获准倾倒废弃物的单位，应当详细记录倾倒的情况，并在倾倒后向批准部门作出书面报告。倾倒废弃物的船舶必须向驶出港的海事行政主管部门作出书面报告。

第六十一条 禁止在海上焚烧废弃物。

禁止在海上处置放射性废弃物或者其他放射性物质。废弃物中的放射性物质的豁免浓度由国务院制定。

第八章　防治船舶及有关作业活动对海洋环境的污染损害

第六十二条　在中华人民共和国管辖海域，任何船舶及相关作业不得违反本法规定向海洋排放污染物、废弃物和压载水、船舶垃圾及其他有害物质。

从事船舶污染物、废弃物、船舶垃圾接收、船舶清舱、洗舱作业活动的，必须具备相应的接收处理能力。

第六十三条　船舶必须按照有关规定持有防止海洋环境污染的证书与文书，在进行涉及污染物排放及操作时，应当如实记录。

第六十四条　船舶必须配置相应的防污设备和器材。

载运具有污染危害性货物的船舶，其结构与设备应当能够防止或者减轻所载货物对海洋环境的污染。

第六十五条　船舶应当遵守海上交通安全法律、法规的规定，防止因碰撞、触礁、搁浅、火灾或者爆炸等引起的海难事故，造成海洋环境的污染。

第六十六条　国家完善并实施船舶油污损害民事赔偿责任制度；按照船舶油污损害赔偿责任由船东和货主共同承担风险的原则，建立船舶油污保险、油污损害赔偿基金制度。

实施船舶油污保险、油污损害赔偿基金制度的具体办法由国务院规定。

第六十七条　载运具有污染危害性货物进出港口的船舶，其承运人、货物所有人或者代理人，必须事先向海事行政主管部门申报。经批准后，方可进出港口、过境停留或者装卸作业。

第六十八条　交付船舶装运污染危害性货物的单证、包装、标志、数量限制等，必须符合对所装货物的有关规定。

需要船舶装运污染危害性不明的货物，应当按照有关规定事先进行评估。

装卸油类及有毒有害货物的作业，船岸双方必须遵守安全防污操作规程。

第六十九条　港口、码头、装卸站和船舶修造厂必须按照有关规定备有足够的用于处理船舶污染物、废弃物的接收设施，并使该设施处于良好状态。

装卸油类的港口、码头、装卸站和船舶必须编制溢油污染应急计划，并配备相应的溢油污染应急设备和器材。

第七十条　进行下列活动，应当事先按照有关规定报经有关部门批准或者核准：

（一）船舶在港区水域内使用焚烧炉；

（二）船舶在港区水域内进行洗舱、清舱、驱气、排放压载水、残油、含油污水接收、舷外拷铲及油漆等作业；

（三）船舶、码头、设施使用化学消油剂；

（四）船舶冲洗沾有污染物、有毒有害物质的甲板；

（五）船舶进行散装液体污染危害性货物的过驳作业；

（六）从事船舶水上拆解、打捞、修造和其他水上、水下船舶施工作业。

第七十一条　船舶发生海难事故，造成或者可能造成海洋环境重大污染损害的，国家海事行政主管部门有权强制采取避免或者减少污染损害的措施。

对在公海上因发生海难事故，造成中华人民共和国管辖海域重大污染损害后果或者具有污染威胁的船舶、海上设施，国家海事行政主管部门有权采取与实际的或者可能发生的损害相称的必要措施。

第七十二条　所有船舶均有监视海上污染的义务，在发现海上污染事故或者违反本法规定的行为时，必须立即向就近的依照本法规定行使海洋环境监督管理权的部门报告。

民用航空器发现海上排污或者污染事件，必须及时向就近的民用航空空中交通管制单位报告。接到报告的单位，应当立即向依照本法规定行使海洋环境监督管理权的部门通报。

第九章　法律责任

第七十三条　违反本法有关规定，有下列行为之一的，由依照本法规定行使海洋环境监督管理权的部门责令限期改正，并处以罚款：

（一）向海域排放本法禁止排放的污染物或者其他物质的；

（二）不按照本法规定向海洋排放污染物，或者超过标准排放污染物的；

（三）未取得海洋倾倒许可证，向海洋倾倒废弃物的；

（四）因发生事故或者其他突发性事件，造成海洋环境污染事故，不立即采取处理措施的。

有前款第(一)、(三)项行为之一的,处三万元以上二十万元以下的罚款;有前款第(二)、(四)项行为之一的,处二万元以上十万元以下的罚款。

第七十四条 违反本法有关规定,有下列行为之一的,由依照本法规定行使海洋环境监督管理权的部门予以警告,或者处以罚款:

(一) 不按照规定申报,甚至拒报污染物排放有关事项,或者在申报时弄虚作假的;

(二) 发生事故或者其他突发性事件不按照规定报告的;

(三) 不按照规定记录倾倒情况,或者不按照规定提交倾倒报告的;

(四) 拒报或者谎报船舶载运污染危害性货物申报事项的。

有前款第(一)、(三)项行为之一的,处二万元以下的罚款;有前款第(二)、(四)项行为之一的,处五万元以下的罚款。

第七十五条 违反本法第十九条第二款的规定,拒绝现场检查,或者在被检查时弄虚作假的,由依照本法规定行使海洋环境监督管理权的部门予以警告,并处二万元以下的罚款。

第七十六条 违反本法规定,造成珊瑚礁、红树林等海洋生态系统及海洋水产资源、海洋保护区破坏的,由依照本法规定行使海洋环境监督管理权的部门责令限期改正和采取补救措施,并处一万元以上十万元以下的罚款;有违法所得的,没收其违法所得。

第七十七条 违反本法第三十条第一款、第三款规定设置入海排污口的,由县级以上地方人民政府环境保护行政主管部门责令其关闭,并处二万元以上十万元以下的罚款。

第七十八条 违反本法第三十二条第三款的规定,擅自拆除、闲置环境保护设施的,由县级以上地方人民政府环境保护行政主管部门责令重新安装使用,并处一万元以上十万元以下的罚款。

第七十九条 违反本法第三十九条第二款的规定,经中华人民共和国管辖海域,转移危险废物的,由国家海事行政主管部门责令非法运输该危险废物的船舶退出中华人民共和国管辖海域，并处五万元以上五十万元以下的罚款。

第八十条 违反本法第四十三条第一款的规定，未持有经批准的环境影响报告书，兴建海岸工程建设项目的，由县级以上地方人民政府环境保护行政主管部门责令其停止违法行为和采取补救措施，并处五万元以上二十万元以下的罚款；或者按照管理权限，由县级以上地方人民政府责令其限期拆除。

第八十一条 违反本法第四十四条的规定，海岸工程建设项目未建成环境保护设施，或者环境保护设施未达到规定要求即投入生产、使用的，由环境保护行政主管部门责令其停止生产或者使用，并处二万元以上十万元以下的罚款。

第八十二条 违反本法第四十五条的规定，新建严重污染海洋环境的工业生产建设项目的，按照管理权限，由县级以上人民政府责令关闭。

第八十三条 违反本法第四十七条第一款、第四十八条的规定，进行海洋工程建设项目，或者海洋工程建设项目未建成环境保护设施、环境保护设施未达到规定要求即投入生产、使用的，由海洋行政主管部门责令其停止施工或者生产、使用，并处五万元以上二十万元以下的罚款。

第八十四条 违反本法第四十九条的规定，使用含超标准放射性物质或者易溶出有毒有害物质材料的，由海洋行政主管部门处五万元以下的罚款，并责令其停止该建设项目的运行，直到消除污染危害。

第八十五条 违反本法规定进行海洋石油勘探开发活动，造成海洋环境污染的，由国家海洋行政主管部门予以警告，并处二万元以上二十万元以下的罚款。

第八十六条 违反本法规定，不按照许可证的规定倾倒，或者向已经封闭的倾倒区倾倒废弃物的，由海洋行政主管部门予以警告，并处三万元以上二十万元以下的罚款；对情节严重的，可以暂扣或者吊销许可证。

第八十七条 违反本法第五十五条第三款的规定，将中华人民共和国境外废弃物运进中华人民共和国管辖海域倾倒的，由国家海洋行政主管部门予以警告，并根据造成或者可能造成的危害后果，处十万元以上一百万元以下的罚款。

第八十八条 违反本法规定，有下列行为之一的，由依照本法规定行使海洋环境监督管理权的部门予以警告，或者处以罚款：

（一）港口、码头、装卸站及船舶未配备防污设施、器材的；

（二）船舶未持有防污证书、防污文书，或者不按照规定记载排污记录的；

（三）从事水上和港区水域拆船、旧船改装、打捞和其他水上、水下施工作业，造成海洋环境污染损害的；

（四）船舶载运的货物不具备防污适运条件的。

有前款第（一）、（四）项行为之一的，处二万元以上十万元以下的罚款；有前款第（二）项行为的，处二万元以下的罚款；有前款第（三）项行为的，处五万元以上二十万元以下的罚款。

第八十九条 违反本法规定，船舶、石油平台和装卸油类的港口、码头、装卸站不编制溢油应急计划的，由依照本法规定行使海洋环境监督管理权的部门予以警告，或者责令限期改正。

第九十条 造成海洋环境污染损害的责任者，应当排除危害，并赔偿损失；完全由于第三者的故意或者过失，造成海洋环境污染损害的，由第三者排除危害，并承担赔偿责任。

对破坏海洋生态、海洋水产资源、海洋保护区，给国家造成重大损失的，由依照本法规定行使海洋环境监督管理权的部门代表国家对责任者提出损害赔偿要求。

第九十一条 对违反本法规定，造成海洋环境污染事故的单位，由依照本法规定行使海洋环境监督管理权的部门根据所造成的危害和损失处以罚款；负有直接责任的主管人员和其他直接责任人员属于国家工作人员的，依法给予行政处分。

前款规定的罚款数额按照直接损失的百分之三十计算，但最高不得超过三十万元。

对造成重大海洋环境污染事故，致使公私财产遭受重大损失或者人身伤亡严重后果的，依法追究刑事责任。

第九十二条 完全属于下列情形之一，经过及时采取合理措施，仍然不能避免对海洋环境造成污染损害的，造成污染损害的有关责任者免予承担责任：

（一）战争；

（二）不可抗拒的自然灾害；

（三）负责灯塔或者其他助航设备的主管部门，在执行职责时的疏忽，或者其他过失行为。

第九十三条 对违反本法第十一条、第十二条有关缴纳排污费、倾倒费和限期治理规定的行政处罚，由国务院规定。

第九十四条 海洋环境监督管理人员滥用职权、玩忽职守、徇私舞弊，造成海洋环境污染损害的，依法给予行政处分；构成犯罪的，依法追究刑事责任。

第十章 附 则

第九十五条 本法中下列用语的含义是：

（一）海洋环境污染损害，是指直接或者间接地把物质或者能量引入海洋环境，产生损害海洋生物资源、危害人体健康、妨害渔业和海上其他合法活动、损害海水使用素质和减损环境质量等有害影响。

（二）内水，是指我国领海基线向内陆一侧的所有海域。

（三）滨海湿地，是指低潮时水深浅于六米的水域及其沿岸浸湿地带，包括水深不超过六米的永久性水域、潮间带（或洪泛地带）和沿海低地等。

（四）海洋功能区划，是指依据海洋自然属性和社会属性，以及自然资源和环境特定条件，界定海洋利用的主导功能和使用范畴。

（五）渔业水域，是指鱼虾类的产卵场、索饵场、越冬场、洄游通道和鱼虾贝藻类的养殖场。

（六）油类，是指任何类型的油及其炼制品。

（七）油性混合物，是指任何含有油分的混合物。

（八）排放，是指把污染物排入海洋的行为，包括泵出、溢出、泄出、喷出和倒出。

（九）陆地污染源（简称陆源），是指从陆地向海域排放污染物，造成或者可能造成海洋环境污染的场所、设施等。

（十）陆源污染物，是指由陆地污染源排放的污染物。

（十一）倾倒，是指通过船舶、航空器、平台或者其他载运工具，向海洋处置废弃物和其他有害物质的行为，包括弃置船舶、航空器、平台及其辅助设施和其他浮动工具的行为。

（十二）沿海陆域，是指与海岸相连，或者通过管道、沟渠、设施，直接或者间接向海洋排放污染物及其相关活动的一带区域。

（十三）海上焚烧，是指以热摧毁为目的，在海上焚烧设施上，故意焚烧废弃物或者其他物质的行为，但船舶、平台或者其他人工构造物正常操作中，所附带发生的行为除外。

第九十六条 涉及海洋环境监督管理的有关部门的具体职权划分，本法未作规定的，由国务院规定。

第九十七条 中华人民共和国缔结或者参加的与海洋环境保护有关的国际条约与本法有不同规定的，适用国际条约的规定；但是，中华人民共和国声明保留的条款除外。

第九十八条 本法自 2000 年 4 月 1 日起施行。

（三）中华人民共和国海域使用管理法

（2001 年 10 月 27 日第九届全国人民代表大会常务委员会第二十四次会议通过）

第一章 总 则

第一条 为了加强海域使用管理，维护国家海域所有权和海域使用权人的合法权益，促进海域的合理开发和可持续利用，制定本法。

第二条 本法所称海域，是指中华人民共和国内水、领海的水面、水体、海床和底土。

本法所称内水，是指中华人民共和国领海基线向陆地一侧至海岸线的海域。

在中华人民共和国内水、领海持续使用特定海域三个月以上的排他性用海活动，适用本法。

第三条 海域属于国家所有，国务院代表国家行使海域所有权。任何单位或者个人不得侵占、买卖或者以其他形式非法转让海域。

单位和个人使用海域，必须依法取得海域使用权。

第四条 国家实行海洋功能区划制度。海域使用必须符合海洋功能区划。

国家严格管理填海、围海等改变海域自然属性的用海活动。

第五条 国家建立海域使用管理信息系统，对海域使用状况实施监视、监测。

第六条 国家建立海域使用权登记制度，依法登记的海域使用权受法律保护。

国家建立海域使用统计制度，定期发布海域使用统计资料。

第七条 国务院海洋行政主管部门负责全国海域使用的监督管理。沿海县级以上地方人民政府海洋行政主管部门根据授权，负责本行政区毗邻海域使用的监督管理。

渔业行政主管部门依照《中华人民共和国渔业法》，对海洋渔业实施监督管理。

海事管理机构依照《中华人民共和国海上交通安全法》，对海上交通安全实施监督管理。

第八条 任何单位和个人都有遵守海域使用管理法律、法规的义务，并有权对违反海域使用管理法律、法规的行为提出检举和控告。

第九条 在保护和合理利用海域以及进行有关的科学研究等方面成绩显著的单位和个人，由人民政府给予奖励。

第二章 海洋功能区划

第十条 国务院海洋行政主管部门会同国务院有关部门和沿海省、自治区、直辖市人民政府，编制全国海洋功能区划。

沿海县级以上地方人民政府海洋行政主管部门会同本级人民政府有关部门，依据上一级海洋功能区划，编制地方海洋功能区划。

第十一条 海洋功能区划按照下列原则编制：

（一）按照海域的区位、自然资源和自然环境等自然属性，科学确定海域功能；

（二）根据经济和社会发展的需要，统筹安排各有关行业用海；

（三）保护和改善生态环境，保障海域可持续利用，促进海洋经济的发展；

（四）保障海上交通安全；

（五）保障国防安全，保证军事用海需要。

第十二条 海洋功能区划实行分级审批。

全国海洋功能区划，报国务院批准。

沿海省、自治区、直辖市海洋功能区划，经该省、自治区、直辖市人民政府审核同意后，报国务院批准。

沿海市、县海洋功能区划，经该市、县人民政府审核同意后，报所在的省、自治区、直辖市人民政府批准，报国务院海洋行政主管部门备案。

第十三条 海洋功能区划的修改，由原编制机关会同同级有关部门提出修改方案，报原批准机关批准；未经批准，不得改变海洋功能区划确定的海域功能。

经国务院批准，因公共利益、国防安全或者进行大型能源、交通等基础设施建设，需要改变海洋功能区划的，根据国务院的批准文件修改海洋功能区划。

第十四条 海洋功能区划经批准后，应当向社会公布；但是，涉及国家秘密的部分除外。

第十五条 养殖、盐业、交通、旅游等行业规划涉及海域使用的，应当符合海洋功能区划。

沿海土地利用总体规划、城市规划、港口规划涉及海域使用的，应当与海洋功能区划相衔接。

第三章 海域使用的申请与审批

第十六条 单位和个人可以向县级以上人民政府海洋行政主管部门申请使用海域。

申请使用海域的，申请人应当提交下列书面材料：

（一）海域使用申请书；

（二）海域使用论证材料；

（三）相关的资信证明材料；

（四）法律、法规规定的其他书面材料。

第十七条 县级以上人民政府海洋行政主管部门依据海洋功能区划，对海域使用申请进行审核，并依照本法和省、自治区、直辖市人民政府的规定，报有批准权的人民政府批准。

海洋行政主管部门审核海域使用申请，应当征求同级有关部门的意见。

第十八条 下列项目用海，应当报国务院审批：

（一）填海五十公顷以上的项目用海；

（二）围海一百公顷以上的项目用海；

（三）不改变海域自然属性的用海七百公顷以上的项目用海；

（四）国家重大建设项目用海；

（五）国务院规定的其他项目用海。

前款规定以外的项目用海的审批权限，由国务院授权省、自治区、直辖市人民政府规定。

第四章 海域使用权

第十九条 海域使用申请经依法批准后，国务院批准用海的，由国务院海洋行政主管部门登记造册，向海域使用申请人颁发海域使用权证书；地方人民政府批准用海的，由地方人民政府登记造册，向海域使用申请人颁发海域使用权证书。

海域使用申请人自领取海域使用权证书之日起，取得海域使用权。

第二十条 海域使用权除依照本法第十九条规定的方式取得外，也可以通过招标或者拍卖的方式取得。招标或者拍卖方案由海洋行政主管部门制订，报有审批权的人民政府批准后组织实施。海洋行政主管部门制订招标或者拍卖方案，应当征求同级有关部门的意见。

招标或者拍卖工作完成后，依法向中标人或者买受人颁发海域使用权证书。中标人或者买受人自领取海域使用权证书之日起，取得海域使用权。

第二十一条 颁发海域使用权证书，应当向社会公告。

颁发海域使用权证书，除依法收取海域使用金外，不得收取其他费用。

海域使用权证书的发放和管理办法，由国务院规定。

第二十二条 本法施行前，已经由农村集体经济组织或者村民委员会经营、管理的养殖用海，符合海洋功能区划的，经当地县级人民政府核准，可以将海域使用权确定给该农村集体经济组织或者村民委员会，由本集体经济组织的成员承包，用于养殖生产。

第二十三条 海域使用权人依法使用海域并获得收益的权利受法律保护，任何单位和个人不得侵犯。

海域使用权人有依法保护和合理使用海域的义务；海域使用权人对不妨害其依法使用海域的非排他性用海活动，不得阻挠。

第二十四条 海域使用权人在使用海域期间，未经依法批准，不得从事海洋基础测绘。

海域使用权人发现所使用海域的自然资源和自然条件发生重大变化时，应当及时报告海洋行政主管部门。

第二十五条 海域使用权最高期限，按照下列用途确定：

（一）养殖用海十五年；

（二）拆船用海二十年；

（三）旅游、娱乐用海二十五年；

（四）盐业、矿业用海三十年；

（五）公益事业用海四十年；

（六）港口、修造船厂等建设工程用海五十年。

第二十六条 海域使用权期限届满，海域使用权人需要继续使用海域的，应当至迟于期限届满前二个月向原批准用海的人民政府申请续期。除根据公共利益或者国家安全需要收回海域使用权的外，原批准用海的人民政府应当批准续期。准予续期的，海域使用权人应当依法缴纳续期的海域使用金。

第二十七条 因企业合并、分立或者与他人合资、合作经营，变更海域使用权人的，需经原批准用海的人民政府批准。

海域使用权可以依法转让。海域使用权转让的具体办法，由国务院规定。

海域使用权可以依法继承。

第二十八条 海域使用权人不得擅自改变经批准的海域用途；确需改变的，应当在符合海洋功能区划的前提下，报原批准用海的人民政府批准。

第二十九条 海域使用权期满，未申请续期或者申请续期未获批准的，海域使用权终止。

海域使用权终止后，原海域使用权人应当拆除可能造成海洋环境污染或者影响其他用海项目的用海设施和构筑物。

第三十条 因公共利益或者国家安全的需要，原批准用海的人民政府可以依法收回海域使用权。

依照前款规定在海域使用权期满前提前收回海域使用权的，对海域使用权人应当给予相应的补偿。

第三十一条 因海域使用权发生争议，当事人协商解决不成的，由县级以上人民政府海洋行政主管部门调解；当事人也可以直接向人民法院提起诉讼。

在海域使用权争议解决前，任何一方不得改变海域使用现状。

第三十二条 填海项目竣工后形成的土地，属于国家所有。

海域使用权人应当自填海项目竣工之日起三个月内，凭海域使用权证书，向县级以上人民政府土地行政主管部门提出土地登记申请，由县级以上人民政府登记造册，换发国有土地使用权证书，确认土地使用权。

第五章 海域使用金

第三十三条 国家实行海域有偿使用制度。

单位和个人使用海域，应当按照国务院的规定缴纳海域使用金。海域使用金应当按照国务院的规定上缴财政。

对渔民使用海域从事养殖活动收取海域使用金的具体实施步骤和办法，由国务院另行规定。

第三十四条 根据不同的用海性质或者情形，海域使用金可以按照规定一次缴纳或者按年度逐年缴纳。

第三十五条 下列用海，免缴海域使用金：

（一）军事用海；

（二）公务船舶专用码头用海；

（三）非经营性的航道、锚地等交通基础设施用海；

（四）教学、科研、防灾减灾、海难搜救打捞等非经营性公益事业用海。

第三十六条 下列用海，按照国务院财政部门和国务院海洋行政主管部门的规定，经有批准权的人民政府财政部门和海洋行政主管部门审查批准，可以减缴或者免缴海域使用金：

（一）公用设施用海；

（二）国家重大建设项目用海；

（三）养殖用海。

第六章 监督检查

第三十七条 县级以上人民政府海洋行政主管部门应当加强对海域使用的监督检查。

县级以上人民政府财政部门应当加强对海域使用金缴纳情况的监督检查。

第三十八条 海洋行政主管部门应当加强队伍建设，提高海域使用管理监督检查人员的政治、业务素质。海域使用管理监督检查人员必须秉公执法，忠于职守，清正廉洁，文明服务，并依法接受监督。

海洋行政主管部门及其工作人员不得参与和从事与海域使用有关的生产经营活动。

第三十九条 县级以上人民政府海洋行政主管部门履行监督检查职责时，有权采取下列措施：

（一）要求被检查单位或者个人提供海域使用的有关文件和资料；

（二）要求被检查单位或者个人就海域使用的有关问题作出说明；

（三）进入被检查单位或者个人占用的海域现场进行勘查；

（四）责令当事人停止正在进行的违法行为。

第四十条 海域使用管理监督检查人员履行监督检查职责时，应当出示有效执法证件。

有关单位和个人对海洋行政主管部门的监督检查应当予以配合，不得拒绝、妨碍监督检查人员依法执行公务。

第四十一条 依照法律规定行使海洋监督管理权的有关部门在海上执法时应当密切配合，互相支持，共同维护国家海域所有权和海域使用权人的合法权益。

第七章 法律责任

第四十二条 未经批准或者骗取批准，非法占用海域的，责令退还非法占用的海域，恢复海域原状，没收违法所得，并处非法占用海域期间内该海域面积应缴纳的海域使用金五倍以上十五倍以下的罚款；对未经批准或者骗取批准，进行围海、填海活动的，并处非法占用海域期间内该海域面积应缴纳的海域使用金十倍以上二十倍以下的罚款。

第四十三条 无权批准使用海域的单位非法批准使用海域的，超越批准权限非法批准使用海域的，或者不按海洋功能区划批准使用海域的，批准文件无效，收回非法使用的海域；对非法批准使用海域的直接负责的主管人员和其他直接责任人员，依法给予行政处分。

第四十四条 违反本法第二十三条规定，阻挠、妨害海域使用权人依法使用海域的，海域使用权人可以请求海洋行政主管部门排除妨害，也可以依法向人民法院提起诉讼；造成损失的，可以依法请求损害赔偿。

第四十五条 违反本法第二十六条规定，海域使用权期满，未办理有关手续仍继续使用海域的，责令限期办理，可以并处一万元以下的罚款；拒不办理的，以非法占用海域论处。

第四十六条 违反本法第二十八条规定，擅自改变海域用途的，责令限期改正，没收违法所得，并处非法改变海域用途的期间内该海域面积应缴纳的海域使用金五倍以上十五倍以下的罚款；对拒不改正的，由颁发海域使用权证书的人民政府注销海域使用权证书，收回海域使用权。

第四十七条 违反本法第二十九条第二款规定，海域使用权终止，原海域使用权人不按规定拆除用海设施和构筑物的，责令限期拆除；逾期拒不拆除的，处五万元以下的罚款，并由县级以上人民政府海洋行政主管部门委托有关单位代为拆除，所需费用由原海域使用权人承担。

第四十八条 违反本法规定，按年度逐年缴纳海域使用金的海域使用权人不按期缴纳海域使用金的，限期缴纳；在限期内仍拒不缴纳的，由颁发海域使用权证书的人民政府注销海域使用权证书，收回海域使用权。

第四十九条 违反本法规定，拒不接受海洋行政主管部门监督检查、不如实反映情况或者不提供有关资料的，责令限期改正，给予警告，可以并处二万元以下的罚款。

第五十条 本法规定的行政处罚，由县级以上人民政府海洋行政主管部门依据职权决定。但是，本法已对处罚机关作出规定的除外。

第五十一条 国务院海洋行政主管部门和县级以上地方人民政府违反本法规定颁发海域使用权证书，或者颁发海域使用权证书后不进行监督管理，或者发现违法行为不予查处的，对直接负责的主管人员和其他直接责任人员，依法给予行政处分；徇私舞弊、滥用职权或者玩忽职守构成犯罪的，依法追究刑事责任。

第八章 附 则

第五十二条 在中华人民共和国内水、领海使用特定海域不足三个月，可能对国防安全、海上交通安全和其他用海活动造成重大影响的排他性用海活动，参照本法有关规定办理临时海域使用证。

第五十三条 军事用海的管理办法，由国务院、中央军事委员会依据本法制定。

第五十四条 本法自 2002 年 1 月 1 日起施行。

（四）中华人民共和国矿产资源法

（1986 年 3 月 19 日第六届全国人民代表大会常务委员会第十五次会议通过 根据 1996 年 8 月 29 日第八届全国人民代表大会常务委员会第二十一次会

议《关于修改〈中华人民共和国矿产资源法〉的决定》第一次修正　根据2009年8月27日第十一届全国人民代表大会常务委员会第十次会议《关于修改部分法律的决定》第二次修正）

第一章　总　则

第一条　为了发展矿业，加强矿产资源的勘查、开发利用和保护工作，保障社会主义现代化建设的当前和长远的需要，根据中华人民共和国宪法，特制定本法。

第二条　在中华人民共和国领域及管辖海域勘查、开采矿产资源，必须遵守本法。

第三条　矿产资源属于国家所有，由国务院行使国家对矿产资源的所有权。地表或者地下的矿产资源的国家所有权，不因其所依附的土地的所有权或者使用权的不同而改变。

国家保障矿产资源的合理开发利用。禁止任何组织或者个人用任何手段侵占或者破坏矿产资源。各级人民政府必须加强矿产资源的保护工作。

勘查、开采矿产资源，必须依法分别申请、经批准取得探矿权、采矿权，并办理登记；但是，已经依法申请取得采矿权的矿山企业在划定的矿区范围内为本企业的生产而进行的勘查除外。国家保护探矿权和采矿权不受侵犯，保障矿区和勘查作业区的生产秩序、工作秩序不受影响和破坏。

从事矿产资源勘查和开采的，必须符合规定的资质条件。

第四条　国家保障依法设立的矿山企业开采矿产资源的合法权益。

国有矿山企业是开采矿产资源的主体。国家保障国有矿业经济的巩固和发展。

第五条　国家实行探矿权、采矿权有偿取得的制度；但是，国家对探矿权、采矿权有偿取得的费用，可以根据不同情况规定予以减缴、免缴。具体办法和实施步骤由国务院规定。

开采矿产资源，必须按照国家有关规定缴纳资源税和资源补偿费。

第六条　除按下列规定可以转让外，探矿权、采矿权不得转让：

（一）探矿权人有权在划定的勘查作业区内进行规定的勘查作业，有权优先取得勘查作业区内矿产资源的采矿权。探矿权人在完成规定的最低勘查投入后，经依法批准，可以将探矿权转让他人。

（二）已取得采矿权的矿山企业，因企业合并、分立，与他人合资、合作经营，或者因企业资产出售以及有其他变更企业资产产权的情形而需要变更采矿权主体的，经依法批准可以将采矿权转让他人采矿。

前款规定的具体办法和实施步骤由国务院规定。

禁止将探矿权、采矿权倒卖牟利。

第七条　国家对矿产资源的勘查、开发实行统一规划、合理布局、综合勘查、合理开采和综合利用的方针。

第八条　国家鼓励矿产资源勘查、开发的科学技术研究，推广先进技术，提高矿产资源勘查、开发的科学技术水平。

第九条　在勘查、开发、保护矿产资源和进行科学技术研究等方面成绩显著的单位和个人，由各级人民政府给予奖励。

第十条　国家在民族自治地方开采矿产资源，应当照顾民族自治地方的利益，作出有利于民族自治地方经济建设的安排，照顾当地少数民族群众的生产和生活。

民族自治地方的自治机关根据法律规定和国家的统一规划，对可以由本地方开发的矿产资源，优先合理开发利用。

第十一条　国务院地质矿产主管部门主管全国矿产资源勘查、开采的监督管理工作。国务院有关主管部门协助国务院地质矿产主管部门进行矿产资源勘查、开采和监督管理工作。

省、自治区、直辖市人民政府地质矿产主管部门主管本行政区域内矿产资源勘查、开采的监督管理工作。省、自治区、直辖市人民政府有关主管部门协助同级地质矿产主管部门进行矿产资源勘查、开采的监督管理工作。

第二章　矿产资源勘查的登记和开采的审批

第十二条　国家对矿产资源勘查实行统一的区块登记管理制度。矿产资源勘查登记工作，由国务院地质矿产主管部门负责；特定矿种的矿产资源勘查登记工作，可以由国务院授权有关主管部门负责。矿产资源勘查区块登记管理办法由国务院制定。

第十三条 国务院矿产储量审批机构或者省、自治区、直辖市矿产储量审批机构负责审查批准供矿山建设设计使用的勘探报告，并在规定的期限内批复报送单位。勘探报告未经批准，不得作为矿山建设设计的依据。

第十四条 矿产资源勘查成果档案资料和各类矿产储量的统计资料，实行统一的管理制度，按照国务院规定汇交或者填报。

第十五条 设立矿山企业，必须符合国家规定的资质条件，并依照法律和国家有关规定，由审批机关对其矿区范围、矿山设计或者开采方案、生产技术条件、安全措施和环境保护措施等进行审查；审查合格的，方予批准。

第十六条 开采下列矿产资源的，由国务院地质矿产主管部门审批，并颁发采矿许可证：

（一）国家规划矿区和对国民经济具有重要价值的矿区内的矿产资源；

（二）前项规定区域以外可供开采的矿产储量规模在大型以上的矿产资源；

（三）国家规定实行保护性开采的特定矿种；

（四）领海及中国管辖的其他海域的矿产资源；

（五）国务院规定的其他矿产资源。

开采石油、天然气、放射性矿产等特定矿种的，可以由国务院授权的有关主管部门审批，并颁发采矿许可证。

开采第一款、第二款规定以外的矿产资源，其可供开采的矿产的储量规模为中型的，由省、自治区、直辖市人民政府地质矿产主管部门审批和颁发采矿许可证。

开采第一款、第二款和第三款规定以外的矿产资源的管理办法，由省、自治区、直辖市人民代表大会常务委员会依法制定。

依照第三款、第四款的规定审批和颁发采矿许可证的，由省、自治区、直辖市人民政府地质矿产主管部门汇总向国务院地质矿产主管部门备案。

矿产储量规模的大型、中型的划分标准，由国务院矿产储量审批机构规定。

第十七条 国家对国家规划矿区、对国民经济具有重要价值的矿区和国家规定实行保护性开采的特定矿种，实行有计划的开采；未经国务院有关主管部门批准，任何单位和个人不得开采。

第十八条 国家规划矿区的范围、对国民经济具有重要价值的矿区的范围、矿山企业矿区的范围依法划定后，由划定矿区范围的主管机关通知有关县级人民政府予以公告。

矿山企业变更矿区范围，必须报请原审批机关批准，并报请原颁发采矿许可证的机关重新核发采矿许可证。

第十九条 地方各级人民政府应当采取措施，维护本行政区域内的国有矿山企业和其他矿山企业矿区范围内的正常秩序。

禁止任何单位和个人进入他人依法设立的国有矿山企业和其他矿山企业矿区范围内采矿。

第二十条 非经国务院授权的有关主管部门同意，不得在下列地区开采矿产资源：

（一）港口、机场、国防工程设施圈定地区以内；

（二）重要工业区、大型水利工程设施、城镇市政工程设施附近一定距离以内；

（三）铁路、重要公路两侧一定距离以内；

（四）重要河流、堤坝两侧一定距离以内；

（五）国家规定的自然保护区、重要风景区，国家重点保护的不能移动的历史文物和名胜古迹所在地；

（六）国家规定不得开采矿产资源的其他地区。

第二十一条 关闭矿山，必须提出矿山闭坑报告及有关采掘工程、安全隐患、土地复垦利用、环境保护的资料，并按照国家规定报请审查批准。

第二十二条 勘查、开采矿产资源时，发现具有重大科学文化价值的罕见地质现象以及文化古迹，应当加以保护并及时报告有关部门。

第三章 矿产资源的勘查

第二十三条 区域地质调查按照国家统一规划进行。区域地质调查的报告和图件按照国家规定验收,提供有关部门使用。

第二十四条 矿产资源普查在完成主要矿种普查任务的同时,应当对工作区内包括共生或者伴生矿产的成矿地质条件和矿床工业远景作出初步综合评价。

第二十五条 矿床勘探必须对矿区内具有工业价值的共生和伴生矿产进行综合评价,并计算其储量。未作综合评价的勘探报告不予批准。但是,国务院计划部门另有规定的矿床勘探项目除外。

第二十六条 普查、勘探易损坏的特种非金属矿产、流体矿产、易燃易爆易溶矿产和含有放射性元素的矿产,必须采用省级以上人民政府有关主管部门规定的普查、勘探方法,并有必要的技术装备和安全措施。

第二十七条 矿产资源勘查的原始地质编录和图件,岩矿心、测试样品和其他实物标本资料,各种勘查标志,应当按照有关规定保护和保存。

第二十八条 矿床勘探报告及其他有价值的勘查资料,按照国务院规定实行有偿使用。

第四章 矿产资源的开采

第二十九条 开采矿产资源,必须采取合理的开采顺序、开采方法和选矿工艺。矿山企业的开采回采率、采矿贫化率和选矿回收率应当达到设计要求。

第三十条 在开采主要矿产的同时,对具有工业价值的共生和伴生矿产应当统一规划,综合开采,综合利用,防止浪费;对暂时不能综合开采或者必须同时采出而暂时还不能综合利用的矿产以及含有有用组分的尾矿,应当采取有效的保护措施,防止损失破坏。

第三十一条 开采矿产资源,必须遵守国家劳动安全卫生规定,具备保障安全生产的必要条件。

第三十二条 开采矿产资源,必须遵守有关环境保护的法律规定,防止污染环境。

开采矿产资源，应当节约用地。耕地、草原、林地因采矿受到破坏的，矿山企业应当因地制宜地采取复垦利用、植树种草或者其他利用措施。

开采矿产资源给他人生产、生活造成损失的，应当负责赔偿，并采取必要的补救措施。

第三十三条 在建设铁路、工厂、水库、输油管道、输电线路和各种大型建筑物或者建筑群之前，建设单位必须向所在省、自治区、直辖市地质矿产主管部门了解拟建工程所在地区的矿产资源分布和开采情况。非经国务院授权的部门批准，不得压覆重要矿床。

第三十四条 国务院规定由指定的单位统一收购的矿产品，任何其他单位或者个人不得收购；开采者不得向非指定单位销售。

第五章　集体矿山企业和个体采矿

第三十五条 国家对集体矿山企业和个体采矿实行积极扶持、合理规划、正确引导、加强管理的方针，鼓励集体矿山企业开采国家指定范围内的矿产资源，允许个人采挖零星分散资源和只能用作普通建筑材料的砂、石、黏土以及为生活自用采挖少量矿产。

矿产储量规模适宜由矿山企业开采的矿产资源、国家规定实行保护性开采的特定矿种和国家规定禁止个人开采的其他矿产资源，个人不得开采。

国家指导、帮助集体矿山企业和个体采矿不断提高技术水平、资源利用率和经济效益。

地质矿产主管部门、地质工作单位和国有矿山企业应当按照积极支持、有偿互惠的原则向集体矿山企业和个体采矿提供地质资料和技术服务。

第三十六条 国务院和国务院有关主管部门批准开办的矿山企业矿区范围内已有的集体矿山企业，应当关闭或者到指定的其他地点开采，由矿山建设单位给予合理的补偿，并妥善安置群众生活；也可以按照该矿山企业的统筹安排，实行联合经营。

第三十七条 集体矿山企业和个体采矿应当提高技术水平，提高矿产资源回收率。禁止乱挖滥采，破坏矿产资源。

集体矿山企业必须测绘井上、井下工程对照图。

第三十八条 县级以上人民政府应当指导、帮助集体矿山企业和个体采矿进行技术改造，改善经营管理，加强安全生产。

第六章 法律责任

第三十九条 违反本法规定，未取得采矿许可证擅自采矿的，擅自进入国家规划矿区、对国民经济具有重要价值的矿区范围采矿的，擅自开采国家规定实行保护性开采的特定矿种的，责令停止开采、赔偿损失，没收采出的矿产品和违法所得，可以并处罚款；拒不停止开采，造成矿产资源破坏的，依照刑法有关规定对直接责任人员追究刑事责任。

单位和个人进入他人依法设立的国有矿山企业和其他矿山企业矿区范围内采矿的，依照前款规定处罚。

第四十条 超越批准的矿区范围采矿的，责令退回本矿区范围内开采、赔偿损失，没收越界开采的矿产品和违法所得，可以并处罚款；拒不退回本矿区范围内开采，造成矿产资源破坏的，吊销采矿许可证，依照刑法有关规定对直接责任人员追究刑事责任。

第四十一条 盗窃、抢夺矿山企业和勘查单位的矿产品和其他财物的，破坏采矿、勘查设施的，扰乱矿区和勘查作业区的生产秩序、工作秩序的，分别依照刑法有关规定追究刑事责任；情节显著轻微的，依照治安管理处罚法有关规定予以处罚。

第四十二条 买卖、出租或者以其他形式转让矿产资源的，没收违法所得，处以罚款。

违反本法第六条的规定将探矿权、采矿权倒卖牟利的，吊销勘查许可证、采矿许可证，没收违法所得，处以罚款。

第四十三条 违反本法规定收购和销售国家统一收购的矿产品的，没收矿产品和违法所得，可以并处罚款；情节严重的，依照刑法有关规定，追究刑事责任。

第四十四条 违反本法规定，采取破坏性的开采方法开采矿产资源的，处以罚款，可以吊销采矿许可证；造成矿产资源严重破坏的，依照刑法有关规定对直接责任人员追究刑事责任。

第四十五条　本法第三十九条、第四十条、第四十二条规定的行政处罚，由县级以上人民政府负责地质矿产管理工作的部门按照国务院地质矿产主管部门规定的权限决定。第四十三条规定的行政处罚，由县级以上人民政府工商行政管理部门决定。第四十四条规定的行政处罚，由省、自治区、直辖市人民政府地质矿产主管部门决定。给予吊销勘查许可证或者采矿许可证处罚的，须由原发证机关决定。

依照第三十九条、第四十条、第四十二条、第四十四条规定应当给予行政处罚而不给予行政处罚的，上级人民政府地质矿产主管部门有权责令改正或者直接给予行政处罚。

第四十六条　当事人对行政处罚决定不服的，可以依法申请复议，也可以依法直接向人民法院起诉。

当事人逾期不申请复议也不向人民法院起诉，又不履行处罚决定的，由作出处罚决定的机关申请人民法院强制执行。

第四十七条　负责矿产资源勘查、开采监督管理工作的国家工作人员和其他有关国家工作人员徇私舞弊、滥用职权或者玩忽职守，违反本法规定批准勘查、开采矿产资源和颁发勘查许可证、采矿许可证，或者对违法采矿行为不依法予以制止、处罚，构成犯罪的，依法追究刑事责任；不构成犯罪的，给予行政处分。违法颁发的勘查许可证、采矿许可证、采矿许可证，上级人民政府地质矿产主管部门有权予以撤销。

第四十八条　以暴力、威胁方法阻碍从事矿产资源勘查、开采监督管理工作的国家工作人员依法执行职务的，依照刑法有关规定追究刑事责任；拒绝、阻碍从事矿产资源勘查、开采监督管理工作的国家工作人员依法执行职务未使用暴力、威胁方法的，由公安机关依照治安管理处罚法的规定处罚。

第四十九条　矿山企业之间的矿区范围的争议，由当事人协商解决，协商不成的，由有关县级以上地方人民政府根据依法核定的矿区范围处理；跨省、自治区、直辖市的矿区范围的争议，由有关省、自治区、直辖市人民政府协商解决，协商不成的，由国务院处理。

第七章　附　则

第五十条　外商投资勘查、开采矿产资源，法律、行政法规另有规定的，从其规定。

第五十一条　本法施行以前，未办理批准手续、未划定矿区范围、未取得采矿许可证开采矿产资源的，应当依照本法有关规定申请补办手续。

第五十二条　本法实施细则由国务院制定。

第五十三条　本法自1986年10月1日起施行。

（五）中华人民共和国矿产资源法实施细则

（1994年3月26日国务院令第152号发布）

第一章　总　则

第一条　根据《中华人民共和国矿产资源法》，制定本细则。

第二条　矿产资源是指由地质作用形成的，具有利用价值的，呈固态、液态、气态的自然资源。

矿产资源的矿种和分类见本细则所附《矿产资源分类细目》。新发现的矿种由国务院地质矿产主管部门报国务院批准后公布。

第三条　矿产资源属于国家所有，地表或者地下的矿产资源的国家所有权，不因其所依附的土地的所有权或者使用权的不同而改变。

国务院代表国家行使矿产资源的所有权。国务院授权国务院地质矿产主管部门对全国矿产资源分配实施统一管理。

第四条　在中华人民共和国领域及管辖的其他海域勘查、开采矿产资源，必须遵守《中华人民共和国矿产资源法》（以下简称《矿产资源法》）和本细则。

第五条　国家对矿产资源的勘查、开采实行许可证制度。勘查矿产资源，必须依法申请登记，领取勘查许可证，取得探矿权；开采矿产资源，必须依法申请登记，领取采矿许可证，取得采矿权。

矿产资源勘查工作区范围和开采矿区范围,以经纬度划分的区块为基本单位。具体办法由国务院地质矿产主管部门制定。

第六条 《矿产资源法》及本细则中下列用语的含义:

探矿权,是指在依法取得的勘查许可证规定的范围内,勘查矿产资源的权利。取得勘查许可证的单位或者个人称为探矿权人。

采矿权,是指在依法取得的采矿许可证规定的范围内,开采矿产资源和获得所开采的矿产品的权利。取得采矿许可证的单位或者个人称为采矿权人。

国家规定实行保护性开采的特定矿种,是指国务院根据国民经济建设和高科技发展的需要,以及资源稀缺、贵重程度确定的,由国务院有关主管部门按照国家计划批准开采的矿种。

国家规划矿区,是指国家根据建设规划和矿产资源规划,为建设大、中型矿山划定的矿产资源分布区域。

对国民经济具有重要价值的矿区,是指国家根据国民经济发展需要划定的,尚未列入国家建设规划的,储量大、质量好、具有开发前景的矿产资源保护区域。

第七条 国家允许外国的公司、企业和其他经济组织以及个人依照中华人民共和国有关法律、行政法规的规定,在中华人民共和国领域及管辖的其他海域投资勘查、开采矿产资源。

第八条 国务院地质矿产主管部门主管全国矿产资源勘查、开采的监督管理工作。国务院有关主管部门按照国务院规定的职责分工,协助国务院地质矿产主管部门进行矿产资源勘查、开采的监督管理工作。

省、自治区、直辖市人民政府地质矿产主管部门主管本行政区域内矿产资源勘查、开采的监督管理工作。省、自治区、直辖市人民政府有关主管部门,协助同级地质矿产主管部门进行矿产资源勘查、开采的监督管理工作。

设区的市人民政府、自治州人民政府和县级人民政府及其负责管理矿产资源的部门,依法对本级人民政府批准开办的国有矿山企业和本行政区域内的集体所有制矿山企业、私营矿山企业、个体采矿者以及在本行政区域内从事勘查施工的单位和个人进行监督管理,依法保护探矿权人、采矿权人的合法权益。

上级地质矿产主管部门有权对下级地质矿产主管部门违法的或者不适当的矿产资源勘查、开采管理行政行为予以改变或者撤销。

第二章　矿产资源勘查登记和开采审批

第九条　勘查矿产资源，应当按照国务院关于矿产资源勘查登记管理的规定，办理申请、审批和勘查登记。

勘查特定矿种，应当按照国务院有关规定办理申请、审批和勘查登记。

第十条　国有矿山企业开采矿产资源，应当按照国务院关于采矿登记管理的规定，办理申请、审批和采矿登记。开采国家规划矿区、对国民经济具有重要价值矿区的矿产和国家规定实行保护性开采的特定矿种，办理申请、审批和采矿登记时，应当持有国务院有关主管部门批准的文件。

开采特定矿种，应当按照国务院有关规定办理申请、审批和采矿登记。

第十一条　开办国有矿山企业，除应当具备有关法律、法规规定的条件外，并应当具备下列条件：

（一）有供矿山建设使用的矿产勘查报告；

（二）有矿山建设项目的可行性研究报告（含资源利用方案和矿山环境影响报告）；

（三）有确定的矿区范围和开采范围；

（四）有矿山设计；

（五）有相应的生产技术条件。

国务院、国务院有关主管部门和省、自治区、直辖市人民政府，按照国家有关固定资产投资管理的规定，对申请开办的国有矿山企业根据前款所列条件审查合格后，方予批准。

第十二条　申请开办集体所有制矿山企业、私营矿山企业及个体采矿的审查批准、采矿登记，按照省、自治区、直辖市的有关规定办理。

第十三条　申请开办集体所有制矿山企业或者私营矿山企业，除应当具备有关法律、法规规定的条件外，并应当具备下列条件：

（一）有供矿山建设使用的与开采规模相适应的矿产勘查资料；

（二）有经过批准的无争议的开采范围；

（三）有与所建矿山规模相适应的资金、设备和技术人员；

（四）有与所建矿山规模相适应的，符合国家产业政策和技术规范的可行性研究报告、矿山设计或者开采方案；

（五）矿长具有矿山生产、安全管理和环境保护的基本知识。

第十四条 申请个体采矿应当具备下列条件：

（一）有经过批准的无争议的开采范围；

（二）有与采矿规模相适应的资金、设备和技术人员；

（三）有相应的矿产勘查资料和经批准的开采方案；

（四）有必要的安全生产条件和环境保护措施。

第三章 矿产资源的勘查

第十五条 国家对矿产资源勘查实行统一规划。全国矿产资源中、长期勘查规划，在国务院计划行政主管部门指导下，由国务院地质矿产主管部门根据国民经济和社会发展中、长期规划，在国务院有关主管部门勘查规划的基础上组织编制。

全国矿产资源年度勘查计划和省、自治区、直辖市矿产资源年度勘查计划，分别由国务院地质矿产主管部门和省、自治区、直辖市人民政府地质矿产主管部门组织有关主管部门，根据全国矿产资源中、长期勘查规划编制，经同级人民政府计划行政主管部门批准后施行。

法律对勘查规划的审批权另有规定的，依照有关法律的规定执行。

第十六条 探矿权人享有下列权利：

（一）按照勘查许可证规定的区域、期限、工作对象进行勘查；

（二）在勘查作业区及相邻区域架设供电、供水、通讯管线，但是不得影响或者损害原有的供电、供水设施和通讯管线；

（三）在勘查作业区及相邻区域通行；

（四）根据工程需要临时使用土地；

（五）优先取得勘查作业区内新发现矿种的探矿权；

（六）优先取得勘查作业区内矿产资源的采矿权；

（七）自行销售勘查中按照批准的工程设计施工回收的矿产品，但是国务院规定由指定单位统一收购的矿产品除外。

探矿权人行使前款所列权利时，有关法律、法规规定应当经过批准或者履行其他手续的，应当遵守有关法律、法规的规定。

第十七条 探矿权人应当履行下列义务：

（一）在规定的期限内开始施工，并在勘查许可证规定的期限内完成勘查工作；

（二）向勘查登记管理机关报告开工等情况；

（三）按照探矿工程设计施工，不得擅自进行采矿活动；

（四）在查明主要矿种的同时，对共生、伴生矿产资源进行综合勘查、综合评价；

（五）编写矿产资源勘查报告，提交有关部门审批；

（六）按照国务院有关规定汇交矿产资源勘查成果档案资料；

（七）遵守有关法律、法规关于劳动安全、土地复垦和环境保护的规定；

（八）勘查作业完毕，及时封、填探矿作业遗留的井、硐或者采取其他措施，消除安全隐患。

第十八条 探矿权人可以对符合国家边探边采规定要求的复杂类型矿床进行开采；但是，应当向原颁发勘查许可证的机关、矿产储量审批机构和勘查项目主管部门提交论证材料，经审核同意后，按照国务院关于采矿登记管理法规的规定，办理采矿登记。

第十九条 矿产资源勘查报告按照下列规定审批：

（一）供矿山建设使用的重要大型矿床勘查报告和供大型水源地建设使用的地下水勘查报告，由国务院矿产储量审批机构审批；

（二）供矿山建设使用的一般大型、中型、小型矿床勘查报告和供中型、小型水源地建设使用的地下水勘查报告，由省、自治区、直辖市矿产储量审批机构审批；

矿产储量审批机构和勘查单位的主管部门应当自收到矿产资源勘查报告之日起六个月内作出批复。

第二十条 矿产资源勘查报告及其他有价值的勘查资料，按照国务院有关规定实行有偿使用。

第二十一条 探矿权人取得临时使用土地权后，在勘查过程中给他人造成财产损害的，按照下列规定给以补偿：

（一）对耕地造成损害的，根据受损害的耕地面积前三年平均年产量，以补偿时当地市场平均价格计算，逐年给以补偿，并负责恢复耕地的生产条件，及时归还；

（二）对牧区草场造成损害的，按照前项规定逐年给以补偿，并负责恢复草场植被，及时归还；

（三）对耕地上的农作物、经济作物造成损害的，根据受损害的耕地面积前三年平均年产量，以补偿时当地市场平均价格计算，给以补偿；

（四）对竹木造成损害的，根据实际损害株数，以补偿时当地市场平均价格逐株计算，给以补偿。

（五）对土地上的附着物造成损害的，根据实际损害的程度，以补偿时当地市场价格，给以适当补偿。

第二十二条 探矿权人在没有农作物和其他附着物的荒岭、荒坡、荒地、荒漠、沙滩、河滩、湖滩、海滩上进行勘查的，不予补偿；但是，勘查作业不得阻碍或者损害航运、灌溉、防洪等活动或者设施，勘查作业结束后应当采取措施，防止水土流失，保护生态环境。

第二十三条 探矿权人之间对勘查范围发生争议时，由当事人协商解决；协商不成的，由勘查作业区所在地的省、自治区、直辖市人民政府地质矿产主管部门裁决；跨省、自治区、直辖市的勘查范围争议，当事人协商不成的，由有关省、自治区、直辖市人民政府协商解决；协商不成的，由国务院地质矿产主管部门裁决。特定矿种的勘查范围争议，当事人协商不成的，由国务院授权的有关主管部门裁决。

第四章 矿产资源的开采

第二十四条 全国矿产资源的分配和开发利用，应当兼顾当前和长远、中央和地方的利益，实行统一规划、有效保护、合理开采、综合利用。

第二十五条 全国矿产资源规划，在国务院计划行政主管部门指导下，由国务院地质矿产主管部门根据国民经济和社会发展中、长期规划，组织国务院有关主管部门和省、自治区、直辖市人民政府编制，报国务院批准后施行。

全国矿产资源规划应当对全国矿产资源的分配作出统筹安排，合理划定中央与省、自治区、直辖市人民政府审批、开发矿产资源的范围。

第二十六条 矿产资源开发规划是对矿区的开发建设布局进行统筹安排的规划。

矿产资源开发规划分为行业开发规划和地区开发规划。

矿产资源行业开发规划由国务院有关主管部门根据全国矿产资源规划中分配给本部门的矿产资源编制实施。

矿产资源地区开发规划由省、自治区、直辖市人民政府根据全国矿产资源规划中分配给本省、自治区、直辖市的矿产资源编制实施；并作出统筹安排，合理划定省、市、县级人民政府审批、开发矿产资源的范围。

矿产资源行业开发规划和地区开发规划应当报送国务院计划行政主管部门、地质矿产主管部门备案。

国务院计划行政主管部门、地质矿产主管部门，对不符合全国矿产资源规划的行业开发规划和地区开发规划，应当予以纠正。

第二十七条 设立、变更或者撤销国家规划矿区、对国民经济具有重要价值的矿区，由国务院有关主管部门提出，并附具矿产资源详查报告及论证材料，经国务院计划行政主管部门和地质矿产主管部门审定，并联合书面通知有关县级人民政府。县级人民政府应当自收到通知之日起一个月内予以公告，并报国务院计划行政主管部门、地质矿产主管部门备案。

第二十八条 确定或者撤销国家规定实行保护性开采的特定矿种，由国务院有关主管部门提出，并附具论证材料，经国务院计划行政主管部门和地质矿产主管部门审核同意后，报国务院批准。

第二十九条 单位或者个人开采矿产资源前，应当委托持有相应矿山设计证书的单位进行可行性研究和设计。开采零星分散矿产资源和用作建筑材料的砂、石、黏土的，可以不进行可行性研究和设计，但是应当有开采方案和环境保护措施。

矿山设计必须依据设计任务书，采用合理的开采顺序、开采方法和选矿工艺。

矿山设计必须按照国家有关规定审批；未经批准，不得施工。

第三十条 采矿权人享有下列权利：

（一）按照采矿许可证规定的开采范围和期限从事开采活动；

（二）自行销售矿产品，但是国务院规定由指定的单位统一收购的矿产品除外；

（三）在矿区范围内建设采矿所需的生产和生活设施；

（四）根据生产建设的需要依法取得土地使用权；

（五）法律、法规规定的其他权利。

采矿权人行使前款所列权利时，法律、法规规定应当经过批准或者履行其他手续的，依照有关法律、法规的规定办理。

第三十一条 采矿权人应当履行下列义务：

（一）在批准的期限内进行矿山建设或者开采；

（二）有效保护、合理开采、综合利用矿产资源；

（三）依法缴纳资源税和矿产资源补偿费；

（四）遵守国家有关劳动安全、水土保持、土地复垦和环境保护的法律、法规；

（五）接受地质矿产主管部门和有关主管部门的监督管理，按照规定填报矿产储量表和矿产资源开发利用情况统计报告。

第三十二条 采矿权人在采矿许可证有效期满或者在有效期内，停办矿山而矿产资源尚未采完的，必须采取措施将资源保持在能够继续开采的状态，并事先完成下列工作：

（一）编制矿山开采现状报告及实测图件；

（二）按照有关规定报销所消耗的储量；

（三）按照原设计实际完成相应的有关劳动安全、水土保持、土地复垦和环境保护工作，或者缴清土地复垦和环境保护的有关费用。

采矿权人停办矿山的申请，须经原批准开办矿山的主管部门批准、原颁发采矿许可证的机关验收合格后，方可办理有关证、照注销手续。

第三十三条 矿山企业关闭矿山，应当按照下列程序办理审批手续：

（一）开采活动结束的前一年，向原批准开办矿山的主管部门提出关闭矿山申请，并提交闭坑地质报告；

（二）闭坑地质报告经原批准开办矿山的主管部门审核同意后，报地质矿产主管部门会同矿产储量审批机构批准；

（三）闭坑地质报告批准后，采矿权人应当编写关闭矿山报告，报请原批准开办矿山的主管部门会同同级地质矿产主管部门和有关主管部门按照有关行业规定批准。

第三十四条 关闭矿山报告批准后，矿山企业应当完成下列工作：

（一）按照国家有关规定将地质、测量、采矿资料整理归档，并汇交闭坑地质报告、关闭矿山报告及其他有关资料；

（二）按照批准的关闭矿山报告，完成有关劳动安全、水土保持、土地复垦和环境保护工作，或者缴清土地复垦和环境保护的有关费用。

矿山企业凭关闭矿山报告批准文件和有关部门对完成上述工作提供的证明，报请原颁发采矿许可证的机关办理采矿许可证注销手续。

第三十五条 建设单位在建设铁路、公路、工厂、水库、输油管道、输电线路和各种大型建筑物前，必须向所在地的省、自治区、直辖市人民政府地质矿产主管部门了解拟建工程所在地区的矿产资源分布情况，并在建设项目设计任务书报请审批时附具地质矿产主管部门的证明。在上述建设项目与重要矿床的开采发生矛盾时，由国务院有关主管部门或者省、自治区、直辖市人民政府提出方案，经国务院地质矿产主管部门提出意见后，报国务院计划行政主管部门决定。

第三十六条 采矿权人之间对矿区范围发生争议时，由当事人协商解决；协商不成的，由矿产资源所在地的县级以上地方人民政府根据依法核定的矿区范围处理；跨省、自治区、直辖市的矿区范围争议，当事人协商不成的，由有关省、自治区、直辖市人民政府协商解决；协商不成的，由国务院地质矿产主管部门提出处理意见，报国务院决定。

第五章 集体所有制矿山企业、私营矿山企业和个体采矿者

第三十七条 国家依法保护集体所有制矿山企业、私营矿山企业和个体采矿者的合法权益，依法对集体所有制矿山企业、私营矿山企业和个体采矿者进行监督管理。

第三十八条 集体所有制矿山企业可以开采下列矿产资源：

（一）不适于国家建设大、中型矿山的矿床及矿点；

（二）经国有矿山企业同意，并经其上级主管部门批准，在其矿区范围内划出的边缘零星矿产；

（三）矿山闭坑后，经原矿山企业主管部门确认可以安全开采并不会引起严重环境后果的残留矿体；

（四）国家规划可以由集体所有制矿山企业开采的其他矿产资源。

集体所有制矿山企业开采前款第（二）项所列矿产资源时，必须与国有矿山企业签订合理开发利用矿产资源和矿山安全协议，不得浪费和破坏矿产资源，并不得影响国有矿山企业的生产安全。

第三十九条 私营矿山企业开采矿产资源的范围参照本细则第三十八条的规定执行。

第四十条 个体采矿者可以采挖下列矿产资源：

（一）零星分散的小矿体或者矿点；

（二）只能用作普通建筑材料的砂、石、黏土。

第四十一条 国家设立国家规划矿区、对国民经济具有重要价值的矿区时，对应当撤出的原采矿权人，国家按照有关规定给予合理补偿。

第六章　法律责任

第四十二条　依照《矿产资源法》第三十九条、第四十条、第四十二条、第四十三条、第四十四条规定处以罚款的，分别按照下列规定执行：

（一）未取得采矿许可证擅自采矿的，擅自进入国家规划矿区、对国民经济具有重要价值的矿区和他人矿区范围采矿的，擅自开采国家规定实行保护性开采的特定矿种的，处以违法所得50%以下的罚款；

（二）超越批准的矿区范围采矿的，处以违法所得30%以下的罚款；

（三）买卖、出租或者以其他形式转让矿产资源的，买卖、出租采矿权的，对卖方、出租方、出让方处以违法所得一倍以下的罚款；

（四）非法用采矿权作抵押的，处以5 000元以下的罚款；

（五）违反规定收购和销售国家规定统一收购的矿产品的，处以违法所得一倍以下的罚款；

（六）采取破坏性的开采方法开采矿产资源，造成矿产资源严重破坏的，处以相当于矿产资源损失价值50%以下的罚款。

第四十三条　违反本细则规定，有下列行为之一的，对主管人员和直接责任人员给予行政处分；构成犯罪的，依法追究刑事责任：

（一）批准不符合办矿条件的单位或者个人开办矿山的；

（二）对未经依法批准的矿山企业或者个人颁发采矿许可证的。

第七章　附　则

第四十四条　地下水资源具有水资源和矿产资源的双重属性。地下水资源的勘查，适用《矿产资源法》和本细则；地下水资源的开发、利用、保护和管理，适用《水法》和有关的行政法规。

第四十五条　本细则由地质矿产部负责解释。

第四十六条　本细则自发布之日起施行。

（六）中华人民共和国对外合作开采海洋石油资源条例

（1982年1月30日国务院发布　根据2001年9月23日《国务院关于修改

〈中华人民共和国对外合作开采海洋石油资源条例〉的决定》第一次修订　根据2011年1月8日《国务院关于废止和修改部分行政法规的决定》第二次修订　根据2011年9月30日《国务院关于修改〈中华人民共和国对外合作开采海洋石油资源条例〉的决定》第三次修订　根据2013年7月18日《国务院关于废止和修改部分行政法规的决定》第四次修订。)

第一章　总　则

第一条　为促进国民经济的发展，扩大国际经济技术合作，在维护国家主权和经济利益的前提下允许外国企业参与合作开采中华人民共和国海洋石油资源，特制定本条例。

第二条　中华人民共和国的内海、领海、大陆架以及其他属于中华人民共和国海洋资源管辖海域的石油资源，都属于中华人民共和国国家所有。

在前款海域内，为开采石油而设置的建筑物、构筑物、作业船舶，以及相应的陆岸油(气)集输终端和基地，都受中华人民共和国管辖。

第三条　中国政府依法保护参与合作开采海洋石油资源的外国企业的投资、应得利润和其他合法权益，依法保护外国企业的合作开采活动。

在本条例范围内，合作开采海洋石油资源的一切活动，都应当遵守中华人民共和国的法律、法令和国家的有关规定；参与实施石油作业的企业和个人，都应当受中国法律的约束，接受中国政府有关主管部门的检查、监督。

第四条　国家对参加合作开采海洋石油资源的外国企业的投资和收益不实行征收。在特殊情况下，根据社会公共利益的需要，可以对外国企业在合作开采中应得石油的一部分或者全部，依照法律程序实行征收，并给予相应的补偿。

第五条　国务院指定的部门依据国家确定的合作海区、面积，决定合作方式，划分合作区块；依据国家规定制定同外国企业合作开采海洋石油资源的规划；制定对外合作开采海洋石油资源的业务政策和审批海上油(气)田的总体开发方案。

第六条　中华人民共和国对外合作开采海洋石油资源的业务，由中国海洋石油总公司全面负责。

中国海洋石油总公司是具有法人资格的国家公司，享有在对外合作海区内进行石油勘探、开发、生产和销售的专营权。

中国海洋石油总公司根据工作需要，可以设立地区公司、专业公司、驻外代表机构，执行总公司交付的任务。

第七条 中国海洋石油总公司就对外合作开采石油的海区、面积、区块，通过组织招标，确定合作开采海洋石油资源的外国企业，签订合作开采石油合同或者其他合作合同，并向中华人民共和国商务部报送合同有关情况。

第二章 石油合同各方的权利和义务

第八条 中国海洋石油总公司通过订立石油合同同外国企业合作开采海洋石油资源，除法律、行政法规另有规定或者石油合同另有约定外，应当由石油合同中的外国企业一方（以下称外国合同者）投资进行勘探，负责勘探作业，并承担全部勘探风险；发现商业性油（气）田后，由外国合同者同中国海洋石油总公司双方投资合作开发，外国合同者并应负责开发作业和生产作业，直至中国海洋石油总公司按照石油合同规定在条件具备的情况下接替生产作业。外国合同者可以按照石油合同规定，从生产的石油中回收其投资和费用，并取得报酬。

第九条 外国合同者可以将其应得的石油和购买的石油运往国外，也可以依法将其回收的投资、利润和其他正当收益汇往国外。

第十条 参与合作开采海洋石油资源的中国企业、外国企业，都应当依法纳税，缴纳矿区使用费。

前款企业的雇员，都应当依法缴纳个人所得税。

第十一条 为执行石油合同所进口的设备和材料，按照国家规定给予减税、免税，或者给予税收方面的其他优惠。

第十二条 外国合同者开立外汇账户和办理其他外汇事宜，应当遵守《中华人民共和国外汇管理条例》和国家有关外汇管理的其他规定。

第十三条 石油合同可以约定石油作业所需的人员，作业者可以优先录用中国公民。

第十四条 外国合同者在执行石油合同从事开发、生产作业过程中，必须及时地、准确地向中国海洋石油总公司报告石油作业情况；完整地、准确地取得各项石油作业的数据、记录、样品、凭证和其他原始资料，并定期向中国海洋石油总公司提交必要的资料和样品以及技术、经济、财会、行政方面的各种报告。

第十五条 外国合同者为执行石油合同从事开发、生产作业，应当在中华人民共和国境内设立分支机构或者代表机构，并依法履行登记手续。

前款机构的住所地应当同中国海洋石油总公司共同商量确定。

第十六条 本条例第三条、第九条、第十条、第十一条、第十五条的规定，对向石油作业提供服务的外国承包者，类推适用。

第三章 石油作业

第十七条 作业者必须根据本条例和国家有关开采石油资源的规定，参照国际惯例，制定油（气）田总体开发方案和实施生产作业，以达到尽可能高的石油采收率。

第十八条 外国合同者为执行石油合同从事开发、生产作业，应当使用中华人民共和国境内现有的基地；如需设立新基地，必须位于中华人民共和国境内。

前款新基地的具体地点，以及在特殊情况下需要采取的其他措施，都必须经中国海洋石油总公司书面同意。

第十九条 中国海洋石油总公司有权派人参加外国作业者为执行石油合同而进行的总体设计和工程设计。

第二十条 外国合同者为执行石油合同，除租用第三方的设备外，按计划和预算所购置和建造的全部资产，当外国合同者的投资按照规定得到补偿后，其所有权属于中国海洋石油总公司，在合同期内，外国合同者仍然可以依据合同的规定使用这些资产。

第二十一条 为执行石油合同所取得的各项石油作业的数据、记录、样品、凭证和其他原始资料，其所有权属于中国海洋石油总公司。

前款数据、记录、样品、凭证和其他原始资料的使用和转让、赠与、交换、出售、公开发表以及运出、传送出中华人民共和国，都必须按照国家有关规定执行。

第二十二条 作业者和承包者在实施石油作业中，应当遵守中华人民共和国有关环境保护和安全方面的法律规定，并参照国际惯例进行作业，保护渔业资源和其他自然资源，防止对大气、海洋、河流、湖泊和陆地等环境的污染和损害。

第二十三条 石油合同区产出的石油，应当在中华人民共和国登陆，也可以在海上油（气）外输计量点运出。如需在中华人民共和国以外的地点登陆，必须经国务院指定的部门批准。

第四章 附 则

第二十四条 在合作开采海洋石油资源活动中，外国企业和中国企业间发生的争执，应当通过友好协商解决。通过协商不能解决的，由中华人民共和国仲裁机构进行调解、仲裁，也可以由合同双方协议在其他仲裁机构仲裁。

第二十五条 作业者、承包者违反本条例规定实施石油作业的，由国务院指定的部门依据职权责令限期改正，给予警告；在限期内不改正的，可以责令其停止实施石油作业。由此造成的一切经济损失，由责任方承担。

第二十六条 本条例所用的术语，其定义如下：

1. “石油”是指蕴藏在地下的、正在采出的和已经采出的原油和天然气。

2. “开采”是泛指石油的勘探、开发、生产和销售及其有关的活动。

3. “石油合同”是指中国海洋石油总公司同外国企业为合作开采中华人民共和国海洋石油资源，依法订立的包括石油勘探、开发和生产的合同。

4. “合同区”是指在石油合同中为合作开采石油资源以地理坐标圈定的海域面积。

5. “石油作业”是指为执行石油合同而进行的勘探、开发和生产作业及其有关的活动。

6. “勘探作业”是指用地质、地球物理、地球化学和包括钻勘探井等各种方法寻找储藏石油的圈闭所做的全部工作，以及在已发现石油的圈闭上为确定它有无商业价值所做的钻评价井、可行性研究和编制油（气）田的总体开发方案等全部工作。

7. “开发作业”是指从国务院指定的部门批准油（气）田的总体开发方案之日起，为实现石油生产所进行的设计、建造、安装、钻井工程等及其相应的研究工作，并包括商业性生产开始之前的生产活动。

8. “生产作业”是指一个油(气)田从开始商业性生产之日起，为生产石油所进行的全部作业以及与其有关的活动，诸如采出、注入、增产、处理、贮运和提取等作业。

9. “外国合同者”是指同中国海洋石油总公司签订石油合同的外国企业。外国企业可以是公司，也可以是公司集团。

10. “作业者”是指按照石油合同的规定负责实施作业的实体。

11. “承包者”是指向作业者提供服务的实体。

第二十七条 本条例自公布之日起施行。

（七）中华人民共和国海洋石油勘探开发环境保护管理条例

（国发[1983]202号　1983年12月29日国务院发布）

第一条 为实施《中华人民共和国海洋环境保护法》，防止海洋石油勘探开发对海洋环境的污染损害，特制定本条例。

第二条 本条例适用于在中华人民共和国管辖海域从事石油勘探开发的企业、事业单位、作业者和个人，以及他们所使用的固定式和移动式平台及其他有关设施。

第三条 海洋石油勘探开发环境保护管理主管部门是中华人民共和国国家海洋局及其派出机构，以下称“主管部门”。

第四条 企业或作业者在编制油(气)田总体开发方案的同时，必须编制海洋环境影响报告书，报中华人民共和国城乡建设环境保护部。城乡建设环境保护部会同国家海洋局和石油工业部，按照国家基本建设项目环境保护管理的规定组织审批。

第五条 海洋环境影响报告书应包括以下内容：

（一）油田名称、地理位置、规模；

（二）油田所处海域的自然环境和海洋资源状况；

（三）油田开发中需要排放的废弃物种类、成分、数量、处理方式；

(四) 对海洋环境影响的评价;海洋石油开发对周围海域自然环境、海洋资源可能产生的影响;对海洋渔业、航运、其他海上活动可能产生的影响;为避免、减轻各种有害影响,拟采取的环境保护措施;

(五) 最终不可避免的影响、影响程度及原因;

(六) 防范重大油污染事故的措施:防范组织,人员配备,技术装备,通信联络等。

第六条 企业、事业单位、作业者应具备防治油污染事故的应急能力,制订应急计划,配备与其所从事的海洋石油勘探开发规模相适应的油收回设施和围油、消油器材。

配备化学消油剂,应将其牌号、成分报告主管部门核准。

第七条 固定式和移动式平台的防污设备的要求:

(一) 应设置油水分离设备;

(二) 采油平台应设置含油污水处理设备,该设备处理后的污水含油量应达到国家排放标准;

(三) 应设置排油监控装置;

(四) 应设置残油、废油回收设施;

(五) 应设置垃圾粉碎设备;

(六) 上述设备应经中华人民共和国船舶检验机关检验合格,并获得有效证书。

第八条 一九八三年三月一日以前,已经在中华人民共和国管辖海域从事石油勘探开发的固定式和移动式平台,防污设备达不到规定要求的,应采取有效措施,防止污染,并在本条例颁布后三年内使防污设备达到规定的要求。

第九条 企业、事业单位和作业者应具有有关污染损害民事责任保险或其他财务保证。

第十条 固定式和移动式平台应备有由主管部门批准格式的防污记录簿。

第十一条 固定式和移动式平台的含油污水,不得直接或稀释排放。经过处理后排放的污水,含油量必须符合国家有关含油污水排放标准。

第十二条 对其他废弃物的管理要求：

（一）残油、废油、油基泥浆、含油垃圾和其他有毒残液残渣，必须回收，不得排放或弃置入海；

（二）大量工业垃圾的弃置，按照海洋倾废的规定管理；零星工业垃圾，不得投弃于渔业水域和航道；

（三）生活垃圾，需要在距最近陆地十二海里以内投弃的，应经粉碎处理，粒径应小于二十五毫米。

第十三条 海洋石油勘探开发需要在重要渔业水域进行炸药爆破或其他对渔业资源有损害的作业时，应采取有效措施，避开主要经济鱼虾类的产卵、繁殖和捕捞季节，作业前报告主管部门，作业时并应有明显的标志、信号。

主管部门接到报告后，应及时将作业地点、时间等通告有关单位。

第十四条 海上储油设施、输油管线应符合防渗、防漏、防腐蚀的要求，并应经常检查，保持良好状态，防止发生漏油事故。

第十五条 海上试油应使油气通过燃烧器充分燃烧。对试油中落海的油类和油性混合物，应采取有效措施处理，并如实记录。

第十六条 企业、事业单位及作业者在作业中发生溢油、漏油等污染事故，应迅速采取围油、回收油的措施，控制、减轻和消除污染。

发生大量溢油、漏油和井喷等重大油污染事故，应立即报告主管部门，并采取有效措施，控制和消除油污染，接受主管部门的调查处理。

第十七条 化学消油剂要控制使用：

（一）在发生油污染事故时，应采取回收措施，对少量确实无法回收的油，准许使用少量的化学消油剂。

（二）一次性使用化学消油剂的数量（包括溶剂在内），应根据不同海域等情况，由主管部门另做具体规定。作业者应按规定向主管部门报告，经准许后方可使用。

（三）在海洋浮油可能发生火灾或者严重危及人命和财产安全，又无法使用回收方法处理，而使用化学消油剂可以减轻污染和避免扩大事故后果的紧急情况下，使用化学消油剂的数量和报告程序可不受本条(二)项规定限制。但事后，应将事故情况和使用化学消油剂情况详细报告主管部门。

（四）必须使用经主管部门核准的化学消油剂。

第十八条 作业者应将下列情况详细地、如实地记载于平台防污记录簿：

（一）防污设备、设施的运行情况；

（二）含油污水处理和排放情况；

（三）其他废弃物的处理、排放和投弃情况；

（四）发生溢油、漏油、井喷等油污染事故及处理情况；

（五）进行爆破作业情况；

（六）使用化学消油剂的情况；

（七）主管部门规定的其他事项。

第十九条 企业和作业者在每季度末后十五日内，应按主管部门批准的格式，向主管部门综合报告该季度防污染情况及污染事故的情况。

固定式平台和移动式平台的位置，应及时通知主管部门。

第二十条 主管部门的公务人员或指派的人员，有权登临固定式和移动式平台以及其他有关设施，进行监测和检查。包括：

（一）采集各类样品；

（二）检查各项防污设备、设施和器材的装备、运行或使用情况；

（三）检查有关的文书、证件；

（四）检查防污记录簿及有关的操作记录，必要时可进行复制和摘录，并要求平台负责人签证该复制和摘录件为正确无误的副本；

（五）向有关人员调查污染事故；

（六）其他有关的事项。

第二十一条 主管部门的公务船舶应有明显标志。公务人员或指派的人员执行公务时，必须穿着公务制服，携带证件。

被检查者应为上述公务船舶、公务人员和指派人员提供方便，并如实提供材料，陈述情况。

第二十二条 受到海洋石油勘探开发污染损害，要求赔偿的单位和个人，应按照《中华人民共和国环境保护法》第三十二条的规定及《中华人民共和国海洋环境保护法》第四十二条的规定，申请主管部门处理，要求造成污染损害的一方赔偿损失。受损害一方应提交污染损害索赔报告书，报告书应包括以下内容：

（一）受石油勘探开发污染损害的时间、地点、范围、对象；

（二）受污染损害的损失清单，包括品名、数量、单位、计算方法，以及养殖或自然等情况；

（三）有关科研部门鉴定或公证机关对损害情况的签证；

（四）尽可能提供受污染损害的原始单证，有关情况的照片，其他有关索赔的证明单据、材料。

第二十三条 因清除海洋石油勘探开发污染物，需要索取清除污染物费用的单位和个人（有商业合同者除外），在申请主管部门处理时，应向主管部门提交索取清除费用报告书。该报告书应包括以下内容：

（一）清除污染物的时间、地点、对象；

（二）投入的人力、机具、船只、清除材料的数量、单价、计算方法；

（三）组织清除的管理费、交通费及其他有关费用；

（四）清除效果及情况；

（五）其他有关的证据和证明材料。

第二十四条 由于不可抗力发生污染损害事故的企业、事业单位、作业者，要求免于承担赔偿责任的，应向主管部门提交报告。该报告应能证实污染损害确实属于《中华人民共和国海洋环境保护法》第四十三条所列的情况之一，并经过及时采取合理措施仍不能避免的。

第二十五条 主管部门受理的海洋石油勘探开发污染损害赔偿责任和赔偿金额纠纷，在调查了解的基础上，可以进行调解处理。

当事人不愿调解或对主管部门的调解处理不服的，可以按《中华人民共和国海洋环境保护法》第四十二条的规定办理。

第二十六条 主管部门对违反《中华人民共和国海洋环境保护法》和本条例

的企业、事业单位、作业者，可以责令其限期治理，支付消除污染费用，赔偿国家损失；超过标准排放污染物的，可以责令其交纳排污费。

第二十七条 主管部门对违反《中华人民共和国海洋环境保护法》和本条例的企业、事业单位、作业者和个人，可视其情节轻重，予以警告或罚款处分。

罚款分为以下几种：

（一）对造成海洋环境污染的企业、事业单位、作业者的罚款，最高额为人民币十万元。

（二）对企业、事业单位、作业者的下列违法行为，罚款最高额为人民币五千元：

1. 不按规定向主管部门报告重大油污染事故；

2. 不按规定使用化学消油剂。

（三）对企业、事业单位、作业者的下列违法行为，罚款最高额为人民币一千元：

1. 不按规定配备防污记录簿；

2. 防污记录簿的记载非正规化或者伪造；

3. 不按规定报告或通知有关情况；

4. 阻挠公务人员或指派人员执行公务。

（四）对有直接责任的个人，可根据情节轻重，酌情处以罚款。

第二十八条 当事人对主管部门的处罚决定不服的，按《中华人民共和国海洋环境保护法》第四十一条的规定处理。

第二十九条 主管部门对主动检举、揭发企业、事业单位、作业者匿报石油勘探开发污染损害事故，或者提供证据，或者采取措施减轻污染损害的单位和个人，给予表扬和奖励。

第三十条 本条例中下列用语的含义是：

（一）“固定式和移动式平台”，即《中华人民共和国海洋环境保护法》中所称的钻井船、钻井平台和采油平台，并包括其他平台。

（二）“海洋石油勘探开发”，是指海洋石油勘探、开发、生产储存和管线输送等作业活动。

（三）“作业者”，是指实施海洋石油勘探开发作业的实体。

第三十一条 本条例自发布之日起施行。

（八）中华人民共和国海洋石油勘探开发环境保护管理条例实施办法

（1990年9月20日国家海洋局发布）

第一条 根据《中华人民共和国海洋环境保护法》第四十七条规定，为实施《中华人民共和国海洋石油勘探开发环境保护管理条例》（以下简称《条例》），制定本实施办法。

第二条 本办法适用于在中华人民共和国的内海、领海、及其他管辖海域从事石油勘探开发的任何法人、自然人和其他经济实体。

第三条 国家海洋局及其派出机构是实施本办法的主管部门。派出机构包括：分局及其所属的海洋管区（以下简称海区主管部门）。海洋监察站根据海洋管区的授权实施管理。沿海省、自治区、直辖市海洋管理机构是主管部门授权实施本办法的地方管理机构。

第四条 凡在中国管辖海域从事海洋石油勘探开发者，应在实施作业前将海洋石油勘探开发位置、范围报海区主管部门。并按照“海洋石油勘探开发环境保护报告表”的内容和要求，向海区主管部门报告有关情况。

第五条 需使用炸药震源和其他对渔业资源有损害的方法进行海洋石油地震勘探作业时，应在开始作业之前半个月将计划和作业海区报告海区主管部门，并采用有效的技术措施，最大限度地减少对资源的损害或影响。

第六条 从事海洋石油开发者应在编制油（气）田总体开发方案的同时，按《条例》第五条规定的内容编报海洋环境影响报告书，并将经批准的环境影响报告书送交所处海区主管部门。

生产中（含试生产）的油（气）田，根据开采规模的变化及环境质量状况，作业者应对环境影响报告书适时进行补充完善，并报主管部门审查。

第七条 承担环境影响评价的单位必须具有从事海洋环境影响评价的能

力,并持有甲级环境影响评价证书。

第八条 凡在中国管辖海域作业的固定式和移动式平台的防污设备必须符合《条例》第七条规定的要求,并经主管部门查验证书后,方可作业。

第九条 为防止和控制溢油污染,减少污染损害,从事海洋石油勘探开发的作业者,应根据油田开发规模、作业海域的自然环境和资源状况,制定溢油应急计划。

第十条 溢油应急计划包括以下内容:

一、平台作业情况及海域环境、资源状况;

二、溢油风险分析;

三、溢油应急能力。

第十一条 作业者应在作业前将溢油应急计划报海区主管部门审查。海区主管部门对溢油应急计划如有异议,可以责令作业者予以重新制定、修改、补充。

第十二条 作业者应根据油田开发规模油田开发规模、风险分析情况等,配置相应的各种应急设备,使其具有处置与油田开发规模相适应的溢油事故的能力。

第十三条 固定式和移动平台及其他海上设施含油污水的排放,必须符合中华人民共和国颁布的有关国家标准。

一、机舱、机房和甲板含油污水的排放,应符合国家《船舶污染物排放标准(GB 3552—83)》。

二、采油工业污水排放,应符合国家《海洋石油开发工业含油污水排放标准(GB 4914—85)》。

三、含油污水在排放前不得稀释和加入消油剂进行预处理。

四、采油工业污水排放时,应按《海洋石油开发工业含油污水分析方法》的要求取样检测,并将测得结果记录于“防污记录簿”中。

检测分析仪器须是经检验合格的正式产品。

第十四条 钻井作业试油前,作业者应通知海区主管部门。试油期间,作业者应采取有效措施,防止油类造成污染。

第十五条 使用水基泥浆时，应尽可能避免或减少向水基泥浆中加入油类，如必须加入油类时，应在“防污记录簿”上记录油的种类、数量；含油水基泥浆排放前，应通知海区主管部门，并提交含油水基泥浆样品；含油量超过 10%（重量）的水基泥浆，禁止向海中排放。含油量低于 10%（重量）的水基泥浆，回收确有困难、经海区主管部门批准，可以向海中排放，但应交纳排污费。

含油水基泥浆排放前不得加入消油剂进行处理。

需作用油基泥浆时，应使用低毒油基泥浆；采取有效的技术措施，使钻屑与泥浆得到充分的分离；油基泥浆必须回收，不得排入海中；钻屑中的油含量超过 15%（重量）时，禁止排放入海。含油量低于 15%（重量）的钻屑，回收确有困难、经海区主管部门批准，可以向海中排放，但应交纳排污费。

海区主管部门可要求作业者提供钻井泥浆、钻屑样品。

作业者应将钻井泥浆、钻屑的含油量、排放时间、排放量等情况记录在“防污记录簿”中。

第十六条 一切塑料制品（包括但不限于合成缆绳、合成渔网和塑料袋等）和其他废弃物（包括残油、废油、含油垃圾及其残液残渣等），禁止排放或弃置入海，应集中储存在专门容器中，运回陆地处理；

不得在平台及其他海上设施上焚烧有毒化学制品。在平台上烧毁其纸制品、棉麻织物、木质包装材料时，不得造成海洋环境污染。

在距最近陆地 12 海里以内投弃食品废弃物，应使粒径小于 25 毫米；在此海域内排放粪便，须经消毒和粉碎等处理。

第十七条 作业者应在重要生产、输油环节采取有效措施，严格遵守操作规程，避免发生溢油事故。各类储油设施、输油管线应符合防渗、防漏、防腐要求。

第十八条 发生溢油事故时，作业者应尽快采取措施，切断溢源，防止或控制溢油扩大。

第十九条 发生任何溢油事故，作业者都必须向海区主管部门报告。报告的主要内容包括：事故发生时间、位置、原因；溢油的性质、状态、数量；责任人；当时海况；采取的措施；处理结果。同时应记录在“防污记录簿”中，并使用季度报表C“海洋石油污染事故情况报告表”，按季度报海区主管部门。

第二十条　以下两种溢油事故发生时，作业者应在24小时内报告海区主管部门。

一、平台距海岸20海里以内，溢油量超过1吨的；

二、平台距海岸20海里以外，溢油超过10吨的。

以下两种溢油事故发生时，作业者应在48小时内报告海区主管部门。

一、平台距海岸20海里以内，溢油量不超过1吨的；

二、平台距海岸20海里以外，溢油量不超过10吨的。

第二十一条　海面溢油应首先使用机械回心。消油剂应严格控制使用，并遵守《海洋石油勘探开发化学消油剂使用规定》。

第二十二条　勘探和采油生产作业完成之后，平台钻具、井架、井桩及其他设施不得任意弃置；对需在海上弃置的平台、井架、井桩及其他平台的有关设施，按海洋倾废管理的规定执行。

第二十三条　凡进行海洋石油勘探开发和生产作业的平台及设施，都必须备有“防污记录簿”和“季度防污报表”，并按要求填写，按时报海区主管部门。

平台作业时间不足一个季度的，并且在本季度内不再作业的，作业者应于平台作业结束后十五日内报海区主管部门。

第二十四条　对超过标准排放污染物的作业者，海区主管部门可以责令其缴纳排污费。由于设备和技术原因，长期达不到标准，应限期期治理，在治理期间收取超标排污费。

第二十五条　凡违反《中华人民共和国海洋环境保护法》、《条例》和本办法，按《条例》第二十七、二十八条规定，海区主管部门有权依情节轻重和造成海洋环境有害影响的程度，对肇事者给予警告或罚款。

一、不按《条例》第四条规定编报海洋环境影响报告书和造成海洋环境污染损害的，罚款金额为人民币一万元至十万元。

二、对作业者的下列违法行为，罚款金额为人民币五千元至一万元：

1. 不按规定和海区主管部门的要求制定或修改溢油应急计划；

2. 不按《条例》第七条规定配备防污染设施或设施不合格的；

3. 不按本办法第十三、十五、十六条规定处理废弃物和含油污水。

三、对作业者的下列违法行为，罚款金额为人民币一千元至五千元：

1. 不按本办法第十九、二十条规定向海区主管部门报告溢油事故；

2. 不按规定使用化学消油剂。

四、对作业者的下列违法行为，罚款金额为人民币一千元以下：

1. 不按规定配备“防污记录簿”；

2. 涂改、伪造“防污记录簿”或记载非正规化；

3. 不按规定报告或通知有关情况；

4. 不按规定上报季度防污报表或伪造季度防污报表；

5. 不按本办法第十五条规定向海区主管部门提交样品；

6. 拒绝向执行检查任务的公务人员提供“防污记录簿”或如实陈述有关情况；

7. 阻挠或妨碍公务人员执行公务。

第二十六条　当事人对处罚决定不服的，可以在接到处罚通知之日起 15 日内，向作出处罚决定机关的上一级机关申请复议；对复议决定不服的，可以在接到复议决定之日起 15 日内，向人民法院起诉。当事人也可以在接到处罚通知之日起 15 日内，直接向人民法院起诉。当事人逾期不申请复议、也不向人民法院起诉、又不履行处罚决定的，由作出处罚决定的机关申请人民法院强制执行。

第二十七条　凡违反《条例》及本办法，造成公、私财产重大损失或致人员伤亡的，对直接责任人员由司法机关依法追究刑事责任。

第二十八条　赔偿责任包括：

一、由于作业者的行为造成海洋环境污染损害而引起海水水质、生物资源等损害，致使受害方为清除、治理污染所支付的费用；

二、由于作业者的行为造成海洋环境污染损害而引起受害方经济收入的损失金额，被破坏的生产工具修复更新费用，受害方因防止污染损害所采取的相应的预防措施所支出的费用；

三、为处理海洋石油勘探开发引起的污染损害事件所进行的调查费用。

第二十九条 受到海洋石油勘探开发污染损害，要求赔偿的单位、个人可以根据《条例》第二十二条的规定，向海区主管部门提出污染损害索赔报告书；参与清除污染作业的单位和个人，可以根据《条例》第二十三条的规定，向海区主管部门提交索取清除费用报告书。

海区主管部门对赔偿责任和赔偿金额纠纷，可以根据当事人的请求作出调解处理。当事人对调解处理不服的，可以向人民法院起诉。当事人也可以直接向人民法院起诉。涉外案件还可以按仲裁程序解决。

第三十条 请求赔偿的诉讼时效期间为三年，从受害方知道或应当知道受油污损害之日算起。

赔偿纠纷处理结束后，受害方不得就同一污染事故再次提出索赔要求。

第三十一条 由于战争行为、不可抗拒的自然灾害或完全由于第三者的故意或过失，虽然及时采取合理措施，但仍不能避免对海洋环境造成污染损害的，可免除发生事故的作业者的责任。

由于第三者的责任造成污染损害的，由第三者承担赔偿责任。

要求免于承担赔偿责任的作业者，应按《条例》第二十四条的规定，向主管部门提交报告。海区主管部门对免除责任的条件调查属实后，可作出免除赔偿责任的决定。

第三十二条 凡在海洋石油勘探开发中防止海洋污染，保护海洋环境有成绩的单位和个人，海区主管部门应给予表扬和奖励。

第三十三条 在本办法中，下列用语含义是：

一、"油类"系指任何类型的油及其炼制品。

二、"内海"系指领海基线内侧的全部海域，包括：(1) 海湾、海峡、海港、河口湾；(2) 领海基线与海岸之间的海域；(3) 被陆地包围或通过狭窄水道连接海洋的海域。

三、"应急能力"系指溢油应急的技术设备、通信能力、应急组织及职责、实施预案、海面溢油清除办法、人员的培训等。

四、“溢油事故”系指非正常作业情况下原油及其炼制品的泄漏。溢油事故按其溢油量分为大、中、小三类，溢油量小于10吨的为小型溢油事故；溢油量在10～100吨的为中型溢油事故；溢油量大于100吨的为大型溢油事故。

第三十四条 本办法由国家海洋局负责解释。

第三十五条 本办法自颁布之日起生效。

注：在本办法第十三条规定的《海洋石油开发工业含油污水分析方法》未颁布前，暂按《石油工业废水水质监测分析方法》执行。

《海洋石油勘探开发化学消油剂使用规定》由主管部门另行制定。

(九)海洋石油平台弃置管理暂行办法

(国海发[2002]21号　国家海洋局2002年6月24日)

第一条 为加强对海洋石油平台弃置活动的管理，根据《中华人民共和国海洋环境保护法》及有关法律法规的规定，制定本办法。

第二条 凡在中华人民共和国内水、领海、毗连区、专属经济区、大陆架以及中华人民共和国管辖的其他海域进行海洋石油平台弃置活动的，适用本办法。

第三条 本办法所指的海洋石油平台(以下简称平台)包括海洋石油勘探开发活动中所使用的固定式平台、移动式平台、单点系泊等配套设施和其他浮动工具。

第四条 进行海洋石油平台弃置活动，应当按照国家海洋行政主管部门的要求采取有效措施，保护海洋环境，防止对海洋环境造成有害影响。平台所有者在海上石油平台弃置活动中，应拆除可能造成海洋环境污染的设备和设施。

第五条 海洋石油平台弃置可分为原地弃置、异地弃置和将平台改做他用三种方式。

第六条 停止海洋油气开发作业的平台所有者应当在平台停止生产作业90日之前，向国家海洋行政主管部门提出平台弃置的书面申请。书面申请应当包括以下内容：

1. 弃置平台的概况，包括其名称、地理位置、所有者及使用时间；

2. 终止作业的原因；

3. 预计停产日期及进行弃置的起止时间；

4. 平台的主要结构及其功能；

5. 平台的弃置方式及与其他弃置方式的比较；

6. 原地弃置平台保留设施的基本情况。

第七条 平台在原地弃置的，平台的所有者向国家海洋行政主管部门提交申请书时，应当同时报送平台弃置对周围海域的环境影响评估论证报告。环境影响评估论证报告应当包括以下内容：

1. 平台周围海域的自然状况及环境状况；

2. 平台弃置作业期间对海洋环境可能造成的影响分析；

3. 平台弃置采取的海洋环境保护措施和环保应急计划；

4. 平台弃置后漂离原地的风险分析；

5. 平台弃置后腐蚀的速率可能对海洋环境造成的影响分析；

6. 平台弃置后对水面或水下航行等其他海洋功能使用和海洋资源开发的影响分析以及解决的措施；

7. 平台弃置后的监测计划及监控措施。

第八条 平台在海上异地弃置的，平台的所有者向国家海洋行政主管部门提交申请时，应同时报送临时性海洋倾倒区选划论证报告。

第九条 停止海洋油气开发作业的平台需要改做他用的，平台所有者向国家海洋行政主管部门提交申请时，应同时报送海洋工程建设项目环境影响报告书。

第十条 国家海洋行政主管部门自受理平台弃置申请之日起60日内征求有关部门意见后做出审批决定，并将审批结果书面通知申请者。国家海洋行政主管部门在做出审批决定后，应将审批决定通报有关部门。

第十一条 平台所有者必须按照国家海洋行政主管部门批准的要求进行平台弃置，并应在停止油气开发作业之日起的一年内进行平台弃置。

第十二条 废弃的平台妨碍海洋主导功能使用的必须全部拆除。在领海以内海域进行全部拆除的平台，其残留海底的桩腿等应当切割至海底表面4米以下。在领海以外残留的桩腿等设施，不得妨碍其他海洋主导功能的使用。

第十三条 平台在海上弃置的，应当封住采油井口，防止地层内的流体流出海底对海洋环境造成污染损害，并拆除一切可能对海洋环境和资源造成损害的设施。

第十四条 弃置平台的海上留置部分，应当进行清洗或防腐蚀处理。海上清洗或者防腐蚀作业，应当采取有效措施防止油类、油性混合物或其他有害物质污染海洋环境，清洗产生的废水必须经过处理达标后方可排放。

第十五条 弃置平台的海上留置部分，其所有者应当负责日常维护与管理，设立助航标志。

第十六条 国家海洋行政主管部门所属的中国海监机构负责海洋石油平台弃置活动的现场监督检查。

第十七条 违反本办法第六条、第七条、第八条，擅自进行平台弃置的，由国家海洋行政主管部门根据《中华人民共和国海洋环境保护法》第七十三条第一款第(三)项、第二款的规定予以处罚。

第十八条 违反本办法第九条的，由国家海洋行政主管部门根据《中华人民共和国海洋环境保护法》第八十三条的规定予以处罚。

第十九条 违反本办法第十一条、第十二条、第十三条的，由国家海洋行政主管部门根据《中华人民共和国海洋环境保护法》第八十六条的规定予以处罚。

第二十条 违反本办法第十四条的，依照《中华人民共和国海洋倾废管理条例》第十七条、第二十一条的规定予以处罚。

第二十一条 海上石油平台进行异地弃置的，除了应遵守本办法外，还应当遵守海洋倾废管理的有关规定。停止海洋油气开发作业的平台需改做他用的，除了应遵守本办法外，还应当遵守海洋工程建设项目环境保护管理的有关规定。

第二十二条 弃置其他海上人工构造物的，参照本办法执行。

第二十三条 本暂行办法自颁布之日起施行。

二、菲律宾相关规范性法律文件

(一) 菲律宾总统第370号公布令(1968年3月20日)

(宣布在大陆架上的所有矿物和其他自然资源属于菲律宾共和国管辖和控制)

兹本人菲律宾总统马科斯在此宣布,所有邻接菲律宾大陆架的海床、底土的矿物和其他自然资源,包括从领海区域之外至允许勘探该种资源,包括属于定居物种的生物之紧邻水域的深度处,均属于菲律宾,菲律宾并拥有勘探和开发的专属管辖权和控制权。无论如何,大陆架与邻国有重叠之处,其划界将由菲律宾与该国依法律和衡平原则来决定。在该海底区域之上水域的性质,与公海相同,在该水域上之领空,皆不受本宣布之影响。

(二) 菲律宾总统第1596号令(1978年6月11日)

(宣布某些地区为菲律宾领土之一部分及将之纳入政府管理)

鉴于南中国海的岛屿和岛礁彼此邻近的关系,乃称之为卡拉扬群岛(Kalayaan Islands Group);

从北纬7度40分与东经116度0分交汇的基点(在菲律宾条约疆界上)向西至北纬7度40分与东经112度10分交汇点,从该基点再向北到东经112度10分与北纬9度0分交汇点,从该基点往东北至北纬12度0分与东经114度30分,从该基点向东至北纬12度0分与东经118度0分交汇点,从该基点向南至北纬10度0分与东经118度0分交汇点,从该基点向东南至北纬7度40分、东经116度0分的起始基点,此一范围为菲律宾之安全及经济生存所系。

鉴于以上范围为菲律宾群岛之大陆边缘的一部分;

鉴于这些地区在法律上不属于任何国家或民族,惟基于历史、不可缺少的需要、及依国际法的有效占领和控制设治，这些地区现在应被视为属于和受制于菲律宾的主权；

虽然有些国家宣称对这些地区拥有部分领土，惟他们的主张已因放弃而失效，无论在法律、历史和衡平上都不能胜过菲律宾。

兹本人菲律宾总统马科斯，依据宪法赋予我的权力颁布如下的命令：

第一节 在以下疆界内的区域：

从北纬 7 度 40 分与东经 116 度 0 分交汇的基点（在菲律宾条约疆界上）向西至北纬 7 度 40 分与东经 112 度 10 分交汇点，从该基点再向北到东经 112 度 10 分与北纬 9 度 0 分交汇点，从该基点往东北至北纬 12 度 0 分与东经 114 度 30 分，从该基点向东至北纬 12 度 0 分与东经 118 度 0 分交汇点，从该基点向南至北纬 10 度 0 分与东经 118 度 0 分交汇点，从该基点向东南至北纬 7 度 40 分、东经 116 度 0 分的起始基点；包括海床、底土、大陆边缘和空域应属于和受制于菲律宾的主权。该一地区因此构成巴拉望省一个独特的自治市镇，称之为“卡拉扬”。

第二节 在定期选举官员之前，依第 1081 号公布令宣布紧急状态期间，以及除非以前的法律有所规定外，该一地区的行政和政府将授权给国防部长或菲律宾总统所委任的文人政府的官员或武装部队。

第三节 该命令立即生效。

公布签字于马尼拉市，公元 1978 年 6 月 11 日。

马科斯（签字）

菲律宾总统

（三）菲律宾总统第 1599 号令设立专属经济区及其他目的（1978 年 6 月 11 日）

鉴于从测算领海之基线起算 200 海里之专属经济区，对于菲律宾共和国之经济生存和发展极为重要。

鉴于该一经济区现在已成为国际法承认的原则；

因此，现在本人菲律宾总统马科斯依据宪法赋予之权力发出下述命令：

第一节

设立一个称为菲律宾专属经济区的区域。专属经济区应从测量领海之基线起算之200海里的区域：假如专属经济区的最外缘界限与相邻国家的专属经济区重叠，则共同疆界将依照与有关国家的协议或依据一般承认的国际法有关划界原则来决定。

第二节

不使菲律宾共和国对于其领海及大陆架之权利受侵害，它在设立的专属经济区应享有及行使以下的权利：

(1) 主权权利，以勘探和开发、维护和管理包括底土和海面至海床上的生物或非生物、再生的或非再生的天然资源，以及在该区域的经济勘探和开发的其他活动，诸如海水、潮汐和风能生产；

(2) 关于设立及使用人工岛、离岸终点站、设施和结构、海洋环境之维护、包括防止和控制污染、科学研究；

(3) 国际法或国家实践所承认的其他权利。

第三节

除了依据与菲律宾共和国签订的协议之条件或菲律宾共和国许可之执照或菲律宾共和国之授权，任何人在专属经济区不可从事下列行为：

(1) 勘探或开发任何资源；

(2) 进行任何寻找、挖掘或钻探活动；

(3) 进行任何研究；

(4) 建筑、维护或经管任何人工岛、离岸终点站、设施或其他结构或设计；或

(5) 执行或从事违法菲律宾主权权利和管辖权的任何行为或任何活动。

前述规定不可视为是在禁止菲律宾公民，无论为自然人或法人，执行上述的行为，假如其行为时经过现行法律的许可。

第四节

其他国家在专属经济区应享有自由航行和飞越领空的权利、铺设海底电缆和管线,以及其他国际上合法使用海洋航行和运输的权利。

第五节

(1) 总统得授权适当的政府人员或机构制定及宣布执行此一命令所需的规则和条例。

(2) 任何人违反本命令或总统同意并公布之规则和条例,应处以 2 000 比索以上罚款或 6 个月至 10 年之间的徒刑,或者二者并罚。船只及其他设备或使用的任何物品,应予扣押及没收。

第六节

本命令在政府公报公布后 30 日生效。

1978 年 6 月 11 日于马尼拉市签署。

菲律宾总统

马科斯

(四) 菲律宾对于签署 1982 年海洋法公约之宣言

(1982 年 12 月 10 日)

1. 签署"并不能侵害或损害菲律宾共和国宪法赋予菲律宾共和国之主权权利……"

2. 签署亦不能侵害或损害…根据 1898 年 12 月 10 日及 1930 年 1 月 2 日所签订之条约,菲律宾共和国作为美国之继承人所应享有的"主权权利"。

3. 签署不能削减或影响美国和菲律宾于 1951 年 8 月 30 日签订共同防御条约所规定的权利和义务,及其相关的解释文件;亦不能削减或影响菲律宾所签订的相关双边或多边条约或协定。

4. "该签署不应侵害或损害菲律宾运用其主权权力于其领土之主权,例如卡拉扬群岛(Kalayan Islands)及其附属之海域。"

5. 1982 年海洋法公约不应被解释为是在修改任何相关的法律及总统的命

令或声明。政府保留依照宪法规定修改法律及总统命令或声明的权利和权力。

6. 海洋法公约对于经由海线通行群岛的规定，不能损害菲律宾作为群岛国控制海线的主权或使之无效，亦不能剥夺其制定法律保障其主权、独立和安全的权力。

7. 群岛水域的概念是类似于菲律宾宪法所规定的内水概念，连接这些水域与经济区或公海的海峡，外国船只不能以国际航行为理由而享有过境通行权。

8. “菲律宾共和国同意依据海洋法公约第298条规定的解决争端的程序进行和平解决，不能因之被认为是自毁菲律宾的主权。”

（五）1987年菲律宾宪法第1条

第一条 国家领土包括菲律宾群岛以内的一切岛屿和水域，以及菲律宾拥有主权或管辖权的一切领土，由其陆上的、河中的和空中的领域构成，包括其领海、海床、底土、岛礁和其他海底的区域。群岛四周之间和连接各岛的水域，不管其幅员如何，皆是菲律宾内水的组成部分。

三、印度尼西亚相关规范性法律文件

（一）印度尼西亚群岛国家宣言

印尼共和国总统，

鉴于

一、由数千个岛屿构成的印尼国家，其地理的形态具有独自的性格和特征；

二、自古以来，印尼诸岛形成了统一体；

三、为了保障印尼国家完整的领域，有必要将所有诸岛以及诸岛之间的海域视为完全的统一体；

四、《1939年领海及沿岸水域法》（荷属印尼政厅官报，1939年第442号）第

1 条第 1 款有关领海之规定，其所个别分割领土及其领海，不符前述诸款之规定；

五、为符合前述诸款之规定，有必要制定有关印尼水域的取代法律。根据宪法第 5 条第 1 款之规定，遵照 1960 年 1 月 20 日协商工作内阁会议之决议，做出以下的决定，制定有关印尼水域的取代法令。

第 1 条

(1) 印尼水域涵盖印尼领海及印尼内水。

(2) 印尼之领海是指诸岛在低潮线之外缘点或领土之外端点所连成的直线基线，从该基线或基线的任一点向外海测算的垂直距离 12 海里范围之水域。宽度未及 24 海里之海峡，如沿岸国不只印尼，则领海之疆界线将以海峡中间线为准。

(3) 印尼之内水是指第二款所指基线内侧全部之水域。

(4) 1 海里等于纬度 1 度之 60 分之 1。

第 2 条 本法令附录之海图标示着第 1 条第 2 款所指之基点和基线位置。

第 3 条

(1) 外国船舶在印尼内水享有无害通过权。

(2) 前款之无害通过权将另以法令规定之。

第 4 条

(1) 本取代法令于公布日开始生效。

(2) 自生效日起，“1939 年领海及沿岸水域法”第 1 条第 1 款第 1 至第 4 项无效。

本法令将刊载在印尼共和国官报，以昭告世人。

1960 年 2 月 18 日

于雅加达决定

印尼共和国总统苏加诺(Sukarno)

（二）印度尼西亚海域法（1960 年 2 月 18 日第 4 号法令）

第一条

（1）印尼水域包含领海及印尼的内水。

（2）印尼领海是一个 12 海里宽度的海洋地带，其最外缘界线是依据与基线或基线上的基点呈直角来计算的，基线则是连接构成印尼领土之最外缘岛屿或该群岛之一部分岛屿的低潮线之最外缘基点而成的直线，假如海峡的宽度不超过 24 海里，则印尼领海的最外缘界线将以海峡中线来划定，印尼不是唯一采取采取此一办法的沿岸国家。

（3）印尼的内水是包含在第 2 款所提及的基线内的水域。

（4）1 海里等于经线的六十分之一长度。

第二条

本法所附地图显示了第一条第 2 款所述的基点和基线之位置。

第三条

（1）经由印尼内水之无害通过，是开放给外国船舶。

（2）第 1 款提及之无害通过应由政府法令加以规定。

印尼水域基点之位置（略）

（三）印尼共和国政府与马来西亚政府关于划分两国大陆架疆界协议（1969 年 10 月 27 日）

1969 年 10 月 27 日于吉隆坡签署，1969 年 11 月 7 日生效。

印尼共和国政府与马来西亚政府，为加强两国现存友谊之历史联系，以及为建立两国大陆架之疆界，

同意如下条款：

第一条

1. 印尼和马来西亚在马六甲海峡和南中国海之大陆架疆界，是连接以下各个经纬度交会的基点之直线为界。

A. 在马六甲海峡:(略)

B. 在南中国海(西部—西马来西亚东海岸):(略)

C. 在南中国海(东部—沙捞越海岸外):(略)

2. 第一节所规定的基点之坐标是地理坐标,连接各个基点之直线标示在本协议附录A之海图上。

3. 前述在海中各个基点的实际位置,将由两国政府主管当局彼此同意的方法来决定。

4. 基于第三节之目的,关于印尼共和国之"主管当局",是指印尼水道测量局局长及其授权的人,关于马来西亚之"主管当局",是指马来西亚国家制图局局长及其授权的人。

第二条 签约之每一政府应保证在其国内采取必要的步骤,以按本协议之条件行事。

第三条 本协议不应影响未来两国关于划分两国领海疆界之任何协议。

第四条 假如任何单一的地质石油或天然气构造,超出了第一条所规定的直线之外,而位于前述直线一边的该构造之一部分是可从前述直线之另一边进行全部或局部开采,则两国政府应就最有效开采该构造之方式达成协议。

第五条 两国政府对于本协议之解释或执行如有任何争议,将以协商或谈判之和平方法解决。

第六条 本协议将依两国之宪法程序批准。

第七条 本协议将在互换批准书日生效。

兹证明签名于本协议末尾者在其各自政府之授权下,签署了本协议。

1969年10月27日于吉隆坡签署印尼文、马来西亚文和英文复本。对各种文本内容有所争议,以英文本为主。

(四)印尼共和国政府与澳大利亚联邦政府设立特定海床疆界协议(1971年5月18日)

印尼共和国政府与澳大利亚联邦政府,为加强两国友谊之联系,为特别地合

作划分两国特定海床疆界之协议，以使两国分别地行使自然资源的勘探和开发之主权，

兹同意如下条款：

第一条　在东经133度23分以东的阿拉福拉海（Arafura），邻接及附属于澳大利亚联邦的海床区域与邻接及附属于印尼共和国的海床区域之间的疆界，应为本协议所附之海图“A”上的直线，它从南纬9度52分和东经140度29分的基点（A1基点）依次连接下述各个基点：（略）

第二条　两国政府在本协议尚未决定划分东经133度23分以西邻接海床的区域，本问题将在日后两国认为方便之日进一步谈判。

第三条

1. 新几内亚岛南方海岸之外，东经140度49分30秒以西的区域，位在邻接及附属于巴布亚领土的海床区域与邻接及附属于印尼共和国的区域之间的疆界，应为本协议所附海图“A”上之直线，它连接南纬9度24分30秒和东经140度49分30秒之基点（B1基点）到南纬9度52分和东经140度29分之基点（A1基点）。

2. 两国政府在本协议尚未决定划分本条第1款所述的B1基点与在巴布亚领土与西伊里安之间的陆地疆界至新几内亚岛南方海岸的基点之间的疆界线，此一问题将在双方同意时进一步谈判。

第四条

1. 位在新几内亚岛南方海岸之外，邻接及附属于新几内亚托管地之海床区域与邻接及附属于印尼共和国的区域之间的疆界，应为标示在本协议所附之海图“B”上之直线，它从托管地与西伊里安之间的陆地疆界至新几内亚岛北方海岸之基点（C1基点）到南纬2度8分30秒与东经141度1分30秒之基点（C2基点）。假如从该线往北画之任何线，则应依此相同原则画线，此即等距原则。

2. 本条第1款所述的直线被视为显示双方同意的属于各自疆界内海床区域之分界线。

3. 本条不应影响两国政府日后划定新几内亚托管地与印尼共和国之间领

海疆界之协议。

第五条 基于本协议之目的，除非前后文另有规定，“海床”包括底土。

第六条

1. 本协议第一、三、四条规定的基点坐标是地理坐标，基点及连接各基点的基线之实际位置，将依两国政府有权当局协议之方法决定之。

2. 基于本条第1款之目的，关于澳大利亚联邦有权当局应指国家绘图局局长及其授权的人，关于印尼共和国有权当局应指国家测量暨绘图协调局局长及其授权的人。

第七条 假如液态碳氢化合物或天然气之单一储藏，或在海床下其他矿物之蕴藏是横跨本协议第一、三、四条所说的直线，而位在该直线之一侧的储藏或蕴藏之一部分是以流动形式整体或部分地从直线之另一侧采收，则两国政府应就最有效开采这些储藏或蕴藏及平等分享该开采所获得的利益达成协议。

第八条 两国政府关于本协议之解释或执行有争议，应以协商或谈判的和平方法解决。

第九条 本协议将依据两国政府各自的宪法程序批准。在互换批准书日正式生效。

兹证明签名于本协议末尾者是在其各自政府之授权下，签署了本协议

1971年5月18日于堪培拉签署英文和印尼文复本。

（五）印尼共和国政府与澳大利亚联邦政府在帝汶区域与阿拉福拉海划定特定海床疆界协议：1971年5月18日协议之补充（1972年10月9日）

The Government of the Commonwealth of Australia and the Government of the Republic of Indonesia,

Recalling the Agreement between the two Governments, signed on the eighteenth day of May One thousand nine hundred and seventy-one, establishing seabed boundaries in the Arafura Sea and in certain areas off the coasts of the island of New Guinea (Irian),

Recalling further that in the aforesaid Agreement the two Governments left for later discussion the question of the delimitation of the respective areas of adjacent seabed in the Arafura and Timor Seas westward of Longitude 133° 23′ East.

Resolving, as good neighbours and in a spirit of co-operation and friendship, to settle permanently the limits of the areas referred to in the preceding paragraph within which the respective Governments shall exercise sovereign rights with respect to the exploration of the seabed and the exploitation of its natural resources.

Have agreed as follows:

Article 1

In the area to the south of the Tanimbar Islands, the boundary between the area of seabed that is adjacent to and appertains to the Commonwealth of Australia and the area of seabed that is adjacent to and appertains to the Republic of Indonesia shall be the straight lines shown on the Chart annexed to this Agreement commencing at the Point of Latitude 8°53′ South, Longitude 133°23′ (Point A 12 specified in the Agreement between the two countries dated the eighteenth day of May One thousand nine hundred and seventy-one), thence connecting in a westerly direction the points specified hereunder in the sequence so specified:

A 13. The point of Latitude 8° 54′ South, Longitude 133° 14′ East

A 14. The point of Latitude 9° 25′ South, Longitude 130° 10′ East

A 15. The point of Latitude 9° 25′ South, Longitude 128° 00′ East

A 16. The point of Latitude 9° 28′ South, Longitude 127° 56′ East

Article 2

In the area south of Roti and Timor Islands, the boundary between the area of seabed that is adjacent to and appertains to the Commonwealth of Australia and the area of seabed that is adjacent to and appertains to the Republic of Indonesia shall be the straight lines, shown on the Chart annexed to this Agreement commencing at the point of Latitude 10° 28′ South, Longitude 126°00′ East (Point A 17), and thence connecting in a westerly direction the points specified hereunder in the sequence so specified:

A 18. The point of Latitude 10° 37′ South, Longitude 125° 41′ East

A 19. The point of Latitude 11° 01′ South, Longitude 125° 19′ East

A 20. The point of Latitude 11° 07′ South, Longitude 124° 34′ East

A 21. The point of Latitude 11° 25′ South, Longitude 124° 10′ East

A 22. The point of Latitude 11° 26′ South, Longitude 124° 00′ East

A 23. The point of Latitude 11° 28′ South, Longitude 123° 40′ East

A 24. The point of Latitude 11° 23′ South, Longitude 123° 26′ East

A 25. The point of Latitude 11° 35′ South, Longitude 123° 14′ East

Article 3

The lines between Points A 15 and A 16 and between Points A 17 and A 18 referred to in Article 1 and Article 2 respectively, indicate the direction of those portions of the boundary. In the event of any further delimitation agreement or agreements being concluded between governments exercising sovereign rights with respect to the exploration of the seabed and the exploitation of its natural resources in the area of the Timor Sea, the Government of the Commonwealth of Australia and the Government of the Republic of Indonesia shall consult each other with a view to agreeing on such adjustment or adjustments, if any, as may be necessary in those portions of the boundary lines between Points A 15 and A 16 and between Points A 17 and A 18.

Article 4

The Government of the Commonwealth of Australia and the Government of the Republic of Indonesia mutually acknowledge the sovereign rights of the respective Governments in and over the seabed areas within the limits established by this Agreement and that they will cease to claim or to exercise sovereign rights with respect to the exploration of the seabed and the exploitation of its natural resources beyond the boundaries so established.

Article 5

For the purpose of this Agreement, "seabed" includes the subsoil thereof, except where the context otherwise requires.

Article 6

1. The co-ordinates of the points specified in Articles 1 and 2 of this Agreement are geographical co-ordinates, and the actual location of these points and of the lines joining them shall be determined by a method to be agreed upon by the competent authorities of the two Governments.

2. For the purpose of paragraph 1 of this Article, the competent authorities in relation to the Commonwealth of Australia shall be the Director of National Mapping and any person acting with his authority, and in relation to the Republic of Indonesia shall be the Chief of the Co-ordinating Body for National Survey and Mapping (Ketua Badan Koordinasi Survey DanPemetaan Nasional) and any person acting with his authority.

Article 7

If any single accumulation of liquid hydrocarbons or natural gas, or if any other mineral deposit beneath the seabed, extends across any of the lines that are specified or described in Articles 1 and 2 of this Agreement, and the part of such accumulation deposit that is situated on one side of the line is recoverable in fluid form wholly or in part from the other side of the line, the two Governments will seek to reach agreement on the manner in which the accumulation or deposit shall be most effectively exploited and on the equitable sharing of the benefits arising from such exploitation.

Article 8

1. Where the Government of the Commonwealth of Australia has granted an exploration permit for petroleum or a production license for petroleum under the Petroleum (Submerged Lands) Acts of the Commonwealth of Australia over a part of the seabed over which that Government ceases to exercise sovereign rights by virtue of this Agreement, and that permit or license is in force immediately prior to the entry into force of this Agreement, the Government of Indonesia or its authorized agent shall, upon application by the registered holder of the permit or license, or where there is more than one registered holder, by the registered holders acting jointly, be willing to offer and to negotiate a production sharing contract under Indonesian law to explore for and to produce oil and natural gas in respect of the same part of the seabed on terms that are not less favorable than those provided under Indonesian law in existing production sharing contracts in other parts of the seabed under Indonesian jurisdiction.

2. An application for negotiation in accordance with paragraph 1 of this Article must be made by the registered holder or holders within nine months after the entry into force of this Agreement. If no application is made within this period, or if an offer made in accordance with paragraph 1 of this Article is, after negotiation, not accepted by the permittee or licensee, the Government of the Republic of Indonesia shall have no further obligation to the registered holder or holders of a permit or license to which paragraph 1 of this Article applies.

3. For the purpose of this Article, "registered holder" means a company that was a registered holder of an exploration permit for petroleum or a production license for petroleum, as the case may be, under the Petroleum

(Submerged Lands) Acts of the Commonwealth of Australia immediately prior to the entry into force of this Agreement.

Article 9

Any dispute between the two Governments arising out of the interpretation or implementation of this Agreement shall be settled peacefully by consultation or negotiation.

Article 10

This Agreement is subject to ratification in accordance with the constitutional requirements of each country, and shall enter into force on the day on which the Instruments of Ratification are exchanged.

IN WITNESS WHEREOF the undersigned, being duly authorized by their respective Governments, have signed this Agreement.

DONE in duplicate at Jakarta this ninth day of October 1972 in the English and Indonesian languages.

(六) 印尼共和国政府关于印尼专属经济区的声明
(1980年3月21日)

Bearing in mind that improving the nation's welfare by exploiting all available natural resources, both living and non-living, is the aim and purpose of the Indonesian Government and Nation.

Being aware that in order to attain the above aim and purpose, the natural resources of the seabed and sub-soil and the superjacent waters have to be protected and managed in an appropriate, purposeful and rational manner.

Noting that state practice indicates that the regime of an exclusive economic zone of 200 nautical miles has been accepted as part of the new international law of the sea.

Recognizing the need for Indonesia to proclaim a Government Declaration concerning the Exclusive Economic Zone of Indonesia.

Declares as follows:

1. The Exclusive Economic Zone of Indonesia is the area beyond the Indonesian Territorial Sea as promulgated by virtue of Law No. 4 of 1960 concerning Indonesian Waters, the breadth of which extends to 200 nautical miles from the baselines from which the breadth of the Indonesian Territorial Sea is measured.

2. In the Exclusive Economic Zone, Indonesia has and exercises:

(a) sovereign rights for the purpose of exploring and exploiting, managing and conserving living and non-living natural resources of the seabed and sub-soil and the superjacent waters and sovereign rights with regard to other activities for the economic exploration and exploitation of the zone, such as the production of energy from the water, currents and winds;

(b) jurisdiction with regard to:

(i) the establishment and use of artificial islands, installations and structures.

(ii) marine scientific research.

(iii) the preservation of the marine environment.

(iv) other rights based on international law.

3. The sovereign rights of Indonesia as referred to in paragraph 2 of this Government Declaration shall, with respect to the seabed and subsoil, continue to be exercised in accordance with the provisions of the laws and regulations of Indonesia concerning Indonesian Waters and the Indonesian Continental Shelf, international agreements and international law.

4. In the Exclusive Economic Zone of Indonesia, the freedoms of navigation and over flight and of the laying of sub-marine cables and pipelines will continue to be recognized in accordance with the principles of the new

international law of the sea.

5. Where the boundary line of the Exclusive Economic Zone of Indonesia poses a problem of delimitation with an adjacent or opposite State, the Indonesian Government is prepared, at an appropriate time, to enter into negotiations with the State concerned with a view to reach an agreement.

6. The above provisions will further be regulated by a law and regulations.

This Government Declaration will come into force on the date of its announcement.

Jakarta, 21 March 1980.

四、马来西亚相关规范性法律文件

(一) 石油矿法(Petroleum Mining Act, 1966)

Citation and application

1. (1) This Act may be cited as the Petroleum Mining Act 1966.

(2) This Act shall apply throughout Malaysia but in its application to Sabah and Sarawak it shall have effect only with respect to offshore land.

Interpretation

2. In this Act, unless the context otherwise requires—

"continental shelf" has the meaning assigned to it by section 2

of the Continental Shelf Act 1966 [Act 83];

"exploration license" means a license issued under section 7;

"exploration work" means any work carried out in connection with exploration for petroleum;

"foreshore" means all that land lying between the shore line and the low-water mark of ordinary spring tides;

"land", in relation to the States in Peninsular Malaysia, means any area of on-shore land and includes off-shore land adjacent to and contiguous with the on-shore land and, in relation to the States of Sabah and Sarawak, means the area of off-shore land only;

"licensee" means the person to whom an exploration license is issued and includes his successors in title and the persons deriving title under him;

"off-shore land" means the area of the continental shelf;

"on-shore land" includes the foreshores and submarine areas beneath the territorial waters of the States;

"petroleum" includes any mineral oil or relative hydrocarbon and natural gas existing in its natural condition in strata but does not include coal or bituminous shales or other stratified deposits from which oil can be extracted by destructive distillation;

"petroleum agreement" means an agreement entered into under sections 8 and 9;

"Petroleum Authority" has the meaning assigned to it by subsection4(3);

"prescribed" means prescribed by regulations made under section 12.

Restriction on petroleum exploring, prospecting and mining

3. (1) No person shall explore, prospect or mine for, or do any act with a view to exploring, prospecting or mining for, petroleum upon any land except by virtue of an exploration license or a petroleum agreement.

(2) Any person who acts in contravention of this section or of any of the conditions of an exploration license or a petroleum agreement issued to, or entered into, by him shall be guilty of an offence and shall, on conviction, be liable to a fine not exceeding twenty thousand ringgit or to imprisonment for a

term not exceeding two years or to both; and all machinery, tools, plant, buildings and other property together with any minerals or other products which may be found upon or proved to have been obtained from the land so unlawfully explored, prospected or mined shall be liable to forfeiture.

Persons by whom application may be made

4. (1) Any person desirous of exploring, prospecting or mining for petroleum may apply in accordance with this Act for an exploration license or a petroleum agreement in respect of any area of land.

(2) Every application for an exploration license or for a petroleum agreement shall be considered and approved or refused, as the case may be, by the Petroleum Authority.

(3) The Petroleum Authority shall—

(a) in relation to an application in respect of an area of on-shore land, be the Ruler or the Yang di-Pertua Negeri of the State in which the area of on-shore land is situated;

(b) in relation to an application in respect of an area of off-shore land, be the Yang di-Pertuan Agong.

Manner in which application may be made

5. (1) Every application for an exploration license or for a petroleum agreement shall be made in writing in the form set out in the First Schedule and shall be addressed to the Menteri Besar or the Chief Minister of the State or, to the Minister for consideration by the Petroleum Authority.

(2) Every application shall be accompanied by such fees as maybe prescribed.

(3) Every application shall be accompanied by two copies of a survey office map showing delineated thereon the boundaries of the area of the land in respect of which an exploration license or petroleum agreement, as the case

may be, is applied for; and in the case of an application for an exploration license, the application shall be supported by evidence that the applicant intends to carryout exploration work in good faith.

(4) The applicant shall upon request by the Menteri Besar, the Chief Minister or, as the case may be, the Minister, furnish such evidence as the Petroleum Authority may consider necessary as to his financial position and technical qualifications and as to his ability to comply with any terms and conditions of the exploration license or, as the case may be, the petroleum agreement; and if such evidence shall not have been furnished within three months of the request thereof, the application shall, unless the Petroleum Authority otherwise determines, be deemed to have been withdrawn.

(5) All information comprised in, or furnished to the Petroleum Authority in pursuance of, an application made under this Act shall be treated as confidential.

(6) Where any person requires an exploration license or a petroleum agreement in respect of two or more separate areas, a separate application shall be made in respect of each such area.

Lapse of approval

6. If a petroleum agreement is not executed within six months following the date of the approval of the application there for, the right of the applicant to an agreement shall, unless the Petroleum Authority considers that the delay is not attributable to the fault of the applicant, be deemed to have lapsed.

Exploration license

7. (1) The Petroleum Authority may issue an exploration license in respect of the whole or any part of the area of the land applied for, and every exploration license issued under this Act may authorize the licensee thereof to explore for petroleum over the whole or any part of the area of the land

specified in that license:

Provided that—

(i) an exploration license shall not be issued in respect of an area of land which has already been covered by a petroleum agreement entered into under section 8; and

(ii) nothing in this section shall prevent the Petroleum Authority from issuing in respect of the same area of land more than one exploration license or another exploration license or licenses to other person or persons.

(2) Every licensee shall enjoy rights and liberty granted under his license during the continuance thereof in common with other licensees to whom exploration licenses in respect of the same area may have been issued or may thereafter be issued.

(3) Every exploration license shall be for an initial period of two years and thereafter may be extended from time to time upon an application for the extension thereof made and supported by evidence that the licensee has in fact carried out during the currency of the license exploration work upon a reasonable scale.

(4) The licensee may at any time apply to the Petroleum Authority for a petroleum agreement in respect of the whole or any part of the area held under his exploration license; and upon the issue of a petroleum agreement covering the area or any part thereof all exploration licenses covering that area or any part thereof shall determine without the Petroleum Authority being liable to pay any compensation to licensees.

(5) An exploration license shall be in the form set out in the Second Schedule:

Provided that the Petroleum Authority may make such modifications and exclusions and may add such additional clauses covering ancillary matters as the Petroleum Authority may deem fit.

Petroleum agreement

8. (1) Upon an application made in that behalf by any person desirous of exploring, prospecting or mining for petroleum the Petroleum Authority may, subject to subsection (2) and section 9, enter into a petroleum agreement with that person in respect of any area of land included in the application.

(2) Save as provided in section 9, every petroleum agreement shall cover an area of land not exceeding 4,000 square miles, and shall be in the form and shall contain the terms and conditions of the model petroleum agreement under paragraph 12(1)(i):

Provided that the Petroleum Authority may make such modifications and exclusions and may add such additional clauses covering ancillary matters in respect of any particular petroleum agreement as to the Petroleum Authority may seem fit.

Single petroleum agreement for contiguous areas

9. (1) Notwithstanding subsection 8(2) and subject to subsection(2), the Petroleum Authority may enter into a single petroleum agreement in respect of two or more contiguous areas of land although the total area covered by the agreement exceeds 4,000 square miles.

(2) Where the total area covered by a single petroleum agreement entered into in respect of two or more contiguous areas exceeds 4,000 square miles, the obligations with respect to expenditure commitments and fixed yearly payments under the agreement shall be increased proportionately in the proportion that the excess area bears to the area of 4,000 square miles.

(3) For the purpose of this section, "contiguous areas" means areas which are situated on the same geological structure or cover a group of geologically similar and related structures.

Grant of more than one exploration license or petroleum agreement

10. Nothing in this Act shall prevent more than one exploration license or petroleum agreement being issued to, or being entered into with, or being in existence at the same time in favor of, the same person.

Notification of any execution, surrender, etc. , of a petroleum agreement

11. The Petroleum Authority shall, as soon as may be after the execution, surrender, determination or assignment of any petroleum agreement or the right there under this Act, publish a notification in the Gazette of the fact stating the name of the person with whom the petroleum agreement was made, the name of any assignee and the situation of the area concerned.

Regulations

12. (1) The Yang di-Pertuan Agong may make regulations generally for the purposes of carrying into effect this Act, and in particular the regulations may provide for—

(i) the form and contents of the model petroleum agreement;

(ii) the appointment, duties, privileges and powers of officers to enforce this Act including an exploration license and any petroleum agreement issued or entered into there under;

(iii) the fees to be paid in respect of anything to be done under this Act including the issue of an exploration license and the entering into of a petroleum agreement;

(iv) the prevention of fires in areas where oil mining is carried on;

(v) the establishment of safety areas around any petroleum reserve installations erected on the sea bed:

Provided that no safety area around petroleum mining installations erected on off-shore land beyond territorial waters shall be required to exceed five hundred meters in radius;

(vi) the general safety, health, working conditions and welfare of persons engaged in oil mining whether on-shore or off-shore; and

(vii) the amendment of the First Schedule.

(2) Regulations made under paragraph (1)(i) to (iii), so far as they relate to the States, shall not take effect in any State until the same shall have been concurred to by the State Authority concerned; and any regulations made under paragraph (1)(vi) may provide that the regulations shall be in addition to or in substitution for the written law relating to labor and any regulations made there under relating to the matters specified in that paragraph.

Repeal and saving

13. (1) All references to oil prospecting licenses and oil mining leases in the Mining Enactments of the States in Peninsular Malaysia[F. M. S. Cap. 147, J. No. 69, K. No. 67, Kn. 10/1939, Ps. 1/1340, Tr. 51/1356] shall be deemed to have been repealed:

Provided that any oil prospectinglicense or oil mining lease issued under any of those Enactments shall continue to subsist for the duration of time for which it is issued and shall not be affected by this Act.

(2) (a) The Mining Ordinance of Sabah [Ord. 20 of 1960], the Oil Mining Ordinance of Sarawak [Cap. 85] and any other State law in force in Sabah or Sarawak relating to mining shall continue in force except in relation to the exploration, prospecting or mining for petroleum in off-shore land and the provisions of the said Ordinances and any such law so far as they relate to the exploration, prospecting or mining for petroleum in off-shore land shall be deemed to have been repealed.

(b) Any prospecting license, mining lease or agreement issued or made under any written law in force in Sabah or Sarawak immediately before 8 November 1969, for the exploration, prospecting or mining for petroleum on off-shore land shall continue to be in force subject to paragraphs (c), (d) and (e).

(c) All rights accrued or due to and all liabilities and obligations imposed on or borne by the Governments of Sabah and Sarawak under or by virtue of any prospecting license, mining lease or agreement referred to in paragraph (b) shall accrue and be due to and shall be imposed on and borne by the Federal Government.

(d) The provisions of the prospecting license, mining lease or agreement referred to in paragraph (b) shall be construed subject to this Act.

(e) The Yang di-Pertuan Agong may at any time before 31December 1972, by order make such further transitional or saving provision as he may consider necessary or expedient.

Permission to enter upon alienated land

14. (1) Where a licensee or a person who is a party to a petroleum agreement has been refused entry upon any alienated land by the owner thereof, the licensee or the person may make an application to the State Authority for permission to enter upon that land; and t he State Authority may, subject to subsection (2), grant the permission applied for on condition that the applicant undertakes to pay compensation for all the damage which may be caused to the land or crops or property therein upon such entry or on such other conditions as the State Authority may deem fit to impose.

(2) Before granting the permission under subsection (1), the State Authority shall grant to the owner of the alienated land the right of being heard, and the permission so granted shall be final and shall not be questioned in any court of law.

(3) Upon the production to the owner of the alienated land of the permission granted under subsection (1), the owner shall allow the person in

whose favour the permission is granted or a person authorized by him to enter upon that land.

(4) If, after the permission referred to under subsection (1) has been produced to him, the owner of the alienated land refuses or fails to allow entry upon his land by the person in whose favor the permission is granted or the person authorized by him, the owner shall be guilty of an offence and shall, on conviction, be liable to a fine not exceeding five hundred ringgit and a further fine not exceeding ten ringgit for every day during which there fusal or the failure continues.

(5) For the purpose of this section the expression "owner" includes chargee, lessee, occupier or any person having interest in the land; and the expression "entry" includes the exercising of any rights contained in the license or the petroleum agreement.

(二) 马来西亚大陆架法(Continental Shelf Act, 28 July, 1966)

1. (1) This Act may be cited as the Continental Shelf Act, 1966.

(2) (Omitted)

2. In this Act, unless the context otherwise requires—

"continental shelf" means the sea-bed and subsoil of submarine areas adjacent to the coast of Malaysia but beyond the limits of the territorial waters of the States, the surface of which lies at a depth no greater than two hundred meters below the surface of the sea, or, where the depth of the super adjacent waters admits of the exploitation of the natural resources of the said areas, at any greater depth;

"natural resources" means—

(a) the mineral and other natural non-living resources of the sea-bed and subsoil; and

(b) living organisms belonging to sedentary species, that is to say, organisms which, at the harvestable stage, either are immobile on or under the sea-bed or are unable to move except in constant physical contact with the sea-bed or the subsoil;

"petroleum" includes any mineral oil or relative hydrocarbon and natural gas existing in its natural condition in strata, but does not include coal or bituminous shales or other stratified deposits from which oil can be extracted by destructive distillation.

3. All rights with respect to the exploration of the continental shelf and the exploitation of its natural resources are hereby vested in Malaysia and shall be exercisable by the Federal Government.

4. (1) No person shall explore, prospect or bore for or carry on any operations for the getting of petroleum in the sea-bed or subsoil of the continental shelf except under and in accordance with the Petroleum Mining Act, 1966.

(2) For the purposes of the following subsections, the expression "minerals" shall be construed to mean minerals other than petroleum.

(3) No person shall explore, prospect or bore for or carry on any operations for the getting of minerals in these a-bed or subsoil of the continental shelf except in pursuance of the license issued under the following subsections.

(4) The Minister may from time to time, on an application made in that behalf, grant to any person a license authorizing the person to explore, prospect, bore and mine for and to carry on operations for the getting of minerals of any specified kind in any specified area of the continental shelf.

(5) Every application for a license and every license granted under subsection (4) shall be in such form and subject to the payment of such fees

and other payments as may be prescribed by the Minister and be subject to such conditions as the Minister, when granting the license, thinks fit to impose in the circumstances of each case, including, but without limiting the generality of the foregoing provisions of this section, conditions requiring the licensee—

(a) to comply with such conditions as to safety as are specified in the license; and

(b) to pay to the Federal Government in respect of any minerals recovered by the licensee from the continental shelf such royalties as are specified in the license.

(6) The grant of a license under subsection (4) shall in every case be in the absolute discretion of the Minister and any number of licenses may be granted to the same person; and every license may be so granted that the rights there under are to be enjoyed by the licensee in common with other licensees to whom licenses under subsection (4) may have been granted or may thereafter be granted.

(7) Any person who explores, prospects, bores or mines for, or carries on operations for the recovery of any minerals in the sea-bed or subsoil of the continental shelf otherwise than in pursuance of a license under subsection(4) and in accordance with the conditions of the license (not being a condition relating to the payment of royalties to the Federal Government) shall be guilty of an offence, and shall, on conviction, be liable to a fine not exceeding twenty thousand dollars or to imprisonment for a term not exceeding two years or to both; and all machinery, tools, plant, buildings and other property together with any minerals or other products which may be found upon or proved to have been obtained from the area of the continental shelf so unlawfully explored, prospected or mined shall be liable to forfeiture.

5. (1) Subject to this Act, for the purposes of this Act and of every other written law (whether enacted before or after the passing of this Act) for the time being in force in Malaysia—

(a) every act or omission which takes place on or under or above, or in any waters within five hundred meters of, any installation or device (whether temporary or permanent) constructed, erected, placed, or used in, on, or above the continental shelf in connection with the exploration of the continental shelf or the exploitation of its natural resources shall be deemed to take place in Malaysia; and

(b) every installation or device and any waters within five hundred meters of an installation or device as aforesaid shall be deemed to be situated in Malaysia, and for the purposes of jurisdiction shall be deemed to be situated in that part of Malaysia above high water mark at ordinary spring tides which is nearest to that installation or device; and

(c) every court iin Malaysia which would have jurisdiction (whether civil or criminal) in respect of that actor omission if it had taken place in Malaysia shall have jurisdiction accordingly; and

(d) every power of arrest or of entry or search or seizure or other power that could be exercised under any written law (whether enacted before or after the passing of this Act) in respect of any such act or omission or suspected act or omission if it had taken place or was suspected to have taken place in Malaysia maybe exercised on or in respect of any such installation or device or any waters within five hundred meters there of as if the installation or device or waters were in Malaysia; and

(e) without prejudice to the provisions of the Customs Act, 1967, every installation or device, and any materials or parts used in the construction of an installation or device, which are brought into the waters above the continental shelf from parts beyond the seas shall be deemed to have been imported at the time when the installation or device is constructed, erected, or placed in, on, or above the continental shelf in connection with the exploration of the continental shelf or the exploitation of its natural resources.

(2) The Yang di-Pertuan Agong may from time to time, by order—

(a) modify or exclude any of the provisions of any written law (whether enacted before or after the passing of this Act) to such extent as may be necessary for the purpose of giving full effect to subsection (1);

(b) declare that the provisions of any written law (whether enacted before or after the passing of this Act), with such modifications or exceptions as he thinks fit, shall apply with respect to the continental shelf or any specified part thereof, or to acts or omissions taking place in, on, or above the continental shelf or any specified part thereof, in connection with the exploration of the continental shelf or of that part or the exploitation of its natural resources, and thereupon the provisions of that written law, with those modifications and exceptions, shall apply as if the continental shelf or that part thereof were within Malaysia.

(3) Nothing in this section shall limit the provisions of any written law relating to the liability of persons in respect of acts done or omitted beyond Malaysia or the jurisdiction of any court in Malaysia under any such written law.

(4) Notwithstanding anything in any other written law, proceedings for the trial and punishment of any person charged with having committed an offence in respect of which the courts in Malaysia have jurisdiction by virtue only of this section shall not be instituted in any court except with the consent of the Public Prosecutor:

Provided that a person so charged may be arrested or a warrant for his arrest may be issued and executed, and any such person may be remanded in custody or released on bail, notwithstanding that the consent of the Public Prosecutor to the institution of a prosecution for the offence has not been obtained, but the case shall not be further prosecuted until the consent has been obtained.

(5) In this section the term "device" includes any ship, floating platform, or aircraft that is used in connection with any installation or device.

6. (1) The Yang di-Pertuan Agong may make regulations for—

(a) regulating the construction, erection, or use of installations or devices in, on, or above the continental shelf, or any specified part thereof, in connection with the exploration of the continental shelf or that part there of or the exploitation of its natural resources;

(b) prohibiting the construction, erection, placing, or use of installations or devices in, on, or above the continental shelf in places where they could cause interference with the use of recognized sea lanes essential to coastwise or international navigation;

(c) establishing safety zones, extending to a distance not exceeding five hundred meters measured from each point of the outer edge of the installation or device, around any such installations or devices in, on, or above the continental shelf;

(d) prescribing such measures as he considers necessary in any such safety zone for the protection of the installation or device with respect to which the safety zone is established;

(e) regulating or prohibiting the entry of ships into any such safety zone;

(f) prescribing measures to be taken in any such safety zone for the protection of the living resources of these a and the natural resources of the continental shelf from harmful agents;

(g) prescribing the notice to be given of the construction, erection, or placing of installations or devices in, on, or above the continental shelf;

(h) prescribing the permanent means to be installed for the purpose of giving warning to shipping and aircraft of the presence of installations or devices in, on, or above the continental shelf;

(i) providing for the removal of installations or devices constructed, erected, or placed in, on, or above the continental shelf which have been abandoned or become disused;

(j) prohibiting or restricting any exploration of the continental shelf or any specified part thereof or any exploitation of its natural resources which in the opinion of the Yang di-Pertuan Agong could result in any unjustifiable interference with navigation, fishing, or the conservation of the living resources of the sea, or could interfere with national defence or with oceanographic or other scientific research or with submarine cables or pipelines;

(k) providing for such matters as are necessary for giving full effect to this Act and for the due administration thereof; and

(l) prescribing penalties for breaches of the regulations, not exceeding five thousand dollars.

(2) In this section the term "continental shelf" includes the sea-bed and subsoil of the submarine areas within the limits of the territorial waters of the States:

Provided that nothing in this section shall affect the rights and powers of the State Authority under the appropriate land law or any other written law in respect of areas within the limits of the territorial waters of the State.

7. (1) Any prospecting license, mining lease or agreement issued or made under any written law in force in Sabah and Sarawak immediately before the

8th November, 1969, for the exploration, prospecting or mining for minerals other than petroleum on the continental shelf shall continue to be in force subject to subsections (2), (3) and(4).

(2) All rights accrued or due to and all liabilities and obligations imposed on or borne by the Governments of Sabah and Sarawak under or by virtue of any prospecting license, mining lease or agreement referred to in subsection (1) shall accrue and be due to and shall be imposed on and borne by the Federal Government.

(3) The provisions of the prospectinglicense, mining lease or agreement referred to in subsection (1) shall be construed subject to this Act.

(4) The Yang di-Pertuan Agong may at any time before the 31st December, 1972, by order make such further transitional or saving provision as he may consider necessary or expedient.

(三) 马来西亚专属经济区法

(Exclusive Economic Zone Act of Malaysia, 1984)

PART Ⅰ PRELIMINARY

Short title, application and commencement.

1. (1) This Act may be cited as the Exclusive Economic Zone Act 1984 and shall apply to the exclusive economic zone of Malaysia.

(2) The provisions of this Act pertaining to the continental shelf shall be in addition to, and not in derogation of, the provisions of the Continental Shelf Act 1966.

(3) In the event of any conflict or inconsistency between the provisions of this Act and of any applicable written law, the provisions of this Act shall supersede the conflicting or inconsistent provisions of that applicable written law and the latter shall be construed as so superseded.

(4) The provisions of any applicable written law which are not in conflict or inconsistent with the provisions of this Act shall otherwise continue to apply.

(5) This Act shall come into force on such date as the Yang di-Pertuan Agong may appoint by notification in the Gazette and he may appoint different dates for the coming into force of different provisions of this Act indifferent areas of the exclusive economic zone and continental shelf.

Interpretation

2. In this Act, unless the context otherwise requires—

"applicable written law" means any written law:

(a) provided to be applicable in respect of the exclusive economic zone, continental shelf or both, as the case may be, by an order made under section 42 or otherwise specifically provided to be so applicable: or

(b) applicable in respect of the continental shelf under the provisions of the Continental Shelf Act 1966, and includes the Continental Shelf Act 1966;

"authorized officer" means any fishery officer as defined in section 2 of the Fisheries Act 1963, any port officer as defined in section 2 of the Merchant Shipping Ordinance 1952, any police officer not below the rank of sergeant as defined in section 2 of the Police Act 1967, any customs officer as defined in section 2 of the Customs Act 1967, any officer of the armed forces as defined in section 2 of the Armed Forces Act 1972, any public officer, irrespective of rank, in command of a vessel belonging to the Government or ay other person or class of persons appointed to be an authorized officer or authorized officers under section 39;

"continental shelf" means the continental shelf of Malaysia as defined in section 2 of the Continental Shelf Act1966;

"Director-General" means the Director-General of Environmental Quality as defined in section 2 of the Environmental Quality Act 1974;

"dumping" means:

(a) any deliberate disposal of wastes or other matter from vessels, aircraft, platforms or other man-made structures at sea; or

(b) any deliberate disposal of vessels, aircraft or other man-made structures at sea, but "dumping" does not include:

(i) the disposal of wastes or other matter incidental to, or derived from, the normal operations of vessels, aircraft, platforms or other man-made structures at sea and their equipment, other than wastes or other matter transported by or to vessels, aircraft, platforms or other man-made structures at sea, operating for the purpose of disposal of such matter or derived from the treatment of such wastes or other matter on such vessels, aircraft, platforms or structures; or

(ii) placement of matter for a purpose other than the mere disposal thereof, provided that such place mentis not contrary to the aims of this Act, any applicable written law or international law;

"exclusive economic zone" or "zone" means the exclusive economic zone of Malaysia determined in accordance with section 3;

"Government" means the Government of Malaysia and includes any Minister charged with responsibility by an order made under the Ministerial Functions Act 1969 for the matter in relation to which the reference to the Government is made under this Act, and any other Minister exercising temporarily the functions of such Minister;

"Malaysian fisheries waters" means all waters comprising the internal waters, the territorial sea and the exclusive economic zone of Malaysia in which Malaysia exercises sovereign and exclusive rights over fisheries;

"maritime casualty" means a collision of vessels, stranding or other incident of navigation, or other occurrence on board a vessel or external to it resulting in material damage or imminent threat of material damage to a vessel or cargo;

"master", in relation to a vessel, includes every person (except a pilot or port officer as defined in section 2 oft he Merchant Shipping Ordinance 1952) having for the time being command or charge of the vessel, or lawfully acting as the master thereof;

"mixture containing oil" means:

(a) a mixture with an oil content of one hundred parts or more in one million parts of the mixture; or

(b) a mixture with such oil content as is prescribed by the Minister charged with responsibility for the environment by order in the Gazette to be a mixture containing oil for the purposes of this Act;

"oil" means:

(a) crude oil, diesel oil, fuel oil or lubricating oil; or

(b) any other description of oil which is prescribed by the Minister charged with responsibility for the environment by order in the Gazette to be oil for the purposes of this Act;

"owner", in relation to a vessel, means any person or body of persons, whether incorporated or not, by whom the vessel is owned and includes any charterer, sub-charterer, lessee or sub-lessee of the vessel;

"pollutant" means any substance which, if introduced into the sea, is liable to create hazards to human health or to harm living resources in the sea or other marine life, or to damage amenities or interfere with other legitimate uses of the sea and, without limiting the generality of the foregoing, includes any substance that is prescribed by the Minister charged with responsibility for the environment by order in the Gazette to be a pollutant for the purposes oft his Act;

"State" shall have the meaning assigned to that expression under international law;

"territorial sea" means the territorial waters of Malaysia determined in accordance with the Emergency(Essential Powers) Ordinance, No. 7/1969;

"this Act" includes regulations and other subsidiary legislation made under this Act and anything done under this Act or under such regulations or other subsidiary legislation;

"vessel" includes every description of ship or floating or submarine craft or structure;

"waste" includes:

(a) any matter, whether liquid, solid, gaseous or radioactive, which is discharged, emitted, deposited or dumped in the marine environment in such volume, composition or manner as to cause an alteration of the environment; or

(b) any matter which is prescribed by the Minister charged with responsibility for the environment by order in the Gazette to be waste for the purposes of this Act.

PART Ⅱ EXCLUSIVE ECONOMIC ZONE

The exclusive economic zone of Malaysia

3. (1) The exclusive economic zone of Malaysia, as proclaimed by the Yang di-Pertuan Agong vide P. U. (A)115/80, is an area beyond and adjacent to the territorial sea of Malaysia and. subject to subsections (2) and (4), extends to a distance of two hundred nautical miles from the baselines from which the breadth of the territorial sea is measured.

(2) Where there is an agreement in force on the matter between Malaysia and a State with an opposite or adjacent coast. questions relating to the

delimitation of the exclusive economic zone shall be determined in accordance with the provisions of that agreement.

(3) The Yang di-Pertuan Agong may cause the limits of the exclusive economic zone to be published in maps or charts from time to time.

(4) Where, having regard to international law, State practice or an agreement referred to in sub-section (2), the Yang di-Pertuan Agong considers it necessary so to do, he may by order published in the Gazette alter the limits of the exclusive economic zone determined in accordance with subsection (1).

Sovereign rights in, and jurisdiction over, the exclusive economic zone

4. In the exclusive economic zone Malaysia has

(a) sovereign rights for the purpose of exploring and exploiting, conserving and managing the natural resources, whether living or non-living, of the seabed and subsoil and the superjacent waters, and with regard to other activities for the economic exploitation and exploration of the zone, such as the production of energy from the water, currents and winds;

(b) jurisdiction with regard to:

(i) the establishment and use of artificial islands, installations and structures;

(ii) marine scientific research;

(iii) the protection and preservation of the marine environment: and

(c) such other rights and duties as are provided for by international law.

Prohibition of activities in the exclusive economic zone or on the continental shelf except where authorized

5. Except where authorized in accordance with the provisions of this Act or any applicable written law, no person shall in the exclusive economic zone or on the continental shelf:

(a) explore or exploit any natural resources. whether living or non-living;

(b) carry out any search, excavation or drilling operations;

(c) conduct any marine scientific research: or

(d) construct or authorize and regulate the construction, operation and use of:

(i) any artificial island:

(ii) any installation or structure for any of the purpose provided for in section 4 or for any other economic purpose; or

(iii) any installation or structure which may interfere with the exercise of the rights of Malaysia in the zone or on the continental shelf.

PART Ⅲ FISHERIES(略)

PART Ⅳ PROTECTION AND PRESERVATIONOR THE MARINE ENVIRONMENT

Sovereign right of Malaysia to exploit her natural resources

9. Malaysia has the sovereign right to exploit her natural resources in the exclusive economic zone pursuant to her environmental policies and in accordance with her duty to protect and preserve the marine environment in the zone.

10. (1) If any oil, mixture containing oil or pollutant is discharged or escapes into the exclusive economic zone from any vessel, land-based source, installation, device or aircraft, from or through the atmosphere or by dumping:

(a) the owner or master of the vessel, if the discharge or escape is from a vessel;

(b) the owner or occupier of the place on land, if the discharge or escape is from land;

(c) the owner or person in charge of the installation or device, if the discharge or escape is from an installation or a device; or

(d) the owner or pilot of the aircraft. if the discharge or escape is from an aircraft, shall each be guilty of an offence and shall be liable to a fine not exceeding one million ringgit.

(2) Where the act or omission of a person other than any of the persons mentioned in subsection (1) caused the discharge or escape mentioned in that subsection, then such other person shall also be guilty of an offence and shall be liable to a fine not exceeding one million ringgit.

(3) Subsection (2) shall not operate to absolve or relieve the persons mentioned in subsection (1) from liability for an offence under subsection (1).

(4) Notwithstanding the provisions of this section, dumping of wastes or other matter may be carried out under a license issued by the Director-General and subject to such conditions as he may impose.

Defence to a charge under section 10

11. Where a person is charged with an offence under section 10, it shall be a defence to prove that the discharge or escape of the substance mentioned in sub-section (1) of that section was caused for the purpose of securing the safety of the vessel, the place on land, the installation, device or aircraft concerned, or for the purpose of saving life but a defence under this section shall not operate if the court is satisfied that the discharge or escape was not necessary for the alleged purpose or was not a reasonable step to take in the circumstances.

Requirement for discharge or escape of certain substances to be reported.

12. (1) If any oil, mixture containing oil or pollutant is discharged or escapes into the exclusive economic zone from any vessel, land-based source, installation, device or aircraft. the owner or master of the vessel, the owner or occupier of the place on land, the owner or person in charge of the installation or device or the owner or pilot of the aircraft, as the case may be, shall immediately report the occurrence of such discharge or escape to the Director-

General.

(2) Any person who fails to comply with this section shall be guilty of an offence and shall be liable to a fine not exceeding ten thousand ringgit.

Measures relating to a maritime casualty

13. (1) The Government may specify measures in relation to the exclusive economic zone which are necessary to protect Malaysia's coastline or any segment or element of the environment or related interests, including fishing, from pollution or threat of pollution following upon a maritime casualty or acts relating to such casualty, which may reasonably be expected to result in major harmful consequences.

(2) The measures referred to in subsection (1) shall be proportionate to the actual or threatened damage to the coastline or segment or element of the environment or related interests, including fishing.

Directions and action to remove, disperse, destroy or mitigate damage

14. (1) Where Malaysia's coastline or any segment or element of the environment or related interests, including fishing in the exclusive economic zone is damaged or threatened to be damaged as a result of any discharge or escape of any substance mentioned in section 10, the Director-General may issue such directions as are, or take such action as is, necessary to remove, disperse, destroy or mitigate the damage or threat of damage.

(2) Any person who fails to comply with any direction given by the Director-General under subsection (1)shall be guilty of an offence and shall be liable to a fine not exceeding ten thousand ringgit.

(3) The owner and the master of the vessel, the owner and the occupier of the place on land, the owner and the person in charge of the installation or device, or the owner and the pilot of the aircraft, as the case may be, from which the substance mentioned in section 10 was discharged or escaped shall be

liable jointly and severally for all costs and expenses incurred in carrying out all or any of the work required under subsection (1) to remove, disperse, destroy or mitigate the damage or the damage, and such costs and expenses shall be a first charge on any property or interest held by such person.

(4) Where the Act or omission of a person other than any of the persons mentioned in subsection (3) caused such discharge or escape, then such other person shall also be liable jointly and severally with the persons mentioned in that subsection for all costs and expenses incurred in carrying out all or any of the work required under subsection (1) to remove, disperse, destroy or mitigate the damage or threat of damage, and such costs and expenses shall be a first charge on any property or interest held by such other person.

Power to detain and sell vessel

15. (1) The Director-General may detain any vessel from which the oil, mixture containing oil or pollutant escaped or was discharged in the circumstances mentioned in subsection (1) of section 14.

(2) The Director-General may release any vessel detained under subsection (1) upon the owner depositing with the Government such sum of money or furnishing such security as, in the opinion of the Director-General, would be adequate to meet all costs and expenses incurred in carrying out the work required to remove, disperse, destroy or mitigate the damage or threat of damage caused by such escape or discharge.

(3) If any vessel which has been detained proceeds to sea without being released under subsection (2), the owner or master of the vessel or any other person who causes the vessel to proceed to sea shall be guilty of an offence and shall be liable to a fine not exceeding one million ringgit.

(4) Where the owner or master of such vessel or any other person found guilty of an offence under this section is unable to pay the fine or the costs and

expenses incurred in carrying out the work required under subsection (1) of section 14, the court may, on the application of the Director-General, order the sale of such vessel and the application of the proceeds of the sale towards the payment of the fine and the costs and expenses incurred.

PART Ⅴ MARINE SCIENTIFIC RESEARCH(略)

PART Ⅵ ARTIFICIAL ISLANDS, INSTALLATIONS AND STRUCTURES

Prohibition of construction, operation or use of artificial island, etc. except with authorization

21. (1) No person shall construct, operate or use any artificial island, installation or structure in the exclusive economic zone or on the continental shelf except with the authorization of the Government and subject to such conditions as it may impose.

(2) The Government shall have exclusive jurisdiction over artificial islands, installations and structures in the zone and on the continental shelf, including jurisdiction with regard to customs, fiscal, health, safety and immigration laws.

(3) The Government may, where necessary, establish reasonable safety zones around such artificial islands, installations and structures in which it may take appropriate measures to ensure the safety both of navigation and of the artificial islands, installations and structures.

(4) The breadth of the safety zones shall be determined by the Government, taking into account navigation and of the artificial islands, installations and structures applicable international standards, Due notice shall be given of the extent of the safety zones.

(5) All vessels must respect these safety zones and shall comply with any directions which the Government may give in accordance with generally accepted international standards regarding navigation in the vicinity of artificial

islands, installations, structures and safety zones.

PART Ⅶ SUBMARINE CABLES AND PIPELINES(略)

PART Ⅷ ENFORCEMENT

Powers of authorized officer

24. (1) For the purpose of ensuring compliance with the provisions of this Act or any applicable written law, any authorized officer may, where he has reason to believe that an offence has been committed under this Act or such written law, without a warrant—

(a) stop, board and search any vessel within the exclusive economic zone and inspect any license, permit, record, certificate or any other document required to be carried on board such vessel under this Act such written law or any generally accepted international rules and standards, and make copies of the same;

(b) make such further enquiries and physical inspection of the vessel, its crew, equipment, gear, furniture, appurtenances stores and cargo as may be necessary to ascertain whether or not a suspected violation of the provisions of this Act or such written law has been committed;

(c) enter and search any place in which he has reason to believe that an offence under this Act or such written law is about to be or has been committed;

(d) arrest any person who he has reason to believe has committed any offence under this Act or such written law;

(e) detain any article which he has reason to believe has been used in the commission of any offence under this Act or such written law;

(f) detain any vessel, including its equipment, gear, furniture, appurtenances, stores and cargo, which he has reason to believe has been used in the commission of any offence or in relation to which any offence has been committed under this Act or such written law.

(2) A written acknowledgement shall be given for any article. vessel or thing detained under subsection (1).

Hot Pursuit

25. (1) Where any authorized officer has reason to believe that a foreign vessel has contravened any provision of this Act or any applicable written law, he may undertake the hot pursuit of such vessel with a view to stopping and arresting it and bringing it within the exclusive economic zone in accordance with international law.

(2) The powers conferred on an authorized officer under section 24 shall be exercisable pursuant to this section in respect of such vessel beyond the limits of the exclusive economic zone to the extent allowed by international law.

(3) Except as otherwise provided by any regional or bilateral agreement to which Malaysia is a party, the right of hot pursuit shall cease as soon as the vessel pursued enters the territorial sea or exclusive economic zone of its own State or any third State.

How person arrested to be dealt with

26. (1) An authorized officer making an arrest under this Act or any applicable written law shall without unnecessary delay produce the person arrested before a Magistrate.

(2) No authorized officer shall keep in custody a person arrested for a longer period than under all the circumstances of the case is reasonable.

(3) Such period shall not in the absence or after the expiry of a special order of a Magistrate under section 117 of the Criminal Procedure Code exceed twenty-four hours, exclusive of the time necessary for the journey from the place of arrest to the Magistrate's Court. F. M. S. Cap. 6 How detained vessel

to be dealt with 27. Any vessel detained under this Part and the crew thereof shall be taken to the nearest or most convenient port and dealt with an accordance with the provisions of this Act or any applicable written law.

Obstruction of authorized officer, etc.

28. Any person who

(a) with fully obstructs any authorized officer in the exercise of any of the powers conferred on him by this Actor any applicable written law;

(b) fails to comply with any lawful order or requirement under this Act or such written law; or

(c) fails to comply with any of the provisions of this Act or such written law for which no punishment is provided for failure to comply therewith shall be guilty of an offence.

PART Ⅸ OFFENCES, PENALTIES, LEGAL PROCEEDINGSAND COMPENSATIONS

General penalty

29. Any person who is guilty of an offence under this Act for which no punishment is provided shall be liable to a fine not exceeding one million ringgit.

30. Where any offence under this Act or any applicable written law has been committed by a company, partnership, form or business, every director and every officer of the company directly connected with the activity resulting in the commission of the offence, every member of that partnership and every person concerned with the management of that firm or business shall each be guilty of that offence and shall be liable to the punishment provided in section 29.

Master liable for offence committed on his vessel

31. Where an offence under this Act or any applicable written law has been committed by any person on board a vessel, the master of such vessel shall also be guilty of that offence and shall be liable to the punishment provided insection 29.

Detention and forfeiture of vessel, etc.

32. (1) Any article, vessel or thing detained under the provisions of this Act orany applicable written law shall unless otherwise provided under this Act, be held pending the outcome of any proceedings under this Act or such written law:

Provided, however, that an authorized officer or the court may release the article, vessel or thing so detained upon the furnishing of a bond or other security to the satisfaction of the authorized officer or the court by any person claiming ownership, or acting on behalf of the owner, of the article, vessel or thing to produce the same when required so to do.

(2) Where an article, vessel, or thing is detained under the provisions of this Act or any applicable written law, the authorized officer who detains the article, vessel or thing shall, as soon as may be, cause notice thereof to be given in writing to the owner; and where the owner cannot be found, a notice to that effect shall be published in the Gazette and, if the article, vessel or thing is foreign-owned, the authorized officer shall cause the diplomatic representative in Malaysia of the flag State of the vessel concerned or of the country of which the owner of the article or thing is a national to be informed of such fact through the Ministry responsible for foreign affairs.

(3) If the owner of the article, vessel or thing cannot be found in spite of all courses of action taken under subsection (2) and by reason of the owner not being found proceedings under this Act or any applicable written law cannot be

instituted, the article, vessel or thing detained shall be held for a period of one month from the date of the last course of action taken under subsection (2) at the end of which period the article, vessel or thing shall be forfeited to the Government unless a claim is received in respect thereof within the aforesaid period, in which even tan enquiry shall be held by a court of competent jurisdiction to determine the validity of the claim and the article, vessel or thing shall be disposed of in such manner as the court may direct.

Power of court to order forfeiture

33. Where any person is found guilty of an offence under this Act or any applicable written law, the court shall, in addition to any other penalty that may be imposed, order that any article, vessel or thing which was the subject-matter of, or was used in the commission of, the offence be forfeited and that any license or permit issued or consent given under this Act or such written law be suspended for such period of time as the court may think fit or be cancelled or withdrawn, as the case may be.

Disposal of article, vessel or thing ordered to be forfeited

35. Where it is proved to the satisfaction of a court that any article, vessel or thing detained under the provisions of this Act or any applicable written law was the subject matter of, or was used in the commission of, an offence under this Act or such written law, the court may order the forfeiture of such article, vessel or thing not with standing that no person may have been found guilty of such offence.

Sessions Court and Court of Magistrate of First Class to have full jurisdiction and powers under Act or applicable written law

36. (1) Notwithstanding any written law to the contrary, any offence committed under this Act or any applicable written law shall be deemed to have been committed in Malaysia for the purpose of conferring jurisdiction on a

court to try that offence, and a Sessions Court or a Court of a Magistrate of the First Class shall each have full jurisdiction and powers for all purposes under this Act or such written law.

(2) Subsection (1) shall not be construed as derogating in any way from the jurisdiction and powers of the High Court to try any offence under any written law.

(3) Any proceedings in respect of an offence under this Act or any applicable written law shall be brought before the Sessions Court or the Court of a Magistrate of the First Class which is nearest the place where the offence was committed, or which is located in the most convenient place for trial in the circumstances of the case as determined by the Public Prosecutor.

(4) This section shall be without prejudice to the provisions of the Criminal Procedure Code relating to the transfer of cases.

37. For the purposes of this Act or any applicable written law, the court shall presume that maps, plans or charts purporting to be made by the authority of:

(a) the Federal Government;

(b) the Government of a State in Malaysia; or

(c) the Government of a State as defined in section 2 and approved by the Federal Government or the Government of any State in Malaysia for use, were so made and are accurate.

Prosecution of offence

38. (1) A prosecution for an offence under this Act or any applicable written law shall not be instituted except for with the consent of the Public Prosecutor:

Provided that a person who is to be charged with such an offence may be arrested, or a warrant for his arrest may be issued and executed, and any person so arrested may be remanded in custody or released on bail, not withstanding that the consent of the Public Prosecutor to the institution of a prosecution for the offence has not been obtained, but the case shall not be further prosecuted until tat consent has been obtained.

(2) When a person is brought before a court under this section before the Public Prosecutor has consented to the prosecution, the charge shall be read and explained to him but he shall not be called upon to plead thereto, and the provisions of the Criminal Procedure Code shall be modified accordingly.

Yang di-Pertuan Agong may appoint other persons to be authorized officers

39. Without prejudice to the definition of "authorized officer" in section 2, the Yang di-Pertuan Agang may, by order in the Gazette, appoint such other person or class of persons as he m ay consider necessary to be an authorized officer or authorized officers for the purposes of this Act or any applicable written law.

40. (1) Where, by reason of any act or omission in contravention of this Act or any applicable written law, damage is caused to any person or property in or on, or to any segment or element of the environment or related interests within, the exclusive economic zone or continental shelf, the owner and the master of the vessel, the owner and the occupier of the place on land, the owner and the person in charge of the installation ...

(3) Without prejudice to the generality of subsections (1) and (2) such liability shall extend to the payment of compensation for any damage caused to a person, vessel, gear, facility of structure used in any activity, including fishing and related activities, connected with the exercise of the rights of the Government and Malaysian nationals, and of other persons where such rights are exercised with the consent of the Government, in the exclusive economic zone or on the continental shelf, and compensation shall also be paid for policing

and surveillance activities and activities for the protection of the environment and shipping necessitated by the damage referred to in subsection (1).

(4) Any claim for compensation under this section may be brought before any High Court, Sessions Court or Court of a Magistrate of the First Class in Malaysia, as the case may be, according to the value or amount of the claim, and where a claim is so brought, the court concerned shall have full jurisdiction and powers to adjudicate thereon.

PART X MISCELLANEOUS

Power to make regulations

41. (1) The Yang di-Pertuan Agong may make regulations for carrying out the provisions of this Act.

(2) Without prejudice to the generality of subsection (1), such regulations may provide for any of the following matters:

(a) regulating the conduct of marine scientific research within the exclusive economic zone and on the continental shelf;

(b) prescribing measures for the protection and preservation of the marine environment of the exclusive economic zone, including conditions to be complied with by foreign vessels before entering any port or the internal waters of Malaysia or calling at any offshore terminal;

(c) regulating the construction, operation and use of artificial islands and of other installations and structures within the exclusive economic zone or on the continental shelf, including the establishment of safety zones around such islands, installations and structures;

(d) regulating the exploration and exploitation of the exclusive economic zone for the production of energy from the water, currents and winds and for other economic purposes;

(e) providing for such other matters as are necessary or expedient for giving full effect to Malaysia's rights in and jurisdiction over the exclusive economic zone and the continental shelf.

Written laws to be applicable in exclusive economic zone or on continental shelf or both by order

42. (1) The Yang di-Pertuan Agong may, by order in the Gazette, provide for any written law to be applicable in the exclusive economic zone, on the continental shelf or both.

(2) Any order made by the Yang di-Pertuan Agong under this section may provide for such written law to be applicable with such modifications or exceptions thereto as he considers necessary and where he so does. Such written law shall be construed accordingly in its application in the exclusive economic zone, on the continental shelf or both.

(3) The modifications mentioned in subsection (2) may include amendments to such written law which the Yang di-Pertuan Agong may consider necessary—

(a) to make such written law effective in its application in the exclusive economic zone, on the continental shelf or both;

(b) to avoid any conflict or inconsistency between tile provisions of such written law and this Act or 1anyother applicable written law; or

(c) to bring the provisions of such written law into accord with the provisions of this Act or any other applicable written law.

(4) Any order made under this section shall be laid before the House of Representatives as soon as may be after it is made and if a motion is moved and carried by that House, within three months of the date on which the order is laid before it, disallowing the order, the order shall thereafter be void but, without prejudice to the validity of anything done under the order or to the making of any new order.

(四)马来西亚政府与泰王国政府关于设立马泰联合署宪章及其他问题协议(Agreement between the Government of Malaysia and the Government of the Kingdom of Thailand on the Constitution and Other Matters Relating to the Establishment of the Malaysia-Thailand Joint Authority, 1990)

WHEREAS pursuant to the Memorandum of Understanding between Malaysia and the Kingdom of Thailand on the Establishment of a Joint Authority for the Exploitation of the Resources of the Seabed in a Defined Area of the Continental Shelf of the Two Countries in the Gulf of Thailand dated 21 February 1979, the Agreement on the Constitution and Other Matters Relating to the Establishment of the Malaysia-Thailand Joint Authority was signed on 30 May1990, at Kuala Lumpur, Malaysia, between the Government of Malaysia and the Government of the Kingdom of Thailand; NOW THEREFORE, BE IT ENACTED by the Seri Paduka BagindaYang di-Pertuan Agong, with the advice and consent of the DewanNegara and Dewan Rakyat in Parliament assembled, and by authority of the same, as follows:

PART Ⅰ PRELIMINARY

Short title and commencement

1. (1) This Act may be cited as the Malaysia-Thailand Joint Authority Act 1990.

(2) This Act shall come into force on such date as the Minister may, by notification in the Gazette, appoint.

Interpretation

2. In this Act, unless the context otherwise requires—

"Agreement" means Agreement on the Constitution and Other Matters

Relating to the Establishment of the Malaysia-Thailand Joint Authority signed by the Government of Malaysia and the Government of the Kingdom of Thailand on 30 May 1990, at Kuala Lumpur, Malaysia;

"Fund" means the Malaysia-Thailand Joint Authority Fund referred to under section 9;

"Governments" means the Government of Malaysia and the Government of the Kingdom of Thailand;

"Joint Authority" means the Malaysia-Thailand Joint Authority;

"Joint Development Area" means the defined area of the continental shelf of Malaysia and the Kingdom of Thailand in the Gulf of Thailand described under section 6;

"line dividing jurisdiction" means the straight line joining the following coordinated points:

(A) N 6° 50′. 0 E 102° 21′. 2

(X) N 7° 35′. 0 E 103° 23′. 0

which divides civil and criminal jurisdiction in the Joint Development Area;

"Memorandum of Understanding, 1979" means the Memorandum of Understanding between Malaysia and the Kingdom of Thailand on the Establishment of a Joint Authority for the Exploitation of the Resources of the Sea-Bed in a Defined Area of the Continental Shelf of the Two Countries in the Gulf of Thailand, signed on 21February 1979;

"Minister" means the Minister charged with the responsibility for petroleum;

"natural resources" means any non-living natural resources including any minerals, mineral oils and metals;

"petroleum" means any mineral oil or relative hydrocarbon and natural gas existing in its natural condition and casing head petroleum spirit, including bituminous shales and other stratified deposits from which oil can be extracted.

PART Ⅱ MALAYSIA-THAILAND JOINT AUTHORITY

Establishment of Malaysia-Thailand Joint Authority

3. (1) There is hereby established a body by the name of the Malaysia-Thailand Joint Authority (referred to in this Act as "the Joint Authority").

(2) The Joint Authority shall have a juristic personality and shall be domiciled in Malaysia and the Kingdom of Thailand.

(3) The Joint Authority shall be a body corporate and, subject to and for the purposes of this Act, may enter into contracts, and may acquire, purchase, take, hold and enjoy any movable and immovable property of every description, excluding land, and may convey, assign, surrender, charge, mortgage, reassign, transfer or otherwise dispose of, or deal with, any movable or immovable property or any interest therein vested in the Joint Authority upon such terms as it deems appropriate.

Powers and functions of Joint Authority

4. The Joint Authority shall have such powers and perform such functions as are necessary for the performance of its duties and the enjoyment of its rights and privileges under, and to the extent not inconsistent with, this Act.

Exploration and exploitation of natural resources

5. The Joint Authority hereby is vested with and assumes the exclusive rights, powers, liberties and privileges of exploring and exploiting the natural resources, in particular petroleum, in the Joint Development Area.

PART Ⅲ THE JOINT DEVELOPMENT AREA

The Joint Development Area

6. The Joint Development Area shall be the area bounded by straight lines joining the following coordinated points:

(A) N 6° 50′. 0 E 102° 21′. 2

(B) N 7° 10′. 25 E 102° 29′. 0

(C) N 7° 49′. 0 E 103° 02′. 5

(D) N 7° 22′. 0 E 103° 42′. 5

(E) N 7° 20′. 0 E 103° 39′. 0

(F) N 7° 03′. 0 E 103° 06′. 0

(G) N 6° 53′. 0 E 102° 34′. 0

and shown in the relevant part of the British Admiralty Chart No. 2414, Edition 1967, a reproduction of which is as in the Schedule.

PART Ⅳ ROYALTY

Royalty

7. The Joint Authority shall pay to each of the Governments royalty in the amount of five per centum of gross production of petroleum, in the manner and at such times as may be prescribed by regulations.

PART Ⅴ FINANCIAL PROVISIONS

Cost, benefit and annual payment

8. (1) All costs incurred and benefits derived by the Joint Authority from activities carried out in the Joint Development Area shall be equally borne and shared by the Governments.

(2) Until such time as the Joint Authority shall have sufficient income to finance its annual operational expenditure, the Government of Malaysia shall pay to the Fund such annual payments as maybe determined in accordance with the Agreement subject to equal payments being made by the Government of the

Kingdom of Thailand.

PART Ⅵ MALAYSIA-THAILAND JOINT AUTHORITY FUND

Establishment of Fund

9. (1) For the purposes of this Act and the Agreement, there is hereby established a fund called the Malaysia-Thailand Joint Authority Fund (referred to in this Act as "the Fund") to be administered and controlled by the Joint Authority.

(2) The assets of the Fund shall include—

(a) such contributions as may be provided by the Governments under the Agreement, and referred to under subsection8(2);

(b) moneys earned by the operation of any projects, schemes or enterprises financed from the Fund;

(c) moneys earned or arising from any properties, investments, mortgages, or charges acquired by or vested in the Joint Authority;

(d) moneys borrowed by the Joint Authority for the purposes of meeting any of its obligations or discharging any of its duties; and

(e) any other moneys or properties which may in any manner become payable to or vested in the Joint Authority in respect of any matters incidental to its powers and duties.

Application of Fund

10. The Fund may be used for—

(a) defraying such expenditures as the Joint Authority may incur in carrying out its functions and exercising its powers in accordance with the approved budgetary provisions and subject to any regulation made under section 15;

(b) settling any moneys borrowed by the Joint Authority under paragraph 12(1)(c), including interests and other charges incidental to the borrowing;

(c) such investments as the Joint Authority may decide subject to the approval of the Governments; and

(d) subject to section 11, payment of moneys in equal amounts to the Governments out of income accruing to the Joint Authority after deducting the expenditures referred to in paragraphs (a) and (b) including such other expenditures as may be agreed to by the Governments.

Reserve Fund

11. The Joint Authority shall establish and manage a reserve fund within the Fund in accordance with such terms and conditions as the Governments may jointly decide.

Restriction on financial dealings

12. (1) The Joint Authority shall not, without the prior approval of the Governments—

(a) give financial assistance to any company, body or person by the taking up of shares or debentures or by way of loan, advance, grant or otherwise;

(b) purchase, underwrite or otherwise acquire any stocks and shares in any public or private company; or

(c) borrow money, or enter into any guarantee or indemnity involving financial liability.

(2) In giving any consent under subsection (1), the Governments may jointly impose such terms and conditions as they may deem appropriate.

Liability of Joint Authority not the responsibility of Governments

13. Nothing in this Act shall be construed as creating any responsibility whatsoever for the Government of Malaysia or the Government of the Kingdom of Thailand in respect of any liability of the Joint Authority.

PART Ⅶ CONTRACT FOR EXPLORATION AND EXPLOITATION

Prohibition on exploration or exploitation of natural resources without contract

14. (1) Notwithstanding the provisions of any other written law, no business of exploration and exploitation of any natural resources, including petroleum, may be carried out in the Joint Development Area by any person other than the Joint Authority unless there is in respect of any such business a contract entered into between the Joint Authority and such person to explore and exploit such natural resources.

(2) A contract referred to under subsection (1) shall require the prior approval of the Governments.

(3) Subject to subsection (4), a contract referred to under subsection(1) for the purpose of the exploration and exploitation of petroleum shall be a production sharing contract and shall include, amongst others, the following terms and conditions:

(a) for the purpose of section 7, payment in the amount often per centum of gross production of petroleum by the contractor to the Joint Authority as royalty in the manner and at such times as may be specified in the contract;

(b) fifty per centum of gross production of petroleum shall be applied by the contractor for the purpose of recovery of costs for petroleum operations;

(c) the remaining portion of gross production of petroleum, after deductions for the purposes of paragraphs (a) and(b), shall be deemed to be profit petroleum and be divided equally between the Joint Authority and the contractor;

(d) the contract shall be valid for a period not exceeding thirty-five years but shall not exceed the period of validity of the Agreement;

(e) all costs of petroleum operations shall be borne by the contractor and shall, subject to paragraph (b), be recoverable from production;

(f) a minimum amount that the contractor shall expend on petroleum operations under the contract as a minimum commitment as may be agreed to by the Joint Authority and the contractor;

(g) payment of a research cess by the contractor to the Joint Authority in the amount of one half of one per centum of the aggregate of that portion of gross production which is applied for the purpose of recovery of costs under paragraph (b) and the contractor's share of profit petroleum under paragraph (c) in the manner and at such times as may be determined by the Joint Authority, provided that such payment shall not be recoverable from production;

(h) any disputes or differences arising out of or in connection with the contract which cannot be amicably settled shall be referred to arbitration before a panel consisting of three arbitrators, one arbitrator to be appointed by each party, and a third to be jointly appointed by both parties. If the parties are unable to concur on the choice of a third arbitrator within a specified period, the third arbitrator shall be appointed upon application to the United Nations Commission of International Trade Law (UNCITRAL). The arbitration proceedings shall be conducted in accordance with the rules of UNCITRAL. The venue of arbitration shall be either Bangkok or Kuala Lumpur, or any other place as may be agreed to by the parties.

(4) The Joint Authority may vary any of the amounts referred to in paragraphs (3)(b), (c) and (g) in respect of any contract with the approval of the Governments:

Provided that there shall be no variation of any of these amount sin respect of a subsisting contract without the agreement of the contractor.

(5) For the purposes of this section, "gross production" with reference to

gas means gross proceeds of sale of gas.

PART Ⅷ REGULATIONS

Power of Minister to make regulations

15. The Minister may, with the approval of the Governments, make regulations in respect of the following:

(a) the conduct of or the carrying on of any business or service relating to the exploration and exploitation of the natural resources in the Joint Development Area;

(b) the payment of any moneys due to the Governments from the Joint Authority under section 7 and paragraph 10(d);

(c) the terms and conditions of the appointment of, and the emoluments, travelling and subsistence allowances payable to, the Co-Chairmen and other members of the Joint Authority;

(d) the procedure for the tender and award of any contract that may be entered into under section 14, including the terms and conditions that may be included in such contract;

(e) the keeping of proper accounts and other records of the transactions and affairs of the Joint Authority in accordance with generally accepted accounting principles;

(f) the preparation of annual statements of accounts and, subject to the provisions of this Act, the allocation of profits;

(g) the audit of accounts and its subsequent submission to the Governments;

(h) the preparation and submission of the annual budget to the Governments;

(i) the standards for the exploration and exploitation of petroleum in the Joint Development Area; and

(j) any other matters for the purposes of carrying into effect the provisions of this Act:

Provided that in respect of the matters referred to under paragraphs(a), (d), (e), (f), (g), (h) and (i), such regulations may be made after consultations with the Joint Authority.

PART Ⅸ OFFICERS AND JURISDICTION OF COURTS

Public servants

16. Any member of the Joint Authority or any officer, servant or agent of the Joint Authority shall be deemed to be a public servant within the meaning of the Penal Code [Act 574].

Jurisdiction of Sessions Court

17. (1) Notwithstanding anything contained in any other written law to the contrary, a Sessions Court shall have jurisdiction to try any offence under this Act or any regulation made there under and, on conviction, to impose the full penalty prescribed there for.

(2) For the purpose of the exercise of jurisdiction over any offence committed under this Act or any regulation made under section 15, subsection 18(2) and paragraphs 18(6)(b) and (d) shall apply.

PART Ⅹ JURISDICTION

Jurisdiction over Joint Development Area

18. (1) Subject to subsections (2) and (3), Malaysia shall continue to have and exercise jurisdiction over the Joint Development Area.

(2) The civil and criminal jurisdiction of—

(a) Malaysia in the Joint Development Area shall extend over the area bounded by straight lines joining the following coordinated points:

(A) N 6° 50′.0 E 102° 21′.2

(X) N 7° 35′.0 E 103° 23′.0

(D) N 7° 22′. 0 E 103° 42′. 5

(E) N 7° 20′. 0 E 103° 39′. 0

(F) N 7° 03′. 0 E 103° 06′. 0

(G) N 6° 53′. 0 E 102° 34′. 0; and

(b) the Kingdom of Thailand in the Joint Development Area shall extend over the area bounded by straight lines joining the following coordinated points:

(A) N 6° 50′. 0 E 102° 21′. 2

(B) N 7° 10′. 25 E 102° 29′. 0

(C) N 7° 49′. 0 E 103° 02′. 5

(X) N 7° 35′. 0 E 103° 23′. 0

(3) Nothing in this Act shall in any way affect the sovereign rights of Malaysia over the Joint Development Area, and any waiver of jurisdiction under this section shall have no force and effect beyond the period of validity of the Agreement.

(4) The consent by Malaysia to the exercise of civil and criminal jurisdiction by the Kingdom of Thailand under paragraph (2)(b) and the continued exercise of jurisdiction over matters relating to customs and excise, and taxation in the Joint Development Area are conditional upon a reciprocal recognition of Malaysia's rights under paragraph (2)(a).

(5) Any jurisdiction that may be vested in Malaysia or the Kingdom of Thailand under this section in respect of the Joint Development Area shall only be over matters and to the extent provided for in any law relating to the continental shelf and as recognized under international law.

(6) For the purpose of this section—

(a) "civil and criminal jurisdiction" shall not include jurisdiction over matters relating to customs and excise, and taxation;

(b) criminal jurisdiction over an offence committed on a platform or an installation which straddles the line dividing jurisdiction and constructed for the purposes of exploration and exploitation of the natural resources of the sea-bed and subsoil in the Joint Development Area is to be assumed exclusively by Malaysia or the Kingdom of Thailand in accordance with the designation of such platform or installation as Malaysian or Thai;

(c) the determination of whether a platform or an installation which straddles the line dividing jurisdiction and constructed for the purposes of exploration and exploitation of the natural resources of the seabed and subsoil in the Joint Development Area is part of Malaysia or the Kingdom of Thailand in relation to any question that falls to be determined in any civil proceedings or for the purpose of the assumption or exercise of civil jurisdiction by Malaysia or the Kingdom of Thailand shall be in accordance with the designation of such platform or installation as Malaysian or Thai; and

(d) the designation of a platform or an installation as Malaysian or Thai under paragraphs (b) and (c) shall be determined according to the principle of most substantial location.

PART Ⅺ RIGHTS IN SUPERJACENT WATERS

Right, liberty or privilege in superjacent waters

19. Nothing in this Act shall in any way regulate, or affect any claims in respect of, any rights, liberties and privileges, including but not limited to those relating to fishing, that Malaysia or the Kingdom of Thailand may have over the superjacent waters of the Joint Development Area by virtue of Article IV of the Memorandum of Understanding, 1979.

PART Ⅻ OFFENCES AND PENALTIES

Contravention of subsection 14(1)

20. Subject to section 22, any person, including a director or officer of a

body corporate, who acts in contravention of subsection14(1) shall be guilty of an offence and shall, on conviction, be liable to imprisonment for a term not exceeding five years or to a fine not exceeding fifty thousand ringgit or to both, and, in the case of a continuing offence, be liable to a further fine not exceeding one thousand ringgit for each day or part of a day during which the offence continues after the first day in respect of which the conviction is recorded; and any machinery, tools, plants, buildings and other properties or things used or intended to be used in the commission of the offence shall be liable to forfeiture.

Other offences

21. Subject to sections 20 and 22, any person, including a director or officer of a body corporate, who acts in contravention of any provision of this Act or regulation made under section 15 shall be guilty of an offence and shall, on conviction, be liable to imprisonment for a term not exceeding two years or to a fine not exceeding twenty thousand ringgit or to both, and, in the case of a continuing offence, shall be liable to a further fine not exceeding two hundred ringgit for each day or part of a day during which the offence continues after the first day in respect of which the conviction is recorded.

Offence by body corporate

22. Where a person convicted in respect of any offence referred to under section 20 or 21 is a body corporate, it shall only be liable to the imposition of any fine provided therein.

Director and officer or body corporate may be charged jointly with body corporate

23. Where a person charged with an offence under this Act or any regulation made under section 15 is a body corporate every person who, at the time of the commission of the offence, is a director or officer of the body

corporate may be charged jointly in the same proceedings with the body corporate, and where the body corporate is convicted of the offence charged, every such director or officer shall be deemed to be guilty of that offence unless he proves that the offence was committed without his knowledge or that he took reasonable precautions to prevent its commission.

Penalty for offence due to anything done or omitted by agent

24. Any person who would be liable under this Act or any regulation made under section 15 to any penalty for anything done or omitted if the thing had been done or omitted by him personally, shall be liable to the same penalty if the thing had been done or omitted by his agent, unless he proves that he took reasonable precautions to prevent the doing or omission of the thing.

PART XIII GENERAL

This Act to prevail over other laws

25. Where any provision of this Act is in conflict or is in consistent with any provision of any other law, the provision of this Act shall prevail.

Charge and control of this Act

26. The Minister shall have charge and control of the execution of this Act and any regulation made under section 15, and shall have the power to appoint officials for the execution thereof.

五、越南相关规范性法律文件

(一) 越南社会主义共和国对领海、毗邻区、专属经济区和大陆架的声明(Statement by the Government of the Socialist Republic of Vietnam on the Territorial Sea, the Contiguous Zone, the Exclusive Economic Zone, and the Continental Shelf of Vietnam, 12 May 1977)

……

3. The exclusive economic zone of the Socialist Republic of Viet Nam is adjacent to the Vietnamese territorial sea and forms with it a 200-nautical-mile zone from the baseline used to measure the breadth of Viet Nam's territorial sea.

The socialist Republic of Viet Nam has sovereign rights for the purpose of exploring, exploiting, conserving and managing all natural resources, whether living or non-living, of the waters, the seabed and subsoil of the exclusive economic zone of Viet Nam; it has exclusive rights and jurisdiction with regard to the establishment and use of installations and structures, artificial islands; exclusive jurisdiction with regard to other activities for the economic exploration and exploitation of the exclusive economic zone; exclusive jurisdiction with regard to scientific research in the exclusive economic zone of Viet Nam; the Socialist Republic of Viet Nam has jurisdiction with regard to the preservation of the marine environment, and activities for pollution control and abatement in the exclusive economic zone of Viet Nam.

4. The continental shelf of the Socialist Republic of Vietnam comprises the seabed and subsoil of the submarine areas that extend beyond the Vietnamese territorial sea throughout the natural prolongation of the

Vietnamese land territory to the outer edge of the continental margin, or to a distance of 200 nautical miles from the baseline used to measure the breadth of the Vietnamese territorial sea where the outer edge of the continental margin does not extend up to that distance.

The Socialist Republic of Vietnam exercises sovereign rights over the Vietnamese continental shelf in the exploration, exploitation, preservation and management of all natural resources, consisting of mineral and other on-living resources, together with living organisms belonging to sedentary species thereon.

5. The islands and archipelagos, forming an integral part of the Vietnamese territory and beyond the Vietnamese territorial sea mentioned in Paragraph 1, have their own territorial seas, contiguous zones, exclusive economic zone sand continental shelves, determined in accordance with the provisions of Paragraphs 1, 2, 3, and 4 of this statement.

6. Proceeding from the principles of this statement, specific questions relating to the territorial sea, the contiguous zone, the exclusive economic zone, and the continental shelf of the Socialist Republic of Viet Nam will be dealt with in detail in further regulations, in accordance with the principle of defending the sovereignty and interests of the Socialist Republic of Viet Nam, and in keeping with international law and practices.

7. The Government of the Socialist Republic of Viet Nam will settle with the countries concerned, through negotiation on the basis of mutual respect for independence and sovereignty, in accordance with international law and practices, the matters relating to the maritime zones and the continental shelf of each country.

(二) 越南社会主义共和国政府关于越南领海基线的声明

(Statement by the Government of the Socialist Republic of Vietnam on the Territorial Sea Baseline of Vietnam, 12 November 1982)

In implementing the provisions of paragraph 1 of the statement on the territorial sea, the contiguous zone, the exclusive economic zone and the continental shelf issued by the Government of the Socialist Republic of Viet Namon 12 May 1977 after being approved by the Standing Committee of the National Assembly of the Socialist Republic of Viet Nam.

The Government of the Socialist Republic of Viet Nam makes the following statement on the baseline from which the breadth of the territorial sea of Viet Nam shall be measured:

(1) The baseline from which the territorial sea of the continental territory of Viet Nam shall be measured is constituted by straight lines connecting those points the co-ordinates of which are listed in the annex attached herewith.

(2) The territorial sea baseline of Viet Nam which starts from point 0—the meeting point of the two baselines for measuring the breadth of the territorial sea of the Socialist Republic of Viet Nam and that of the People's Republic of Kampuchea, located in the sea on the line linking the The Chu Archipelago with Poulo Wai Island - and which ends at Con Co Island shall be drawn following the co-ordinates listed in the attached annex on the 1/100,000 scale charts published by the Vietnamese People's Navy prior to 1979.

(3) The Gulf of Bac Bo (Tonkin Gulf) is a gulf situated between the Socialist Republic of Viet Nam and the People's Republic of China; the maritime frontier in the gulf between Viet Nam and China is delineated according to the 26 June 1887 Convention of frontier boundary signed between France and the Qing Dynasty of China.

The part of the gulf appertaining to Viet Nam constitutes the historic waters and is subjected to the juridicalrégime of internal waters of the Socialist Republic of Viet Nam.

The baseline from Con Co Island to the mouth of the gulf will be defined following the settlement of the problem relating to the closing line of the gulf.

(4) The baseline for measuring the breadth of the territorial sea of the Hoang Sa and Truong Sa Archipelagos will be determined in a coming instrument in conformity with paragraph 5 of the 12 May 1977 statement of the Government of the Socialist Republic of Viet Nam.

(5) The sea as lying behind the baseline and facing the coast or the islands of Viet Nam constitutes the internal waters of the Socialist Republic of Viet Nam.

(6) The Government of the Socialist Republic of Viet Nam holds that all differences with countries concerned relating to different sea areas and the continental shelf will be settled through negotiations on the basis of mutual respect for each other's national independence and sovereignty in conformity with international law and practice.

HANOI, 12 November 1982.

附件:各个基点的坐标(略)

(三) 越南石油法(Petroleum Law, 1993)

In order to effectively conserve, exploit and effectively utilize Petroleum resources for the development of the national economy and the promotion of cooperation with foreign countries;

Pursuant to Article 17. 29 and 84 of the 1992 Constitution of the socialist Republic of Vietnam;

This Law governs Petroleum exploration and production activities carried out within the territory, the exclusive economic zones and the continental shelf of the Socialist Republic of Vietnam.

Chapter Ⅰ

General Provisions

Article 1. All the Petroleum existing in the subsoil of the land, island, internal water, territorial sea, exclusive economic zone and continental shelf of the Socialist Republic of Vietnam is the property of the Vietnamese People under the sole management of the State of Vietnam.

Article 2. The state of Vietnam encourages Vietnamese and foreign organizations and individuals to invest capital and technology to conduct Petroleum Operations on the basis of respect for the independence, sovereignty, territorial integrity and national security of Vietnam and in compliance with the Laws of Vietnam.

The State of Vietnam protects ownership rights with respect to the capital investments, assets and other lawful rights of Vietnamese and foreign organizations and individuals conducting Petroleum Operations in Vietnam.

Article 3. Petroleum activities shall conform to the provisions of the Petroleum Law and other relevant provisions of the Vietnamese law.

In case of any discrepancy between the provisions of the Petroleum Law and other provisions of the Vietnamese Law on the same specific matter related to Petroleum activities, the Petroleum Law provisions shall be applied.

In cases where the Petroleum Law and other Vietnamese legislations have not prescribed a specific matter related to Petroleum activities, the parties signing a Petroleum contract may agree on the application of international laws and/or international practices in Petroleum activities or foreign Petroleum laws, provided that such international laws, international practices or foreign laws are not contrary to fundamental principles of the Vietnamese law.

Article 4. As used in this Law, the following terms shall have the following meanings:

1. "Petroleum" means crude oil, natural gas, and hydrocarbons whether in natural liquid, gaseous, solid or semisolid state including sulphur and other similar substances associated with hydrocarbons except coal, shale, bitumen or other minerals from which oil can be extracted.

2. "Crude Oil" means hydrocarbons in natural liquid state, asphalt, ozokerite and liquid hydrocarbons obtained by distillation or extraction of Natural Gas.

3. "Natural Gas" hydrocarbons in gaseous state produced from wells, including wet gas, dry gas, wellhead gas and residue gas after the extraction of liquid Hydrocarbon from wet gas.

4. "Petroleum Operations" means activities in exploration, field development, and production of Petroleum, including services directly related to or supporting such activities.

5. "Petroleum Contract" means a written agreement entered into by and between the Vietnam Oil and Gas Corporation and any organization or individual to carry out Petroleum Operations.

6. "Petroleum Services" mean activities conducted by Sub-Contractors related to exploration, field development and production of Petroleum.

7. "Block" means an area delimited by geographical coordinates designated for the exploration and production of Petroleum.

8. "Contractor" means any Vietnamese or foreign organization or individual who is permitted to conduct Petroleum Operations under a Petroleum Contract.

9. "sub-Contractor" means any Vietnamese or foreign organizations or individual who enters into a Contract with a Contractor or Petroleum Joint

Venture Enterprise to render Petroleum Services.

10. "Petroleum Joint Venture Enterprise" means a joint venture enterprise established under a Petroleum Contract or a Treaty entered into by and between the Government of Vietnam and a foreign government.

11. "Operators" are organizations and/or individuals representing the parties to a Petroleum contract and operating activities within the authorization scope.

12. "Petroleum investment promotion projects" are projects conducting Petroleum activities in deep-water and offshore areas and areas with exceptionally difficult geographical and geological conditions according to the list of blocks decided by the Prime Minister.

Chapter Ⅱ

Petroleum Operations

Article 5. Any organizations, individuals conducting Petroleum Operations shall utilize advanced technology and comply with Vietnamese Law regarding the protection of natural resources and the environment, and the safety of person and property.

Article 6. Any organizations, individuals conducting Petroleum Operations shall have a plan for environmental protection, take all measures to prevent pollution, promptly eliminate sources of pollution, and be responsible for remedying all results of pollution.

Article 7. Any organizations, individuals conducting petroleum Operations shall establish a safety zone around installations servicing Petroleum Operations in compliance with regulations of the Government of Vietnam.

Article 8. Any organizations, individuals conducting Petroleum Operations shall obtain and maintain insurance for facilities, installations servicing Petroleum Operations, environmental insurance and other forms of insurance in compliance with Vietnamese Law and in accordance with the international practices of the petroleum industry.

Article 9. The exploration acreage covered by a Petroleum contract shall be determined based upon the blocks delimited by the Government of Vietnam.

Article 10. Petroleum Operations shall not be conducted in any areas declared by the State of Vietnam to be off-limits or provisionally by off-limits for reasons of national defense, national security or public interest.

In the event that any Petroleum Operations which have been permitted are prohibited or temporarily prohibited, the Government of Vietnam shall make appropriate settlement for damages to organizations or individuals resulting from such prohibition or temporary prohibition.

Article 11. The Government of Vietnam permits organizations, individuals to conduct scientific research, exploration for and production of minerals and natural resources other than Petroleum in the area covered by a Petroleum contract in compliance with the Vietnamese Laws. These operations shall not hinder or be detrimental to Petroleum Operations.

Article 12. All the sample, cores, data and information acquired during the conduct of Petroleum Operations are the property of the state of Vietnam. The handling and utilization of such samples, cores, data and information shall comply with the Vietnamese laws.

Article 13. Any organizations, individuals conducting Petroleum, Operations is permitted to install, operate and maintain fixed installations and equipment servicing Petroleum Operations; to construct and use transport routes, pipelines, warehouses for the purpose of transporting and storing Petroleum in compliance with the Vietnamese laws.

The ownership of the above installations and equipment shall belong to the

State of Vietnam from the date agreed upon by the parties to a Petroleum Contract.

Article 14. Upon the termination of petroleum Operations the organizations, individuals shall clear the used acreage, remove fixed installation and equipment at the request of the competent State management authorities.

Article 15. The Vietnam Oil and Gas Corporation (known in its international dealing as "PETROVIETNAM") is a State-owned business enterprise founded by the Government of Vietnam to conduct Petroleum Operation and enter into Petroleum Contracts with organizations, individuals to conduct Petroleum Operations in accordance with this Law.

Chapter Ⅲ

Petroleum contract

Article 16. A Petroleum contract can be entered into in the form of production sharing contract, joint-venture contract or other contractual forms.

A Petroleum contract shall conform to the Model contract issued by the Government of Vietnam and shall contain the following essential provisions:

1. Legal status of organizations and/or individuals that shall jointly enter into the contract;

2. Objects of the contract;

3. Acreage delimitation and schedule for relinquishment of contract area;

4. Duration of the contract;

5. Conditions for early termination or any extension of the contract;

6. Commitments on work program and financial investment;

7. Rights and obligations of each party to the contract;

8. Recovery of investment capital, determination and allocation of profits; rights of the host country over fixed assets after cost recovery and the contract

termination;

9. Conditions for the assignment of rights and/or obligations of the contractual parties; the right of the Vietnam Oil and Gas Corporation for investment contribution;

10. Commitments on training and preferential employment of Vietnamese laborers and use of Vietnamese services;

11. Obligations to protect the environment and to secure safety during the conduct of Petroleum operations;

12. Procedures for settlement of disputes which may arise from the contract and applicable laws.

In addition to the provisions stipulated in the Model contract, the parties to the contract may agree upon other provisions, which must not be contrary to the provisions of this Law, and other relevant provisions of the Vietnamese Laws.

The parties to a Petroleum contract may agree upon the nomination of one contractual party as Operator or the hire of Operator or the establishment of a Joint Operating Company as stipulated by the Government of Vietnam.

In cases of having obtained an approval by the Prime Minister, the parties to a Petroleum contract may agree not to apply the Model contract, but the contract to be entered into shall contain the principal provisions as prescribed in this Article.

Article 17. Any organizations and/or individuals wishing to enter into a Petroleum contract shall go through biddings under the specific regulations on bidding for Petroleum exploration and productions projects stipulated by the Government of Vietnam.

In special cases, the Prime Minister may appoint bidders in order to select partners to enter into the Petroleum contracts.

Article 18. The term of a Petroleum contract shall not exceed twenty five (25) years, of which the exploration period shall not exceed five (5) years.

For Petroleum investment promotion projects and natural gas exploration and production projects, the term of Petroleum contracts shall not exceed thirty (30) years, of which the exploration period shall not exceed seven (7) years.

The term of a Petroleum contract may be extended, and the extended period shall not exceed five (5) years. The exploration period may also be extended, and the extended period shall not exceed two (2) years.

If a gas discovery has commercial value, but the consumption market as well as proper gas pipeline system and treatment facilities are not available, Contractors may retain the areas where gas is discovered. The duration of retention of such area shall not exceed five (5) years and may, in special cases, be extended for two (2) more years. Until the availability of consumption market, proper gas pipeline system and treatment facilities. Contractor shall proceed with the commitments on work programs as per Petroleum contracts.

In force-majeure circumstances or other special cases, the parties to a Petroleum contract may agree upon the procedures of temporary cessation of performance of a number of rights and obligations as per Petroleum contract. The temporary cessation period due to force-majeure cicumstances shall last until the termination of such force-major events. The temporary cessation period in other special cases shall be specified by the Government of Vietnam and shall not exceed three (3) years.

The extended exploration period, the period of retention of the area having a commercial gas discovery and the period of temporary cessation of the performance of a number of rights and obligations as per Petroleum contract in force-major circumstances or in other special cases shall not be counted into the term of such Petroleum contract as whole.

A Petroleum contract may be terminated prior to its stated term provided that the commitments and obligations of the Contractor have been fulfilled and such termination is agreed upon by the contractual parties.

Article 19. An exploration acreage under a Petroleum contract shall not cover more than two (2) blocks.

In special cases, the Government of Vietnam may award an exploration acreage of more than two (2) blocks under a Petroleum contract.

Article 20. The Contractor shall relinquish exploration area as stipulated by the Government of Vietnam.

Areas where temporary cessation agreements are in effect according to provisions of Article 17 of this Law shall not be relinquished within the temporary cessation period.

Article 21. The Contractor and the Vietnam Oil and Gas Corporation shall agree in a Petroleum Contract upon a work programme and commitments on minimum financial investment during the exploration period.

Article 22. Upon discovering Petroleum, the Contractor and the Vietnam Oil and Gas Corporation shall submit a report and provide all the required information about such discovery to the competent State management authority. In case a commercial discovery is made, the Contractor shall proceed immediately with an appraisal programme, prepare a reserves evaluation report, and a field development and production scheme to submit to the competent State management authority for approval.

Article 23. The language of Petroleum Contract signed with foreign organizations, individuals and the documents attached there to shall be the Vietnamese language and a commonly used foreign language as may be agreed upon by the Vietnam Oil and Gas Corporation and such organizations, individuals. Both the Vietnamese version and the foreign language version are equally authentic.

Article 24. A Petroleum contract shall take effect upon approval of the Government of Vietnam.

Article 25. Any total or partial assignment of a Petroleum Contract by the parties to the Contract shall only be effective after it is approved by the Government of Vietnam.

The Vietnam Oil and Gas Corporation shall have the preemptive right to acquire the Petroleum Contract or portion thereof subject to assignment.

Article 26. The Vietnam Oil and Gas Corporation shall have the right to participate in capital investment under a Petroleum Contract. Its share of capital investment, term of participation, reimbursement of expenses incurred by Contractor, and operating agreement shall be provided in the Petroleum Contract in accordance with the international practices of the petroleum industry.

Article 26a. The parties to a Petroleum contract may agree upon a level of cost recovery for Petroleum exploration, development and production, up to seventy percent (70%) of the annual Petroleum output for Petroleum investment promotion projects, and up to fifty percent (50%) for other projects, until the full recovery.

Article 27. The Contractor is entitled to enter into Petroleum Service Contracts with preference given to Vietnamese organizations, individuals.

Vietnam will undertake flight service or enter into a joint venture contract with a foreign company to provide flight service in support or Petroleum Operations.

Article 28. Disputes arising from Petroleum contracts must be first and foremost be settled through negotiations and conciliation.

In case no negotiations and/or conciliation can be made, if the disputing parties are Vietnamese organizations, individuals, the dispute shall be resolved at a Vietnamese arbitration or court in accordance with the Vietnamese Laws. If a disputing party is a foreign organization, individual, the dispute shall be resolved in compliance with the procedures stated in the Petroleum contract. If the parties agree to resolve their dispute at an international arbitration, the third country's arbitration or an arbitration chosen by the parties, such dispute shall be resolved in compliance with the procedures of such arbitration.

Chapter Ⅳ

Rights and obligations of contractors

Article 29.

1. Contractors shall have the following rights:

a) To enjoy privileges and guarantees as stipulated by the Vietnamese Laws;

b) To use samples, cores, data and information which have been acquired for the conduct of Petroleum operations;

c) To recruit laborers for the performance of the work under the Petroleum contract on the basis of preferential employment of Vietnamese laborers;

d) To hide sub-contractor(s) in accordance with the provision of this Law and in conformity with international practices of the Petroleum industry;

e) To be exempted from import tax and export tax according to provisions of Article 34 of this law;

f) To be entitled to ownership of their share of petroleum after fulfillment of their financial obligations owing to the State of Vietnam;

g) To export their share of Petroleum as agreed upon in the Petroleum contract without having export permit;

h) To recover their investment cost as agreed upon in the Petroleum contract.

2. Contractors as foreign organizations or individuals shall have right to open accounts in Vietnam and overseas; to transfer aboard revenue from the sale of Petroleum as recovered cost, profits and other eligible revenues earned in the course of Petroleum activities.

3. Contractors as foreign organizations or individuals shall be entitled to buy foreign currencies at commercial banks to meet requirements of escrow transactions and other permitted transactions in accordance with the provisions of laws on foreign exchange management; and to have foreign currency balance ensured for important projects.

Article 30. Sub-contractors shall have rights as stipulated at Points a and c, Clause 1, Article 28 and Article 34 of this Law.

Sub-contractors as foreign organizations and individuals shall be entitled to transfer abroad their recovered cost and profits earned in the course of Petroleum service activities.

Article 31. Contractors shall have the following obligations:

1. To comply with the Vietnamese laws;

2. To fulfill their commitments as stipulated in the Petroleum contract;

3. To pay taxes and fees as stipulated by the Vietnamese laws;

4. To transfer technologies; train and employ Vietnamese officials and workers, and to ensure laborers' interests;

5. To take environmental protection and safety measures in Petroleum operations;

6. To submit their report on Petroleum Operations to the relevant Governmental Authorities and the Vietnam Oil and Gas Corporation;

7. To provide necessary documents as maybe requested by the inspection

teams;

8. To remove installations, equipment and facilities upon the termination of Petroleum activities at per request of the relevant Governmental Authorities;

9. To sell in the Vietnamese market a portion of their share of crude oil under its ownership at the international competitive price at the Government of Vietnam's request and sell natural gas on the basis of agreements in gas development and production projects.

Article 32. Sub-Contractors shall have the rights stipulated at Items 1, 2, 3, 4, 5 and 7 of Article 30 of this Law.

Chapter Ⅴ

Taxes and fees

Article 33. Any organizations, individuals producing Petroleum shall pay royalty.

Royalty shall be calculated on the actual production rate during the relevant taxable period for each Petroleum Contract.

The rate of royalty shall range from four percent (4%) up to twenty five percent (25%) for crude oil.

The rate of royalty shall range from zero percent (0%) up to ten percent (10%) for natural gas.

Specific rates of royalty will be established by the Government of Vietnam within the aforesaid framework of rates as stipulated in this Article depending on the geographical, economic and technical field conditions and the level of crude oil or natural gas production.

Article 34. Any organizations, individuals conducting Petroleum exploration and production shall pay corporate income tax at the tax rate of fifty percent (50%).

Organizations, individuals conducting Petroleum exploration and production at Petroleum investment promotion projects shall pay corporate income tax at the tax rate of thirty two percent (32%).

Organizations, individuals conducting Petroleum exploration and production may be granted and exemption from corporate income tax for a maximum period of two (2) years and entitled to the fifty percent (50%) reduction of corporate income tax for a maximum period of two (2) subsequent years. Such exemption or reduction will be granted by the Government of Vietnam.

Profits for reinvestment shall not be subject to reimbursement of corporate income tax.

Article 35. Any organizations, individuals conducting Petroleum activities shall pay export tax and import tax in accordance with provisions of the Law on Export Tax and Import Tax.

Equipment, machinery, spare parts and specialized transport means, which are necessary for Petroleum activities shall be exempted from import tax.

Necessary equipment and materials for Petroleum activities which can not be produced domestically, shall be exempted from import tax.

Goods temporarily imported for re-export used in Petroleum activities shall be exempted from export tax and import tax.

Petroleum portion as royalty to the State of Vietnam shall not be subject to export tax.

Article 36. In addition to taxes prescribed in Article 32, 33 and 34 of this Law, organizations, individuals conducting Petroleum activities shall pay other taxes, rental for use of land and fees as stipulated by the Vietnamese law. In cases where any changes in provisions of Vietnamese law cause damage to the interests of organization, individuals conducting Petroleum activities, the State shall take measures to adequately settle the interests of such organizations, individuals in accordance with the provisions of the Law on Foreign Investment in Vietnam.

Equipment, machinery, spare parts, specialized transport means and necessary supplies imported for conducting exploration and field development activities, which cannot be produced domestically, shall not be subject to value added tax.

Foreign organizations, individuals conducting Petroleum activities shall pay profit transfer tax in accordance with provisions of the Law on Foreign Investment in Vietnam.

Article 37. Employees of Vietnamese and foreign nationality working for Contractors, Petroleum Joint Venture Enterprise, Sub-Contractors shall pay personal income tax as stipulated by The Vietnamese Laws.

Article 38. As may be agreed in a Petroleum Contract, royalty and all other taxes payable by a Contractor or Petroleum Joint Venture Enterprise may be included in the share of production of the Vietnam Oil and Gas Corporation, provided that the Vietnam Oil and Gas Corporation undertakes to pay such royalty, taxes on behalf of the Contractor or Petroleum Joint Venture Enterprise.

Chapter Ⅵ

State management of petroleum operations

Article 39. The state management of Petroleum Operations shall include:

1. Making decision on strategies, plans and policies for the development of the petroleum industry;

2. Issuing regulations with respect to the management of Petroleum Operations;

3. Monitoring, inspecting and supervising Petroleum Operations;

4. Designating and delimiting blocks or acreage for Petroleum exploration and production;

5. Making decision on policies and forms of cooperation with foreign partners;

6. Approving Petroleum Contract;

7. Establishing policies to promote or to restrict Petroleum export to protect the interest of the State while taking into account of the Contractor's interest;

8. Monitoring, giving instruction and guidance to relevant authorities and localities in carrying out activities related to Petroleum Operations;

9. Resolving issues related to the right to conduct Petroleum Operations, and adjudicating any violation of this Law.

Article 40. The Government of Vietnam shall solely exercise the State management of Petroleum Operations.

The State Petroleum Management Authority shall be established in accordance with the Law on Government Organization to assume the State management of Petroleum Operations.

Ministries and other State authorities shall carry out the State management of Petroleum Operations in accordance with their respective functions, powers and responsibilities.

Chapter Ⅶ

Inspection of Petroleum operations

Article 41. Inspection of Petroleum Operations constitutes an inspection in the petroleum industry with a view to ensure compliance with the provisions of this Law and regulations, technical procedures, specifications and rules, conserve Petroleum resources, protect the environment, enforce safety rules, and the performance of obligations owing to the State of Vietnam by organizations, individuals conducting of Petroleum Operations.

Article 42. The State Petroleum Management Authority shall be establish and organize the implementation the Petroleum Operations inspection function.

In conducting the inspection of Petroleum Operations, the inspection team shall have the right:

1. To request relevant organizations, individuals to provide documents and clarity issues relevant to the inspections;

2. To take measures for on-site technical verification;

3. To suspend or make recommendation to the competent State authority to suspend Petroleum Operations likely to cause accident or serious damages to life or property, Petroleum resources and pollution;

4. To adjudicate any violation of this Law within its jurisdictions or make recommendation regarding the adjudication of violations to the competent State authority.

Article 43. Organizations, individuals conducting Petroleum Operations shall facilitate the inspection team's performance of its duties, and shall strictly observe all decisions made by the inspection team.

Organizations, individuals shall have the right to appeal decisions of the inspection team as stipulated by the Vietnamese laws.

Chapter Ⅷ

Adjudication of violation

Article 44. Any organizations, individuals violating any provision of this Law shall be subject to warning or fine or confiscation of their facilities or other administrative sanctions depending on the severity of their violation.

Any individual whose violation also constitutes a crime shall be prosecuted in accordance with the Vietnamese laws.

Article 45. Organizations, individuals conducting Petroleum Operations which cause damages to Petroleum resources, other natural resources, the environment or property of the State, any organization, any individual shall be liable for compensation for such damages in accordance with Vietnamese laws.

Article 46. Organizations, individuals who illegally obstruct Petroleum Operations shall be prosecuted for their violation in accordance with Vietnamese laws.

Article 47. Organizations, individuals shall have the right to appeal any decisions made on adjudication as stipulated by Vietnamese laws.

Chapter Ⅸ

Implementation provisions

Article 48. This Law and other provisions of the Vietnamese laws shall also apply to:

1. All installations, structures, facilities, equipment for purpose of Petroleum Operations in the exclusive economic zone and on the continental shelf of the Socialist Republic of Vietnam;

2. Installations, structures, facilities, equipment owned by Vietnam organizations, individuals for purpose of Petroleum Operations on the basis of cooperation with foreign entities in areas not under the jurisdiction of the Socialist Republic of Vietnam.

Article 49. The Government of Vietnam shall protect the economic interests of the parties to Treaties, Petroleum Contracts approved by Government of Vietnam prior to the effective date of this Law.

Article 50. In cases where an international treaty entered into or acceded by Vietnam contains contrary provisions to those of this Law, such international treaty's provisions shall be applied.

Article 51. Any other previous regulations which are contrary to this Law shall hereby be repealed. The Government of Vietnam shall stipulation details the implementation of this Law.

Article 52. This Law shall take effect from 1st September，1993.

Chairman of the national assembly

Nong Duc Manh

参考文献

[1] 余民才.海洋石油勘探与开发的法律问题[M].北京:中国人民大学出版社,2001.
[2] 马骧聪.国际环境法导论[M].北京:社会科学文献出版社,1994.
[3] 林灿铃.国际环境法[M].人民出版社,2004.
[4] [法]亚历山大·基斯.国际环境法[M].张若思编译,法律出版社,2007.
[5] 邵津.国际法[M].北京大学出版社,高等教育出版社,2000.
[6] 陈致中.国际法案例[M].法律出版社,1998.
[7] 赵德铭.国际海事法学[M].北京大学出版社,1999.
[8] 沈木珠.海商法比较研究[M].中国政法大学出版社,1998.
[9] 张爱宁.国际法原理与案例分析[M].人民法院出版社,2000.
[10] 松井芳郎,等.国际法[M].辛崇阳译,中国政法大学出版社,2004.
[11] 蔡阵顺,唐兵,等.海商法研究[M].四川大学出版社,2002.
[12] 李耀芳.国际环境法缘起[M].中山大学出版社,2002.
[13] 邓永军.大陆架与专属经济区法律地位和法律制度的比较研究[J].中山大学学报论丛,2004,24(5).
[14] 曲维政,邓声贵.灾难性的海洋石油污染[J].自然灾害学报,2001,10(1).
[15] 曲维政,邓声贵,岳淑红.海洋石油污染对海气正常交换过程的破坏性影响[J].自然灾害学报,2002,11(4).
[16] 申进忠.论国际海洋法庭与环境保护[J].太原大学学报,2005,6(3).
[17] 贺会群,等.海洋油井测试系统及国产化研究的思考[J].石油机械,1999,

27(10).

[18] 王世珠，张文龙. 海洋石油勘探开发环境保护初探[J]. 地质勘探安全，1998(2).

[19] 闫峰. 海洋石油污染的人文思考[J]. 中学地理教学参考，2003.

[20] 联合国环境规划署. 2000 年全球环境展望.

[21] 倪学伟，伍载阳. 船舶油污损害赔偿公约的立法原则及赔偿机制研究[J]. 海商法研究，2004(1).

[22] 傅国民，徐庆岳.《船舶燃料油污损害民事责任国际公约》评介[J]. 海商法研究，2001(4).

[23] 危敬添. 关于运输有害有毒物质的责任和损害赔偿的国际公约[J]. 中国海商法年刊，1996.

[24] 高雪雁. 船舶油污损害责任制度论[J]. 海商法研究，2001(2).

[25] 宋春风.《2001 年燃油污染损害民事责任国际公约》评介[J]. 海商法研究，2001(2).

[26] 秦天宝，李震东. 船舶污染的国际法律控制[J]. 广播电视大学学报，2000(3).

[27] 侯宁. 论船舶海上油污的民事赔偿责任[J]. 世界环境.

[28] 徐国平. 论船舶油污纯经济损失的赔偿范围[J]. 法学评论，2005(1).

[29] 丁培良. 燃油公约刍议[J]. 法制纵横，2002.

[30] 吴小敏. 船舶油污损害的赔偿范围[J]. 武汉理工大学学报(社科版)，2004.

[31] 王江凌. 浅论海上船舶油污损害赔偿的范围和责任限额制度[J]. 福建政法管理干部学院学报，2003.

[32] 张震宇. 浅析船舶造成海洋油污染的途径、原因及防止对策[J]. 交通环保，2000.

[33] Emeka A. Duruigbo. Multinational Corporation and International Law: Accountability and Compliance Issues in the Petroleum Industry[M]. New York: Transnational Publishers, Inc, 2003.

[34] James M. Galloway. Natural Oil and Gas Seepage in the Coastal Areas of California[M]. Geologist, Pacific OCS Region.

[35] Of sea oil pollution 5% attributable to carrier accidents[R]. Alexanders' Gas and Oil Connections Reports, Volume 2, issue #28-22-12-1997.

[36] Steve Hampton, Paul R. Kelly, Harry R. Carter. Tank Vessel Operations, Seabirds, and Chronic Oil Pollution in California[J]. Marin Ornithology, 2003(31).

[37] Martin R. Lee. Oceans & Coastal Resources: A Briefing Book, Congressional Research Service Report [J]. Marine Pollution, 97 - 588 ENR.

[38] Ronald B. Mitchell. International Regulation of Intentitional Discharges of Oil into the Ocean[J]. Case Study, 1995.

[39] The effects of crude oil pollution on marine organisms: a literature review in the South African context: conclusions and recommendations, Brown, A. C. , 1985.

[40] Oil Pollution of the Sea. Act 1956.

[41] International Convention on Civil Liability for Oil Pollution Damage, 1969.

[42] International Convention on Oil Pollution Preparedness. Response and Cooperation, 1990.

[43] International Oil Pollution Compensation Fund 1992.

[44] Oil Pollution of the Sea (Civil Liability and Compensation) (Amendment), 2003.

[45] Oil Pollution of the Sea (Civil Liability and Compensation), 1988.

[46] International Convention for the Prevention of Pollution of the Sea by Oil, 1954.

[47] International Convention forthe Prevention of Pollution from Ships.

[48] International Convention Relating to Intervention onthe High Seas in Cases of Oil Pollution Casualties.

[49] United Nations Convention onthe Law of the Sea，1982.

[50] International Convention onthe Establishment of an International Fund for Compensation for Oil Pollution Damage，1971.

[51] Convention on Civil Liability for Oil Pollution Damage Resulting from Exploration for and Exploitation of Seabed Mineral Resources.

[52] http://oils. gpa. unep. org/index. htm.

[53] http://www. hww. ca/index_e. asp.

[54] http://www2. nr. no/envisys/index. htm.

[55] http://oceanworld. tamu. edu/resources/oceanography-book/contents2. htm.

索　引

H

J

K

L

M

N

P

Q

R

Z

图书在版编目(CIP)数据

南沙群岛油气资源共同开发法律研究 / 杨翠柏等著
.— 南京：南京大学出版社，2016.1
(南海文库 / 朱锋，沈固朝主编)
ISBN 978－7－305－16408－8

Ⅰ.①南… Ⅱ.①杨… Ⅲ.①南沙群岛—油气田开发
—海洋法—研究 Ⅳ.①D993.5

中国版本图书馆 CIP 数据核字(2015)第 317836 号

出版发行　南京大学出版社
社　　址　南京市汉口路 22 号　　　　邮　编　210093
出 版 人　金鑫荣

丛 书 名　南海文库
书　　名　南沙群岛油气资源共同开发法律研究
著　　者　杨翠柏　何　苗　陈　嘉　张倩雯
责任编辑　王红娟　汪燕敏　李鸿敏　　编辑热线　025－83593947

照　　排　南京南琳图文制作有限公司
印　　刷　扬州市江扬印务有限公司
开　　本　718×1000　1/16　印张 20.75　字数 290 千
版　　次　2016 年 1 月第 1 版　2016 年 1 月第 1 次印刷
ISBN 978－7－305－16408－8
定　　价　78.00 元

网址：http://www.njupco.com
官方微博：http://weibo.com/njupco
官方微信号：njupress
销售咨询热线：(025) 83594756